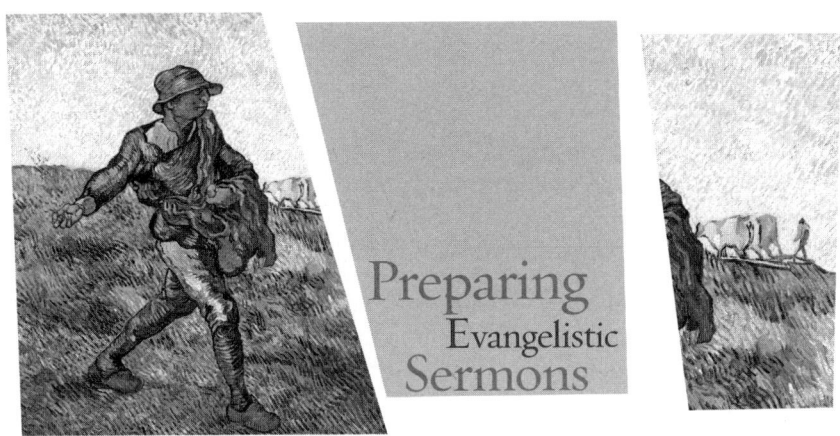

Preparing
Evangelistic
Sermons

영혼을 살리는 **7단계**
강해전도설교

Preparing Evangelistic Sermons
by Baker Books

Copyright ⓒ 2005 by Ramesh Richard
Originally published in English under the title:
Preparing Evangelistic Sermons by Baker Books,
a division of Baker Publishing Group, Grand Rapids, Michigan, 49516, U.S.A.
All rights reserved.

Korean Translation Copyright ⓒ 2009 by Timothy Publishing House, Inc.
6F Paidion Bldg., 1164-21 Gaepo-dong Gangnam-gu, Seoul 135-240, Republic of Korea

이 책의 한국어판 저작권은 Baker Books와 독점 계약한 (주)도서출판 디모데에 있습니다.
신 저작권법에 의하여 한국 내에서 보호를 받는 저작물이므로 무단 전재와 무단 복제를 금합니다.

※본문 성경은 한글개역개정을 사용하였습니다.

추천사

"전도설교는 하나님이 한 개인의 삶에 특별하게 역사하시는 내적인 확신, 즉 거룩한 의무감에서부터 시작된다. 그리고 이 사실을 라메쉬 리처드는 정확하게 지적하고 있다. 그러나 우리는 고난과 실패를 경험하면서 얼마나 쉽게 이 소명을 망각하는가! 감사하게도 독자들은 이 책에 제신된 방법론을 직접 사용하며 풍부한 전도 사역을 경험해온 저자로부터 도움을 얻는 동시에 성경적인 통찰력을 발견하게 될 것이다. 전도설교는 나에게도 아주 중요한 주제다. 전 세계를 다니며 설교의 은사와 소명을 확증해보여 준 저자로부터 이 중요한 주제에 대해 좋은 가르침을 얻게 된 걸 기쁘게 생각한다."

_래비 재커리어스(Ravi Zacharias), 저자이며 설교자

"복음은 2천 년의 세월이 흐르는 동안 전혀 변하지 않았다. 복음은 지금도 영혼들을 온전히 변화시키는 예수 그리스도의 능력이다. 라메쉬 리처드 박사는 겸손히 기도하는 마음으로, 성경적인 기대감을 갖고 복음을 전하는 방법을 보여주고 있다. 그 기쁜 소식을 전할 때 하나님이 영혼들의 삶을 변화시켜주시기를 축원한다."

_ 루이스 팔라우(Luis Palau), 「High Definition Life」의 저자며, 세계적으로 유명한 복음 전도자

"내 친한 친구인 라메쉬 리처드는 잃어버린 영혼들을 향해 뜨거운 가슴을 품고 있는 모든 사람들에게 복음의 메시지를 효과적으로 전할 수 있는 도구를 안겨주었다."

― 토니 에반스(Tony Evans), 오크 클리프 바이블 펠로우십 담임 목사

"라메쉬 리처드의 '7단계 설교 준비 방법론'의 명쾌함과 명료함은 이미 다양한 상황과 수많은 나라의 학생과 목회자들에게 큰 도움을 주었다. 7단계 방법론을 전도설교에 적용시킨 이 책은, 목회자뿐 아니라 영원한 생명을 필요로 하는 잃어버린 영혼들에게도 참 좋은 소식이 아닐 수 없다."

― 브라이언 채펠(Bryan Chapell), 커버넌트 신학교 총장

"이 책은 전도설교자로서의 당신의 능력을 더욱 강화시켜줄 것이며, 성령 하나님의 능력으로 더욱 담대하고 효과적으로 말씀을 전할 수 있게 해줄 것이다."

― 다니엘 서던(Daniel Southern), 미국 트랙트 협회 총재

"전도설교에 관한 교과서가 될 만한 책이 드디어 설교학의 권위자에 의해 집필되었다. 이 책에서 밝힌 방법론을 익히고 소명을 새롭게 한다면, 전도설교자로서 커다란 향상을 경험하게 될 것이다."

― 로버트 콜먼(Robert E. Coleman), 고든콘웰 신학교 전도학 및 리더십 석좌 교수

"라메쉬 리처드는 하나님이 주님의 몸된 교회에 주신 아주 귀한 선물이다. 복음의 메시지를 효과적으로 전할 수 있게 해주는 이 작품에 힘찬 박수를 보낸다."

― 데니스 레이니(Dennis Rainey), 패밀리 라이프 총재

"뛰어난 전도자의 걸작품이다! 라메쉬 리처드는 열정적으로 영혼들을 구원하기 원하는 모든 사람들을 위해 꼭 필요한 책을 썼다. 이 책은 복음의 내용을 확신을 갖고 품격 있게 전달해야 하는 분명하고 강력한 이유를 밝혀주고 있다. 이 책은 초보자나 경륜이 있는 설교자나 모두가 필독할 만한 가치가 있는 책이다."

_ 제임스 라일(James Ryle), 트루워크 미니스트리즈 총재

"이 책은 단순히 전도설교에 관한 이론적인 책이 아니다. 우리 모두가 사용할 수 있는 아이디어로 가득 찬 실제적인 책이다. 저자는 복음을 나누는 사역에 대한 본인의 열정과 직접 경험한 사례들을 아주 선명하게 보여주고 있다. 영혼을 새롭게 해주는 책이다."

_ 어윈 루처(Erwin Lutzer), 무디 교회 담임 목사

"이 책은 아주 적절한 때 출간되었다. 40여 년의 사역을 돌아볼 때 지금처럼 추수할 영혼들이 많았던 적이 없었다. 혼란스러운 시대 속에서 사람들은 인생의 가장 기본적인 문제들에 대한 답을 찾고 있다. 삶을 변화시키는 예수 그리스도의 복음의 메시지를 명쾌하게, 성경적으로 그리고 성령님의 권위를 가지고 전할 수 있는 사람들이 많이 필요하다. 라메쉬 리처드는 어떻게 이 일을 감당할 수 있는지 우리에게 가르쳐주고 있다. 많은 사람들이 이 책을 읽고 사용함으로써 수많은 영혼들이 하나님 나라에 들어올 수 있게 되기를 나는 기도한다. 주위에 있는 영혼들에게 복음을 전하기 원하는 사람이라면 누구나 이 책을 꼭 읽을 것을 추천한다. 이 책은 길을 잃고 죽어가는 영혼들에게 하나님의 사랑의 복된 소식을 전하기 원하는 우리 모두를 위한 책이다."

_ 새미 티핏(Sammy Tippit), 국제적인 전도자

"나는 라메쉬 리처드가 예수님과 예수님의 사랑을 능력 있게 그리고 명쾌하게 선포하던 한 집회의 청중 가운데 앉아 있었다. 그의 사역은 그가 이 책에서 기록하고 있는 것들에 대한 모델이다. '라메쉬 교수님, 불신자들의 마음을 만져주기 위해 하나님의 진리를 희생시킬 필요가 없음을 아주 멋진 방법으로 가르쳐주셔서 감사합니다.' 이 책은 공허하고 갈한 영혼들에게 예수 그리스도의 소망의 메시지를 선포하기 원하는 모든 사람에게 실제적인 자료가 될 것이다. 한 가지 흠은 이 책이 30년 전에 쓰여지지 않았다는 것이다."

_ 크로포드 로리츠 주니어(Crawford W. Loritts Jr.), 미국 대학생선교회(C.C.C) 부총재

"라메쉬 리처드는 전도설교에 관한 책을 쓸 자격을 갖췄다. 그는 전도자로서의 열정과 뛰어난 성경 지식과 학문의 조화를 보여주었다. 이 책은 이 거룩한 사역을 위해 책상 앞에 앉는 모든 사람에게 연구의 근간이 될 것이며, 큰 격려가 될 것이다."

_ 토미 넬슨(Tommy Nelson), 덴튼 성서교회 담임 목사

"라메쉬 리처드 박사님, 저는 이제 사역의 '성공'을 정의할 수 있게 되었고, 사역의 효과를 확인할 수 있게 되었으며, 전도설교의 압박감으로부터 자유한 삶을 살게 되었습니다. 아주 훌륭한 책입니다."

_ 마이크 실바(Mike Silva), MSE, Inc. 총재

"전도설교자는 성경의 본문과 청중을 항상 동시에 이해하고 있어야 한다. 이 책은 청중들에게 복음의 메시지를 전할 때 우리의 말이 아닌 하나님의 말씀으로, 현대 감각에 맞게 전하도록 도전한다. 잃어버린 영혼들을 향한 열정과 경험을 함께 나누고자 하는 라메쉬 리처드의 열망에 감사의 마음

을 보낸다."

_ 래리 모이어(Larry Moyer), EvanTell, Inc. 총재 및 CEO

"현대 문화에서는 효과적인 커뮤니케이션이 메시지의 전달에 결정적인 역할을 담당한다. 라메쉬 리처드는 우리에게 주어진 역사상 가장 위대한 메시지를 청중의 머리와 가슴에 전달할 수 있는 방법론을 독자들에게 보여주고 있다. 절대적인 것들을 부인하고 방황하며, 예수 그리스도의 메시지를 듣고 이해하고 받아들여야 할 필요가 있는 사람들에게 그 메시지를 열정적으로 능력 있게 전하기를 갈망한다면, 이 책을 꼭 읽어야 할 것이다."

_ 밥 레코드(Bob Reccord), 남침례회 북미 선교회, 회장 및 CEO

"라메쉬 리처드는 명석한 교수며 그의 머릿속에 있는 것들을 글로 표현하는 능력 역시 뛰어난 저자다. 그는 참으로 영혼들을 사랑하는 사람이다. 또한 그와 같이 하나님의 마음을 추구하는 사람을 나는 별로 보지 못했다. 그래서 그는 완벽한 '전도자'가 되었다. 리처드의 이러한 특성을 묶어보면, '가서 그와 같이 하도록' 독자들의 마음에 불을 지펴놓을 책이 자동으로 나오게 되어 있다."

_ 조 화이트(Joe White), 카나쿡 캠프 총재

감수성이 예민했던 십대 시절, 영혼을 파고드는 선포와
전 세계 목회자들의 훈련을 위한
사역의 큰 그림을 그릴 수 있도록 강력한 영향을 주신
사무엘 카마레손(Samuel Kamaleson) 목사님께 이 책을 바칩니다.

서론 • 13

1부 전도설교의 기초

1장. 전도설교자의 내적인 부르심 • 23
　　개인적, 영적 부르심

2장. 전도설교자의 외적인 부르심 • 51
　　성경적인 확신과 동기부여

2부 전도설교의 골격

3장. 전도설교를 위한 신학적인 골격 • 81
4장. 전도설교의 정의 • 97

3부 전도설교의 방법론

5장. 본문에 근거한 전도설교 • 115
　　설교를 조각하는 방법론과의 통합

6장. 본문에 근거한 전도설교의 본문과 예 • 125
7장. 본문 중심의 주제 전도설교 • 167
8장. 청중 중심의 주제 전도설교 • 183

C.O.N.T.E.N.T.S

4부 전도설교의 특별한 이슈들

9장. 보조 자료 • 205
  전도설교 예화

10장. 구원 초청 • 235

부록

부록 1. 전도설교에 관련된 용어들 • 263

부록 2. 설교를 조각하는 과정의 개관 • 265

부록 3. 복음 증거의 다양한 형태 • 287

부록 4. 예비 전도 단계의 설교 실제 • 297

부록 5. 구원 초청을 위한 체크리스트 • 313

부록 6. 전도설교 평가를 위한 체크리스트 • 317

결론적인 도전 • 323
  설교에 대한 감사(監査)

주 • 333

서론

"내 은혜로신 하나님 날 도와주시고
 그 크신 영광 널리 펴 다 알게 하소서."

– 찰스 웨슬리(Charles Wesley)

나는 지난주 아르헨티나에서 실패를 경험했다. 내가 스스로 정해놓은 전도설교의 기준에 못 미치는 설교를 했다.

그날 저녁은 모든 것이 순조롭게 진행됐다. 집회의 주최 측은 우리가 부탁했던 대로 청중의 과반수를 불신자로 채웠고 시장은 그날 저녁을 특별 문화행사의 밤으로 선포하고 그 자리에 참석했다. 아르헨티나 스타일의 우호적인 분위기 속에서 진행된 집회 전의 대화의 시간이며, 집회 후에 준비된 멋진 다과회 등 모든 과정이 완벽했다. 또한 그날 밤 내가 전할 "혼란한 세상 속에서 의미를 찾아봅시다"라는 말씀의 주제는 경제 위기로 고통받고 있던 아르헨티나 사람들에게는 큰 관심거리가 될 수밖에 없었다.

내가 결정적인 시점에서 실패한 것을 제외하고는 모든 것이 완벽했다. 나는 우리 실존의 영역 밖에서 인생의 의미를 발견해야 한다는 사실을 역설했다. 청중들은 울고 웃었고, 고개를 끄덕여 동의하거나 반대하며 호응했다.

그러나 나는 실패하고 말았다. 나는 예수님의 대속의 죽음을 효과적으로 선포하지 못했다. 나는 대속의 개념과 그 의미를 자세히 설명했지만, 적절한 예화를 통해 그들이 빨리, 쉽게 그리고 선명하게 그것을 가슴속에 받아들이게 하지 못했다.

전도설교에 있어서는 예화가 중요하다. 적절한 예화는 그 주제와 개념을 선명하게 전달해주고, 2천 년 전의 사건을 현실감 있게 만들어주며, 청중들이 더 적극적으로 반응하도록 도와준다.

그렇지만 감사하게도, 나의 실패에도 불구하고 성령님이 그날의 집회를 성공적으로 마무리해주셨다. 나를 제외한 다른 분들의 말씀은 청중들의 마음을 파고들었다. 성령님은 죄와 의와 심판에 대해 그곳에 참석한 죄인들을 책망하시며 중생을 경험하게 해주셨다(요 16:8).

나는 내가 실패했을 때 성령님이 성공하시도록 기회를 드리는 것이 아니라, 나의 실패에도 불구하고 성령님이 이루실 것을 기대하며 그분을 의존하고 믿는다. 우리의 믿음 생활의 모든 영역, 즉 크리스천으로서의 신앙의 여정이나 사역의 경우도 전도설교의 영역과 마찬가지다. 우리는 우리의 최선을 다하며 하나님의 계획을 신뢰해야 한다. 불신자들을 회심시키는 일은 이미 하나님이 역사해오고 계셨고, 지금도 역사하고 계시며, 또 앞으로도 역사하실 것이기에 우리는 최선을 다해야 한다.

전도설교에 있어서 우리가 최선을 다하는 것, 이것이 바로 이 책이 추구하는 목표다. 이것은 최선의 설교 준비를 위해 최선을 다해 생각하고, 최선을 다해 기도하며, 효과적인 복음의 선포를 위한 다양한 전달 방법을 연구한 후, 모든 것을 하나님께 맡기는 것을 의미한다.

내가 얼마나 많은 사람들이 앞에서 언급했던 그 전도 집회에 참석했으며, 또 얼마나 많은 사람들이 회심했는가에 대해 전혀 언급하지 않은 것을 눈치 챘는가? 나는 지금껏 알려진 효과적인 전도설교에 관한 자명한 기준들 외에도 '주최 측에서 불신자들을 초대하기 위해 얼마나 진지한 노력을 기울였는가?' 그리고 '내가 얼마나 충성되이 준비하는가?' 하는 것이 그 집회의 성공 여부의 기준이라고 본다.

그러므로 전도 집회의 성공 여부를 알기 위해서는 스스로에게 단 두 가지의 질문만을 던지면 된다. '불신자들이 구원받는 데 필요한 것들을 채워줄 수 있도록 하나님이 당신에게 주신 은사와 기회들을 얼마나 충성스럽게 전략적으로 활용했는가?' 그리고 '효과적인 전도설교의 기준에 부응하는 설교를 준비했는가?' 하는 것이다. 만약 이 두 가지를 최선을 다해 준비했다면 나머지는 하나님께 맡겨드리면 된다.

될 수 있는 대로 많은 불신자들을 모을 수 있도록 최선을 다하라. 나는 얼마나 많은 사람들이 왔는가를 세어보지 않는다. 그러나 청중의 몇 퍼센트가 불신자인가는 꼭 알아본다. 이미 믿고 있는 사람들을 다시 전도한다는 것은 아주 어려운 일이다.

집회에 불신자들이 친근감을 느낄 수 있도록 최선을 다하라. 예를 들면 아주 긴 찬송을 반복해서 부르는 것은 삼가야 할 것이다.

청중들이 현실감을 느낄 수 있는 내용을 주제로 삼도록 최선을 다하라.

예화를 설교 전반에 적절하게 배치하도록 최선을 다하라.

복음의 구체적인 내용을 집중적으로 한군데에 명쾌하게 배치하거나, 설교 전체에 적절히 배치해 불신자들의 이해를 돕는 데 최선을 다하라.

불신자들이 예수 그리스도를 자신들의 유일한 하나님이시며 구원의 주님으로 받아들이도록 최선을 다해 초청한 후에, 잃어버린 영혼들을 구원하시기 위해 펼쳐나가실 하나님의 계획을 신뢰하라. 그렇게 할 때, 하나님이 어떻게 사람들을 죽음에서 생명으로 건지시는지, 구도자가 아닌 모습에서 구도자의 모습으로 또는 성도로 변화시키시는지를 보게 될 것이다. 어쩌면 복음에 대해 무지하거나 복음을 거부하던 사람을 구도자로 바꾸시는 것도 볼 수 있게 될 것이다. 그리고 이미 하나님을 믿고 있는 사람들에게는 구원에 대한 더 큰 감격을 주시고, 잃어버린 영혼들에게 복음을 전하고 싶은 열망을 불러일으키시는 모습도 보게 될 것이다.

불신자들을 회심시키시는 것은 하나님의 역할이다. 그러나 복음을 효과적으로 전달하는 것은 우리의 책임이다. 하나님이 친히 모든 계획을 전개시키고 계시기에 전도 집회의 결과 역시 하나님께 맡겨드려야 한다. 하나님이 그 집회의 결과를 결정하실 것이며, 우리는 그 집회를 효율적으로 진행시킬 뿐이다. 하나님이 계획하시고 진행하시는 추수에 우리는 그저 일꾼들일 뿐이다. 그러기에 우리는 일꾼으로서 복음 집회의 효율적인 진행을 위해 치밀하게 계획하고 철저하게 준비해야 한다.

그날 밤의 실패를 되돌아보며, 나는 하나님께 복음을 잘 설명하는 데 도움이 될 만한 아주 적절하고 강력한 예화를 달라고 간구했다. 당시 아르헨티나는 역사상 최대의 경제 위기에 봉착해 있었고, 나는 그 나라를 위협하고 있던 경제적인 위기의 상황에서 적절하게 사용할 수 있는 예화를 발견했다. 모든 화폐의 가치가 뚝 떨어진 상황이었고, 모든 예금이 회수 불능 상태였으며, 모든 은행이 다 문을 닫은 상태였다. 은행 계좌에 잔고가 얼마든 간에 모든 은행의 모든 계좌의 잔고가 제로가 되어버렸다.

사람들의 근심하며 걱정하는 모습은 길거리에서도 볼 수 있었으며 가정이나 사무실이나 가게에서도 마찬가지였다. 부유했었기에 사람들이 받은 충격은 더욱 컸다. 이제는 사람들이 음식을 찾기 위해 쓰레기통을 뒤지는 모습까지 보게 되었으며 이러한 모습에 사람들은 분노했다. 모든 금융 기관에 대한 신뢰가 다 사라졌다. 개인이 기대할 수 있는 유일한 소망과 도움의 손길은 오직 외국의 은행을 통해 돈을 줄 수 있는 사람을 찾는 것뿐이었다. 왜냐하면 외국 은행들은 아르헨티나의 경제 상황에 전혀 영향을 받지 않았기 때문이다. 모든 것을 잃은 아르헨티나 사람들에게 돈을 거저 주는 사람들만이 그들에게 유일한 소망이었다.

이러한 아르헨티나의 극심한 경제적 악조건으로부터 복음 전도에 유용한 예화들이 생겨나기 시작했다.

"당신이 아무리 선한 일을 한다 해도 아무런 소용이 없는 상황이 되었습니다. 당신은 신용불량자가 되어버렸습니다. 당신이 능력 있는 사람이며 그 능력에 자심감과 믿음이 있다 할지라도, 그 믿음이 은행의 잔고를 좋아지게 할 수는 없는 상황입니다. 당신의 믿음이 어떤 의미를 갖기 위해서는 믿음의 대상이 중요합니다. 현재 당신의 유일한 소망은 누군가 그저 값 없이 선물을 주는 것입니다. 그러나 당신은 받게 될 선물에 대해 무엇도 되갚을 수 있는 처지가 아닙니다. 당신은 썩지 않고 누구도 훔쳐갈 수 없으며, 그 누구에 의해서도 더럽혀질 수 없는 하나님의 선물을 받기 원하십니까?"

다섯 달 후, 이 말씀을 통해 앙리크(Enrique)는 하나님의 선물을 바르게 이해할 수 있게 되었다. 아르헨티나의 가장 큰 대기업 가운데 몇몇 회사에서 회계사로 일하고 있었던 중년의 앙리크는 남편으로서 아버지로서 충실했고, 가정에서나 회사에서나 맡겨진 일에 최선을 다하며 자신감에 충만해 있었다. 또 그에게는 그럴 만한 능력과 믿음이 있었다. 그러나 이제 하나님 앞에서 자신의 모든 능력이 아무런 의미가 없다는 것을 깨달았으며, 하나님이 거저 주시는 선물이 필요하다는 사실을 인정하게 되었다. 자신을 대신해서 십자가에 돌아가심으로 부패한 자신이 받아야 할 형벌을 대신 짊어지신 예수님을 인정하게 되었다. 그리고 그 선물을 받아들이며, 예수님의 부활을 통해 하나님이 자신의 구원을 보장하셨음을 믿게 되었다. 그는 악센트가 섞인 영어로 분명하게 고백했다. "저를 대신하여 돌아가신 하나님의 아들을 통해 주신 하나님의 선물을 저는 받아들였습니다. 저는 천국에 들어가기 위해 예수님이 오늘 저에게 말씀하신 대로 예수님을 의지합니다. 오늘 밤에 당신이 말씀을 전할 때도 사실 저는 죽음에 대해서 생각했습니다. 아내와 자식 그리고 미래의 경제적인 안정을 위해 열심히 일하면서 나쁜 일보다는 선한 일을 더 많이 하며 살아왔다고 생각합니다. 그러나 이제 저는 영생을 얻기 위해 하나님의 선물인 예수님을 의지합니다." 나는 그에게 앞으로도 착하게 살 것을 얘기했지만, 그 착한 행위들을 구원의 증거로는 삼지 말 것을 당부했다. 그의 영원한 구원은 아무도 흔들 수 없는 하늘의 은행에 잘 보관되었으며, 그 가치는 어떠한 이유로도 결코 평가절하될 수 없다. 그 이유는 예수님이 죽으심과 부활을 통해 그의 영생을 보장해주셨기 때문이다.[1]

나는 몇 가지 예화를 더 얻을 수 있었고, 그 예화들은 후에 메시지를 설명하는 데 아주 적절하게 사용되었다. 예화의 목적은 사람들을 재미있게 하는 데 있지 않고 메시지를 더 잘 설명해주는 데 있다. 나는 설교를 할 때마다 나름대로 최선을 다했고, 하나님은 나머지를 책임져주셨다. 그리고 많은 영혼들이 흑암의 세계에서 하나님의 나라로 옮김을 받는 경험을 하게 되었다.

실수투성이에 때로 말까지 더듬는 사람들을 사용하시어 영혼들이 구원 초청에 응하게 하시고, 그들을 구원하시는 하나님의 모습을 놀라움과 기쁨 심지어는 두려움 가운데 바라보면서, 복음 전도자는 자신이 하나님의 동역자에서 하나님이 역사하시는 모습에 감탄하는 관객으로 바뀌는 경험을 하게 된다. "그가 우리를 흑암의 권세에서 건져내사 그의 사랑의 아들의 나라로 옮기셨으니 그 아들 안에서 우리가 속량 곧 죄 사함을 얻었도다"(골 1:13-14).

이 책은 구원을 선포하는 데 있어서 당신의 책임에 대해 초점을 맞추고 있다. 책의 전반부에서는 전도설교자가 꼭 소유해야 될 성경적이고 신학적인 신념에 대해 다루고 있다. 우리는 이러한 신념들의 필요성에 주목해야 한다. 사람들은 자신들이 믿는 바에 따라 행동하기보다는 자신들이 중히 여기는 것에 따라 행동한다. 사람들은 신념을 가지고 자신들의 가치관을 삶 속에 적용한다. 필자는 전도설교에 원동력이 되는 기본적인 신학적 신념들을 규명하며 설명할 것이다.

이 책의 후반부에서는 전도설교의 설교학적인 방법론을 다루게 된다. 나는 하나님의 계획과 섭리 가운데 전 세계의 수백 명의 신학생들과 수천 명의 목회자들에게 설교학을 가르치는 특권을 누릴 수 있었다. 나는 신학생들이 겪고 있는 지적인 갈등과 목회자들이 효과적인 설교를 해나가는 과정에서 겪고 있는 경험적인 갈등으로부터 많은 것을 배웠다.

나는 지난 25년 동안의 경험에서 얻은 교훈들을 잘 기록하고 정리해서 「삶을 변화시키는 7단계 강해설교 준비(Preparing Expository Sermons, 도서출판 디모데)」[2]를 집필했다. 먼저 그 책에서 밝히고 있는 방법론을 잘 습득해서 강해전도설교를 준비해나가기를 권한다. 그리고 전도설교를 위해 어떤 본문을 택하게 될 때, 「삶을 변화시키는 7단계 강해설교 준비」에서 밝힌 방법을 어떻게 활용할 것인지 이 책에서 보여줄 것이다. 또한 복음 설교의 주요 방법들도 소개할 것이다.

나는 하나님의 은혜 가운데 개인뿐 아니라 방송 매체를 통해 많은 사람들에게 복음을 전하는 특권을 누려왔다. 대부분의 경우에 하나님은 내가 기대했던 것보다 더 많은 수확들을 거두게 하셨으며, 내가 지닌 은사보다 나를 부르신 분이 더 위대하시다는 사실과 그 은사가 내가 가진 능력보다 더 크다는 사실을 지속적으로 확인시켜주셨다. 한 사람의 영적인 능력이 다른 사람에게 그대로 옮겨질 수는 없다. 그러나 하나님이 우리에게 주신 영적인 능력은 발견될 수 있고, 은사는 계발될 수 있으며, 열정이 전략으로 변화될 수 있다. 만일 당신에게 하나님이 주신 은사와 열정이 있다면, 내가 이 책에서 함께 나누고자 하는 통찰력과 경험은, 당신이 하나님의 궁극적인 경륜 속에서 더 나은 전도설교자로 성장하며 하나님께 유용하게 쓰임받는 데 도움을 줄 것이다.

1부

전도설교의 기초

Preparing Evangelistic Sermons

1장 전도설교자의 내적인 부르심

개인적, 영적 부르심

"이 존귀는 아무도 스스로 취하지 못하고 오직 아론과 같이 하나님의 부르심을 받은 자라야 할 것이니라"[1]

(히브리서 5:4).

"나는 꼭 그 팀에 들어가고 싶습니다. 돈 때문도 아니고, 많은 사람들에게 보이기 위해서도 아니며, 재미를 위해서도 아닙니다. 내가 그 팀에 들어가고 싶은 이유는 나는 그 일에 헌신했기 때문입니다. 하루에 서너 시간씩 운동을 하는 것도 좋습니다. 동작들을 배우는 그 지루한 훈련도 좋습니다. 아무도 나를 보고 있지 않는 비시즌 동안에도 체력과 체형을 잘 유지하기 위해 최선을 다할 것입니다."

이 인터뷰 내용은 내가 라디오에서 들은 것이다.[2] 아마도 당신은 이 인터뷰의 주인공이 프로 운동선수라고 생각할지도 모르겠다. 사실 이 여인은 미국에서 가장 사랑받는 미식축구 팀 가운데 하나인 달라스 카우보이즈의 치어리더다. 이 여인은 비록 자신은 많은 사람들의 시선을 끌기 위해 이 일을 하는 것이 아니라고 했지만, 노골적인 노출을 통해 사람들의 시선을 끄는 치어리딩 팀의 한 멤버다(이민 와서 살고 있는 나에게는 아직도 충격적이며 당황스러울 때가 있다). 이 여인이 치어리더가 된 것은 그 경기와 자신의 팀 그리고 그 도시에 헌신했기 때문이다. 달라스 카우보이즈 팀은 자신들을 스스로 "오락 회사"라고 불렀는데, 그들이 받는 엄청난 액수의 돈에 비해 치어리더들은 겨우 50불 정도를 받는다. 그렇지만 이 치어리더들은 자신이 속한 팀을 위해 철저하게 헌신하고 있다.[3] 요즘 달라스 카우보이즈 선수들은 골라인을 표시해놓은 하얀 분필 가루가 무슨 독약 가루라고 생각하는지 그 골라인을 넘어서지 못하고 있다. 달라스 시 전체가 달라스 카우보이즈 팀의 영광스러웠던 옛 시즌이 재현되기를 간절히 바라고 있다.

내적인 충동은 인류 구원을 위한 전도설교의 필요에 대한 강렬한 필요성과 강한 신념 그리고 의무감을 나타낸다. 우리가 전하는 메시지는 때로 거칠게 보여지고, 그 결과가 보장된 것도 아니며, 어떤 청중들은 비호의적인고, 우리가 받는 사례비도 아주 적다. 그러나 "때를 얻든지 못 얻든지"(딤후 4:2) 복음은 꼭 전달되어야 하고, 선포되어야만 한다.

무엇을 추구하든지 중요한 것은 우리가 추구하는 그 목적이 과연 가치 있는 것인가 하는 것이다. 특별히 전도설교에 있어서 그 목적의 가치와 그것을 실천하는 행동의 중요성은 말로 다 표현할 수가 없다. 영원히 잃어버릴 뻔한 사람들의 영혼을 구원함으로 하나님의 영광을 나타내는 것, 우리는 바로 이것을 목표로 삼고 있다. 우리의 삶에서 열정을 쏟아부을 대상으로써 그리고 주 예수님을 향한 우리의 사랑의 표현으로써 그리고 우리가 평생 간직해야 할 열정으로써, 전도설교는 보람되고 의미 있는 일이며 꼭 필요한 것이다.

어떠한 명분이든 열성적이고 분명한 헌신을 보여주는 사람들을 마치 정신병자처럼 취급하는 이 무기력하고 우물쭈물하는 세대 가운데 이 치어리더가 보여주는 헌신은 가벼운 오락이라 할지라도 오히려 신선함을 준다. 실상 이러한 내적 충동이 주 예수 그리스도를 섬기는 모든 사람들을 사로잡아야만 한다. 왜냐하면 예수 그리스도가 온 우주에서 가장 중요하신 분이기 때문이다. 그분은 우리의 삶에 열정이 되실 만한 분이다. 주님의 지상명령(The Great Commandment)을 생각해보라. 주님의 지상명령에 우리가 충분히 공감하게 될 때, 더 열심히 전도설교를 준비할 수 있게 된다. 하나님에 대한 사랑이 흘러넘쳐서 그 사랑이 믿지 않는 이웃에 대한 사랑으로 표현되기 때문이다.

그러므로 전도설교는 그 무엇보다 내적인 신념과 내적인 충동 그리고 소명이 그 원동력을 이루고 있다.[4] 한 개인의 소명은 묘사될 수는 있지만 정의 내려질 수는 없고, 설명할 수는 있지만 증명할 수는 없으며, 소명을 받지 못한 사람들보다 그 소명을 받은 사람들에 의해 더 쉽게 이해된다. 이 소명이라는 단어는 비즈니스, 법학, 의학을 비롯한 어떠한 직업에도 사용할 수 있다.[5] 그리고 우리는 여기서 단순한 직업 이상의 "거룩한 의무감"[6]을 느껴야 한다. 어떠한 직업이라도 복음 전도의 수단으로 그것을 사용함으로써 하나님께 드릴 영적 예배가 될 수 있다. 하지만 복음 전도는 그 자체가 목적이다. 복음 전도는 우리의 내적 존재에 동기를 부여해준다. 어떤 친구는 "소명을 이루기 위해 일한다"고 말했다. 나는 몇 주 전에 주님의 나라를 위해서 은밀하게 일하는 크리스천들을 만났다. 한 사람은 거대한 보험 회사인 스테이트 팜의 본사에서 일했고, 또 한 사람은 세계적인 글로벌 기업인 텍사스 인스트루먼트에서 일했으며, 다른 한 사람은 부동산 회사에서 일하는 사람이었다. 이 세 사람은 모두 자기들이 일하는 분야에서 뛰어난 성과를 올리고 있었다. 그러나 그들의 직업이 곧 그들의 소명은 아니었다. 신학적인 측면에서 소명이라는 의미를 생각해봤을 때, 그들은 자신들의 직업을 사람들을 구원으로 초청하는 데 활용하고 있었으며 또 예수님의 일꾼들을 찾는 방편으로 사용하고 있었다.

좁은 의미로서의 전도설교는 거룩한 부르심이다. 왜냐하면 주 예수의 이름을 불러 구원을 받도록 사람들을 초청하는 것이기 때문이다. 우리가 목사든, 교수든, 또는 배관공이든 전도의 은사와 함께 마음속에 믿지 않는 사람들을 향한 부담감을 갖고 있다면 전도설교를 하는 법을 배우는 데 초점을 맞출 필요가 있다. 전도 사역에 있어서 설교 부분에 대해서는 전혀 걱정할 것이 없다. 전도설교 과정을 배운 다른 사람들과 마찬가지로 우리도 그저 배우기만 하면 된다.

거룩한 의무감 또는 사역으로의 부르심, 특히 복음 전도설교로의 부르심은 다음과 같은 방정식으로 표현될 수 있을 것이다.

거룩한 의무감 = 하나님이 보내셨다는 자각 + 자원함
(Oughtness)　　　　(Sentness)　　　　(Willingness)

거룩한 의무감은 전도설교를 배우고 향상시키며, 전도설교를 하고 싶어 하는 자원하는 심령과 함께 하나님으로부터 보내심받았다고 하는 자각으로부터 비롯된다. 하나님이 우리를 부르셨음을 알기에 우리는 우리 자신이 누구인지 그리고 무엇을 해야 하는지 아는 것이다. 즉, 하나님과 함께 사람들을 찾아가서 예수님께로 그들을 데려오는 것이다.

거룩한 의무감

거룩한 의무감은 그 누구라도 피할 수 없다. 무시할 수도 없고 짓누를 수도 없으며 던져버릴 수도 없다. 그러나 그것으로부터 멀리 도망칠 수는 있다. 그렇게 될 때 우리의 영혼은 병들고, 일상생활 가운데 계속 부담으로 남게 되며, 우리의 양심 밑바닥에서 계속 시끄러운 잡음이 들릴 것이다. 그러다 결국 불순종한 요나처럼 도망자의 길을 걷게 될 것이다. 그러나 우리는 이러한 불순종의 모습이 아닌, 저속한 잡지에나 나올 만한 한 여인을 만나기 위해 사마리아를 가로질러가셨던 예수님처럼(요 4:4) 사역의 필요성을[7] 감지해야 한다. 예수님은 이 의무감을 우리에게 전해주신다. 주님이 복수 대명사를 사용하고 계시는 것을 주목하라. "때가 아직 낮이매 나를 보내신 이의 일을 **우리가 하여야 하리라** 밤이 오리니 그 때는 아무도 일할 수 없느니라"(요 9:4). 그러기에 사도 바울은 이렇게 말하고 있다. "내가 복음을 전할지라도 자랑할 것이 없음은 **내가 부득불 할 일임이라** 만일 복음을 전하지 아니하면 내게 화가 있을 것이로다"(고전 9:16).

우리가 진실로 전도설교에 헌신하고 있다면 그 무엇보다도 하나님의 부르심에 순종하는 것이 최선임을 확신하게 될 것이다. 일단 쟁기 위에 손을 얹어놓고 하나님의 인도하심에 따라 길을 간다면 다시 뒤를 돌아보는 일은 결코 생기지 않을 것이다. 만일 뒤를 돌아보는 일이 생긴다면 그때는 "아니 하나님이 나를 통해 이런 놀라운 일을 하셨단 말인가?"라는 고백만 하게 될 것이다. 그 울퉁불퉁하고 험난한 사역의 길을 걸어온 후에 뒤를 돌아보면서 "너희를 구원으로, 성화의 과정으로, 사역으로 부르셨으며 또한 그것들을 이루신 분이 얼마나 미쁘신 분이신가!"(살전 5:24, 저자 해석)라고 고백할 수 있다는 것이 실상 얼마나 어려운 일인가? 그러나 이러한 거룩한 의무감을 설명해줄 만한 실증적인 증거는 없다. 오직 나를 부르셨다라는 사실과 그 필요성에 대한 내면적인 인식만이 있을 뿐이다. 다른 사람들은 이것을 보지만 묘사할 수는 없을 것이고, 마치 바이러스를 보균하고 있지만 발병하지 않는 것과 비슷한 현상이다. 이것은 아주 개인적인 문제기 때문이다.

전도설교자로서 거룩한 의무감을 갖기 위해서는 다른 모든 사역의 경우와 마찬가지로 극복해야 할 도전적인 요소들이 있다. 우리를 지금껏 쉽게 굴복시켰거나 현재 거룩한 의무감으로부터 멀어지게 하는 요소들을 표시해 보라. 필요하다면 리스트에 다른 요소들을 더 첨가해도 좋다.

실망(내게 가장 두드러진 성향)
교만(나의 가장 큰 위험)
피곤
신경 쇠약
열매가 없음
수단의 부족
비평
기회의 부족
폭넓은 이해의 부족
동역자들의 협조 부족
바쁨
생각의 분산
정체 현상
한계의 인식
위험, 부적합성, 미래에 대한 무지
자신이 쓸모없다는 생각
지루함
의기소침

신앙의 기복

발달 이상

반대

관료주의

솔선수범의 결여

동기 사이의 마찰

잘못되고 이기적인 욕심

스스로에 대한 의심

불균형

사람보다 일 중심의 생활

경직성

다양한 기질

실패

불만족

삶의 불균형

가족 간의 불화

슬픔

병

불신

이처럼 우리를 시험하는 많은 요소들이 있음에도 불구하고 "꼭 해야만 한다"고 하는 생각, 즉 내적인 의무감이 우리를 지배할 것이며, 그 의무감은 우리에게 다음과 같은 것들을 공급해준다.

- 목적 의식을 갖고 참여함, 일관성이 있는 전략 구상, 지속적인 사후 관리.
- 좋은 기회, 다양한 동기, 상충되는 행동과 분산되는 생각 가운데 옳은 것을 선택할 수 있는 기준.
- 사람과 일 사이의 균형(일은 목적을 이루기 위한 수단일 뿐, 소명은 항상 그 목적인 사람들을 향하게 되어 있다).
- 삶의 세 영역인 개인, 가정 그리고 직업의 영역에서 책임을 다하며 맡은 일을 잘 수행해내는 능력과 안정성.
- 육체적 피곤함과 정신적 한계와 주위의 반대 의견 그리고 결과 등에 관계없이 어려운 상황 속에서도 끝까지 인내하는 능력.
- 하나님이 우리 마음과 생각을 이끄시는 것에 대한 민감함.
- 지혜를 발견하며 활용할 수 있는 용기.
- 사역에 필요한 은사의 효율적인 활용, 필요에 따라 방법론을 바꿀 용의 그리고 한계에 대한 정확한 인식.

이상의 모든 것들은 하나님을 향한 겸손한 마음, 즉 비전을 향해 고정된 마음으로 그것에 걸맞는 행동과 함께 추구되어야 한다.[8]

하나님이 당신의 계획을 친히 우리의 순종의 여부에 내어 맡기시고, 우리에게 잃어버린 영혼들을 향한 당신의 마음을 품게 하시며, 그 계획을 우리의 작품으로 만들기까지 하시면서 겸허하게 우리를 찾아오시는 모습을 당신은 이해하는가? 이 사실을 깨닫게 되면서 우리는 전도설교자로서 하나님의 은혜에 압도당한다.

어떻게 이 장을 마감할 것인가를 생각하면서 친구들과 저녁 식사를 하며 대화를 나누는 도중, '사역으로의 부르심'이라는 표현이 여러 번 언급됐다. '중·고등부 학생들' '화목' '아버지와 아들들' 등의 주제를 거쳐 대화는 존경받는 20세기 최고의 전도자 빌리 그레이엄(Billy Graham)에게로 차츰 옮겨졌다. 그는 '오직 한 가지 일'에 전심전력을 다했다. 물론 그 한 가지 일 아래 몇 가지 부수적인 일들이 더 있을 수 있겠지만, 빌리 그레이엄의 거룩한 의무감은 중심되는 한 가지 일과 깊이 연결되어 있었다. 그 한 가지 일은 바로 '세상을 그리스도께로 인도하는 것'이었다.

하나님이 보내셨다는 자각

거룩한 내적 충동에 힘입어 하나님을 섬기며 살았던 성경적인 모델들의 삶을 살펴보면 그들이 보여주었던 거룩한 의무감은 하나님이 보내셨다는 자각에서 비롯되는 것을 발견하게 된다. 이것은 그들의 내면에 하나님이 공급하시는 추진력이라고 말할 수 있다.

이러한 자각은 하나님이 우리의 이름을 지명해 부르심으로 시작된다.[9] 그리고 우리에게 구원의 선물을 주실 뿐 아니라 더 나아가서 당신의 종으로 우리를 불러주신다. 넓은 의미에서 성경이 말하는 사도적 부르심은 특정한 목적의 성취를 위해 부름받은 모든 사람들을 다 칭할 수 있다. 전문적인 의미에서는 "보냈다"라고 하는 동사는 예수님이 제자들을 파송하실 때 사용하신 표현이다. 이 표현은 특정한 메시지를 보낼 때도 사용됐다.[10] 전도설교와 관련해 하나님이 보내셨다는 개념은 예수님이 특정한 목적을 이루기 위해 제자들을 메시지와 함께 파송하신 것에서 찾아볼 수 있다. 사도행전의 절정에서 바울은 "그런즉 하나님의 이 구원을 이방인에게로 보내어진 줄 알라 그들은 그것을 들으리라 하더라"(행 28:28)라고 선포한다. 어떻게 하나님의 구원이 이방인들에게 보내졌는가? 그것은 하나님이 보내신 사람들에 의해 전해졌다.

하나님이 보내셨다는 개념은 '직분을 맡기심'[11]이라는 성경적 이해와도 관련이 있다. 바울은 이렇게 선포한다. "나를 능하게 하신 그리스도 예수 우리 주께 내가 감사함은 나를 충성되이 여겨 내게 직분을 맡기심이니"(딤전 1:12). 바울은 그의 서신서의 서두에서 "예수의 종" 또는 "하나님의 뜻"이라는 표현들을 종종 사용하고 있다. 예수님이 그를 부르시고 또 그에게 사역을 맡기셨다. 비록 우리가 바울이 확신 가운데 선포한 것처럼 그리스도 예수의 사도로 부르심을 받지는 않았지만(롬 1:1, 11:13, 고전 9:1, 15:9, 고후 1:1, 11:5, 갈 1:1, 엡 1:1, 골 1:1, 딤전 1:1, 딤후 1:1), 그러나 우리는 좀 더 넓은 의미에서 분명히 바울과 같이 예수님의 종으로 부름받았으며(롬 1:1) 하나님의 뜻에 의해(고후 1:1, 엡 1:1, 골 1:1, 딤후 1:1) 하나님의 복음을 위해(롬 1:1) 모든 민족에게 보내진 사람들이다. 바울은 자기가 복음을 위해 받게 된 직분을 세 가지 단어로 표현하고 있다. "내가 이 복음을 위하여 선포자와 사도와 교사로 세우심을 입었노라"(딤후 1:11). 우리는 오직 넓은 의미에서만 사도로 불릴 수 있다[즉, 하나님이 보내신 사람이지만, 예수님의 열두 제자는 아닌(마 19:28, 행 8:1, 14:14)]. 그러나 우리는 모든 민족을 위해 선포자와 교사의 사명을 감당할 수 있다(딤전 2:7).

우리는 구약과 신약을 통틀어 성경에 등장하는 인물들의 삶과 사역 속에서 넓은 의미의 사역자로서 부름받고 사명을 감당했던 경우를 많이 발견할 수 있다. 그러나 우리는 성경에 등장하는 인물들의 경험에서 우리에게 필요한 교훈을 추출해내는 과정에 신중을 기해야 한다. 오늘날 이 지구 위에 살고 있는 65억의 사람들이 모두 각기 독특한 개성을 지니고 있듯이 그들도 독특한 사람들이었다. 그뿐 아니라 흔들림 없는 하나님의 경륜 속에서 그들이 맡았던 역할들이 또한 독특했다는 점도 우리는 기억해야 한다. 우리에게는 그들의 독특성과 평범성을 구별할 수 있는 지혜가 요구된다. 자신들의 인생을 향한 하나님의 역할을 이해하고 그 이해한 바를 삶 속에 실현시키는 과정에서, 그들은 우리와 같이 단순한 사람들이었기에 하나님의 계획에 대해 때로는 불신하기도 했고, 심사숙고하기도 했으며, 따져보기도 했으나 결국은 그분 앞에 굴복했다.

그들이 우리와는 구별되는 특별히 선택받은 사람들로 보일지 모르지만 정작 그들은 스스로를 엘리트라고 생각하지 않았다. 부름받고 선택받은 사람들이었지만 그들도 하나님이 자신들을 부르신 그 부르심과 보내심을 제대로 파악하지 못했던 경우들이 종종 있었다. 부르심에 우물쭈물하던 모습, 자신의 한계에 대한 인식, 연약함, "나는 할 수 없어!" 등등 평범한 사람으로서의 모습을 우리와 그들은 함께 공유하고 있는 것이다.[12]

- 모세는 말을 더듬었다. "내가 누구이기에 바로에게 가며 이스라엘 자손을 애굽에서 인도하여 내리이까"(출 3:11).
- 기드온은 의심했다. "주여 내가 무엇으로 이스라엘을 구원하리이까 보소서 나의 집은 므낫세 중에 극히 약하고 나는 내 아비 집에서 제일 작은 자니이다"(삿 6:15).
- 사울과 다윗은 '가장 작고 보잘것없다' 는 핑계를 댔다(삼상 9:21, 18:18).
- 솔로몬은 주저했다. "종은 작은 아이라 출입할 줄을 알지 못하고"(왕상 3:7).
- 이사야는 자신이 죄인임을 자백했다. "화로다 나여 망하게 되었도다 나는 입술이 부정한 사람이요 나는 입술이 부정한 백성 중에 거주하면서 만군의 여호와이신 왕을 뵈었음이로다"(사 6:5).
- 예레미야는 솔로몬과 비슷하게 반응했다. "주 여호와여 보소서 나는 아이라 말할 줄을 알지 못하나이다"(렘 1:6-7).

- 타민족에 대한 배타심을 갖고 있던 요나는 하나님의 뜻을 거스르고 도망쳤다 (욘 1:1-3).

우리가 이러한 영적인 거장들과 함께 공유하는 것은 예언자로서 또는 사도로서의 역할이 아니라, 당신의 목적을 위해 사람들을 부르시는 하나님의 부르심이라는 큰 우산 아래 같이 있다는 사실이다. 기적의 선지자였던 엘리야는 때로는 용기 있는 모습을, 때로는 침체된 모습을 보이기도 했다. 그는 "우리와 성정이 같은 사람"(약 5:17)이었다. 성경은 하나님이 모든 사람에게 항상 동일한 방법으로 일하신다고 말씀하지 않는다. 우리 대부분은 이사야나 바울이 경험했던 방법으로 소명을 받지 않았다. 하지만 구원이 필요한 영혼들에게 당신의 메시지를 전달하시기 위해 실수가 많은 사람들을 하나님이 사용하신다는 사실은 성경 전체를 통해 일관성 있게 보여지고 있다. 하나님은 당신의 목적을 위해 당신이 부르시고, 준비시키시는 사람들을 통해 역사하신다.

하나님이 사도 바울을 부르셨던 그 방법대로 그리고 바울과 똑같은 느낌을 받으며 부름받은 사람은 우리 가운데는 없을 것이다.[13] 그러나 담대함이 부족했던 디모데의 경우는 좀 더 많은 부분을 우리가 공감할 수 있다. 당신은 아마 디모데가 바울보다 인간적이고 우리와 비슷한 점이 더 많다고 생각할 것이다. 그러기에 바울은 디모데에게 그의 받은 바 소명에 대해 이렇게 상기시켜준다. "그러므로 내가 나의 안수함으로 네 속에 있는 하나님의 은사를 다시 불일 듯 하게 하기 위하여 너로 생각하게 하노니"(딤후 1:6). 그러나 디모데도 바울에 의해 직접 뽑혔기에 우리와 디모데 사이에도 커다란 차이가 있다고 생각할 수 있을 것이다. "나도 만일 사도의 손에 의해 직접 안수를 받았다면, 하나님의 부르심에 대한 느낌이 훨씬 더 분명할 수 있을 텐

데"라고 말할 사람이 있을 것이다. 그러나 디모데 역시 자신이 갖고 있던 '엘리트'의 모습에도 불구하고 담대함이 부족했고, 뒤로 물러났으며, 수치감과 유약함을 느꼈다는 점을 주목하라. 그래서 바울이 그의 영적 유산에 대해 상기시켜줄 필요가 있었던 것이다. "하나님이 우리에게 주신 것은 두려워하는 마음이 아니요 오직 능력과 사랑과 절제하는 마음이니"(딤후 1:7).

그렇다면 하나님의 부르심에 관해서 실라에 대해 좀 더 친근감을 느끼는가? 그는 이미 리더였고 사도와 장로들에 의해 지명되었다(행 15:22). 바울과 바나바가 헤어지고 난 후에 실라는 바울과 동행했다(행 15:37-40).

비록 디모데와 실라가 예수 그리스도의 사도는 아니었지만, 바울은 성령의 감동으로 성경을 기록하는 과정에서 이 두 사람을 인사말 속에 포함시키고 있다. "그리스도 예수의 종 바울과 디모데는"(빌 1:1), "바울과 실루아노와 디모데는"(살전 1:1, 살후 1:1). 거룩함에 관해서 거리감을 느끼게 되는 바울과, 우리가 좀 더 쉽게 공감대를 형성할 수 있는 디모데, 더욱 평범하다고 여겨지는 그러나 우리와 같이 형제들 사이의 리더였던 실라 같이 우리도 하나님의 아들 예수 그리스도를 전파할 수 있다(고후 1:19).

다시 말하지만 영적인 '거장'들에게, 그들이 우리보다 더 많은 은사와 더 분명한 부르심과 잠재된 가능성이 더 많은 사람들이었다는 점을 공감하게 만드는 일은 결코 쉬운 일이 아닐 것이다. 주저하던 모습에 그들의 공감하는 것도 부르심을 확신하는 데 도움이 되겠지만, 더 중요한 것은 맡겨주신 오늘의 사명을 충실히 행하는 것이다. 우리는 하나님이 신중을 기하며 말씀하신 그 말씀에 우리 자신의 모습을 비춰보며 그 말씀을 기억해야 한다. "너희가 나를 택한 것이 아니요 내가 너희를 택하여 세웠나니 이는 너희로 가서 열매를 맺게 하고 또 너희 열매가 항상 있게 하여 내 이름으로 아버지께 무엇을 구하든지 다 받게 하려 함이니라"(요 15:16). 마음 판에 이 말씀을 각인시켜야 한다. 하나님의 부르심 속에는 주신 그 사명을 이루기 위해 필요한 모든 능력이 포함되어 있다.

하나님의 그 부르심은 언제나 생생하게 살아 있다. 이 글을 읽는 당신도 나와 비슷한 사람이라면, 하나님이 나를 부르셨다고 하는 그 사실로 인해 경이로움을 느끼며 잠을 잘 이루지 못할 것이다. 항상 그 흥분감 속에 사로잡혀 있지는 않더라도, 하나님이 나를 불러주셨다는 기쁨과 놀라움은 그치지 않을 것이다. 우리가 스스로에 대해 알고 있는 것만큼 하나님이 우리를 잘 알고 계시다면 결코 우리를 부르지 않으셨을 거라고 생각할지 모른다. 그러나 실상 하나님은 우리를 우리 자신보다 더 잘 알고 계심에도 불구하고 우리를 부르셨다. 이 얼마나 놀라운 사실인가? 하나님이 나를 택해주셨다는 사실에 우리는 바울이 그랬던 것처럼 하나님께 감사드려야 한다(딤전 1:12).

자원하는 마음

하나님의 부르심과 거룩한 의무감이 함께 묶여 있고, 하나님이 보내셨다는 사명감이 있다면, 사역의 방정식은 맡겨주신 사역에 대한 우리의 자원하는 마음으로 완성된다. 앞에서 살펴본 것처럼 하나님의 부르심은 우리를 지명하시는 것을 넘어 하나님의 계획에 우리를 초청하심으로 강화된다. 일단 그 부르심에 응답하고 나면 우리를 유용한 그릇으로 바꾸어주신다. 우리는 바로 여기서 우리를 택하셔서 사명을 맡기시는 하나님의 겸손을 보게 된다. 하나님은 당신의 목적을 이루시기 위해 꼭 우리를 사용하실 필요가 없는 분이다. 그러나 그 일에 포함되어야 할 필요가 우리에게 있기 때문에 하나님의 계획에 우리를 초청하신다. 그러므로 우리는 그 사명을 기꺼운 마음으로 받아들이는 것이다. 교회 역사가 케네스 스코트 라토렛(Kenneth Scott Latourette)의 심경을 이해해보도록 하자. "나는 하나님의 일이 이루어지지 않을까봐 걱정하지 않는다. 그러나 내가 포함되지 않은 채로 하나님의 일이 이루어질까봐 심히 두렵다." 그러므로 우리는 우리를 믿어주시며 사역을 맡기시는 하나님의 신뢰를 받아들여야 한다.

우리를 지명하시는 것과는 달리 사명을 맡기시는 것은 부르심의 과정 가운데 우리의 협력을 필요로 한다. 하나님이 보내셨음을 깨닫고 거룩한 의무감을 느끼게 될 때 우리에게 자원하는 마음이 없다면, 하나님의 부르심은 아직 행동으로 옮겨지지 못한 것이며, 우리를 향한 하나님의 사명은 아직 실현되지 못한 것이다.

부르심이라는 단어에는 미묘한 차이가 있다. 하나님의 입장에서는 능동적으로 우리를 부르셨음을 의미하고, 우리의 입장에서는 수동적인 의미에서 부르심을 받는 것이다(롬 8:28-29). 이러한 측면은 구원론적인 부르심과 그 결과에도 그대로 적용된다.[14]

그러나 실제로 사역의 현장을 살펴보면 하나님의 부르심은 추가적인 의미를 담고 있다. 분명 우리 스스로가 자신을 하나님의 사역으로 부른 것은 아니다. 우리는 은사와 사명을 하나님의 역사하심의 결과로 "받게 된" 것이다. 그러나 사역으로의 부르심은 수동적인 측면만을 가지고 이루어질 수는 없다. 한 개인을 향한 하나님의 부르심은 그 부르심을 가슴에 품는 반응이 없이는 이루어질 수 없기 때문이다. 우리는 충성된 모습으로 그리고 책임감 있고 유용한 모습으로 주신 은사와 사명을 활용하며 하나님의 일을 완성해 나가야 한다. 우리 자신이 사역의 대상도 아니며, 주체도 아니며 우리 자신을 위해 사역을 하는 것도 아니다.

이제 사역의 방정식을 정리해본다. 우리의 참여는 개인적이다. 우리는 그 부르심에 동의했다. 우리를 마음대로 사용하실 수 있는 권리는 하나님의 부르심 속에 확실하게 보장되어 있다. 그러나 그 부르심은 우리에 의해 시작되지 않는다.

우리를 "지명하시며 선택하신다"는 말씀은 능동형이지만, 우리는 그 지명과 선택을 얻고, 소유하며 받아들여야 한다. 만약 받아들이지 않는다면 그것은 나를 향한 지명과 선택은 되지 못한 것이다. 부르심을 받아들이겠다고 하는 나의 자원하는 마음이 없이는 나의 삶을 향한 하나님의 부르심은 아직 효력을 발하지 못하고 있는 것이다.

이것이 바로 자원하는 마음을 사역의 방정식 속에 포함시킨 이유다. "거룩한 의무감 = 보내심받았다는 자각 + 자원함." 우리의 자원하는 마음이 하나님의 부르심을 우리에게 꼭 필요한 것으로 만들고 은사와 역할과 사명을 자원하는 심령으로 받아들이게 한다. 하나님은 우리를 구석으로 몰아붙이시면서 강압적으로 부르심과 사명을 주시는 분이 아니다. 사실 하나님과 우리의 관계가 우리 마음속에 자원하는 심령을 불러일으키며, 그것이 곧 부르심을 부르심 되게 만들어주는 것이다. 우리는 하나님의 사역으로 초청을 받는다. 그의 부르심은 하나님이 아무 이유 없이 던져주시는 선물도 아니며, 우리는 그저 피동적인 수취인도 아니다. 우리는 하나님의 경륜 속에서 고유하고 구체적인 역할을 담당하도록 하나님의 도구로 기능하게 된다. 우리는 하나님이 마음대로 우리를 사용하실 수 있도록 내어드려야 한다. 우리는 하나님의 소리를 낼 수는 없지만 하나님의 음악을 왜곡시킬 수는 있다.

우리는 도구며 심부름꾼이며 대변자다. 주님이 아나니아에게 바울에 대해 말씀하셨다. "가라 이 사람은 내 이름을 이방인과 임금들과 이스라엘 자손들에게 전하기 위하여 택한 나의 그릇이라"(행 9:15). 바로 이것이 우리의 모습이다. 하나님의 좋은 소식을 전하기 위한 도구, 그릇, 수단, 심부름꾼이다. 그러나 자원하는 마음을 지닌 도구다.

내가 속한 사역 기관에서는 전략적인 측면에서 "선포의 나팔"이란 표현을 사용한다. 하나님이 나팔수시며 연주자시며 예술가시다. 나는 단지 마우스피스(대변자)일 뿐이다. 마우스피스는 음악이나 소리를 직접 만들어내지 않는다. 전문적인 나팔수는 마우스피스만을 가지고도 소리를 낸다. 그리고 그 마우스피스에 나팔의 몸통을 연결해주면 그 소리는 매우 아름다워진다. 그러나 마우스피스를 뺀 채로 나팔을 연주하기는 아주 힘들다. 그런 면에서 우리는 하나님의 역사 가운데 결정적인 역할을 담당하게 되는 것이다. 우리는 누구인가? 우리는 존경받아야 할 왕이 아니라 쓰임받아야 할 종이다.

우리에게 주어진 유일한 선택은 자원하는 도구가 되는 것뿐이다. 하나님은 우리에 의해서가 아니고 우리를 통해서 당신의 뜻을 이루신다. 사역은 우리를 통해 하나님에 의해 이루어진다. "그러므로 우리가 그리스도를 대신하여 사신이 되어 하나님이 우리를 통하여 너희를 권면하시는 것 같이 그리스도를 대신하여 간청하노니 너희는 하나님과 화목하라"(고후 5:20). 구약에서 말하는 자원하는 심령으로 드리는 제사와 같은 개념이다. 에스라서에 나오는 자원함과 기쁨으로 풍성히 드리는 제사의 개념이다. 억지로 드리는 것이 아니라 자원하는 마음으로 드리는 흠이 없는 제사다(민 29:29). 또한 "여호와께 향기롭게 드릴"(민 15:3) 제사며 "네 하나님 여호와께서 네게 복을 주신 대로 네 힘을 헤아려 자원하는 예물"(신 16:10)이다. 그리고 일단 부르심에 동의한 후에는, 우리는 우리의 삶을 하나님이 항상 쓰실 수 있도록 반짝반짝 빛나는 모습으로 준비시켜두어야 한다.

사역으로 우리를 부르시는 것은 하나님의 몫이며, 그 사역에 자원하는 것은 우리의 몫이다. 재촉하시는 것은 하나님의 몫이며, 순종하는 것은 우리의 몫이다. 일을 맡겨주시는 것은 하나님의 몫이며, 일을 행하는 것은 우리의 몫이다. 일단 하나님의 부르심을 나의 부르심으로 받아들이게 되면 우리는 결코 피하거나 도중하차하거나 그만둘 수 없게 된다. 전도설교의 주인공은 우리가 아닌 예수님이시기 때문이다.

사역의 신비

사역의 신비는 삼위일체에서 출발해서 성육신을 통해 우리에게 이른다. 신비스럽게도, 전능하신 하나님은 우리를 신뢰하시며 기대감을 갖고 복음 전파하는 일을 맡겨주셨다. 그 메시지를 맡기시고 사명을 주신 이유는, 그저 잘 보관해두기 위함이 아니라, 풍성히 투자해 더 많이 나눠주시려는 것이다. 이러한 하나님의 의도는 성경의 비유들 속에 잘 암시되어 있다(마 25:14 이하, 눅 19:11-27). 성경의 비유 속에 하나님의 자산을 맡아 잘 관리하고 활용해서 이익을 남기도록 부탁을 받은 종들처럼 우리는 복음을 맡은 사람들이다. 그러나 전도인의 사명을 포함한(딤후 4:5) 모든 사명들을 잘 감당하기 위해서는 먼저 임무를 명령받아야 한다.

하나님이 우리를 신뢰하신다는 것은 분명히 잘못된 말이다. 다시 말하지만 나는 종종 생각한다. '만일 내가 나 자신을 아는 것만큼 하나님이 나를 잘 아신다면 결코 복음을 내게 맡기지 않으셨을 것이다! 하나님은 얼마나 어리석으신가!' 그러나 곧 정신을 차린다. 나 같은 사람에게 복음을 맡기신다는 것은 정확하게 하나님만 하실 수 있는 일이다. 내가 나 자신을 아는 것보다 하나님이 나를 훨씬 더 잘 아시기 때문이다. 그리고 하나님은 하나님이시기에 나 같은 사람을 믿어주시고 당신의 계획에 문제가 생길 것을 염려하지 않으신다. 하나님은 당신이 계획하신 일의 성공 여부를 사람에게 의존하시는 분이 아니다. 그분의 계획은 하나님이 하나님이시기 때문에 보장된다. 우리가 사역을 맡고 있는 이유는 전적으로 하나님의 자비하심 때문이다(고후 4:1). 하나님이 우리를 신뢰하신다는 사실이 겉으로 보기에는 하나님의 실수 같아 보일 수 있으나, 그 사실이 맡겨주신 보화를 다루는 우리의 책임의식을 약화시키거나 하나님이 보여주신 신뢰에 대한 우리의 진지한 태도를 흐트러지게 만드는 구실이 될 수는 없다.

하나님은 바울에게 복음(딤전 1:11)뿐 아니라 전도의 사명(딛 1:3)도 맡겨주셨다. 바울은 "내가 무할례자에게 복음 전함을 맡은 것이 베드로가 할례자에게 맡음과 같은 것을"(갈 2:7) 다른 사람들이 보았다고 말한다. 바울 스스로 맡겨주신 사명을 인식했을 뿐 아니라, 주위 사람들도 바울이 사명을 받았다는 것을 알았다는 것이다. 나는 바울이 사명에 대한 어떠한 증거를 주위 사람들에게 보여주었는지 궁금하다. 뜨거운 열심? 메시지에 대한 충성된 자세? 그리스도가 전해지지 않은 곳을 향해 달려가는 그의 집중된 모습? 그가 달려갈 길을 마치는 모습?

성경에 나타난 거장들의 연약함을 우리는 잘 이해한다. 그들도 하나님이 맡겨주신 선물을 활용하기보다는 소유하려 했고, 사역의 청지기적 사명을 망각한 채 타락할 만한 요건이 충분했다. 그들도 맡겨주신 일을 성취할 만큼 믿음직스러운 모습을 보여주지 못한 적도 있었다. 그들도 게을러서 또는 두려움 때문에 맡겨주신 달란트를 땅에 묻어둘 수도 있었다. 그들도 우리와 똑같이 은사를 무시할 수 있었다. 그들도 우리가 오늘날 경험하는 것과 똑같은 시험을 당했다. 그러므로 그들에게 복음이 맡겨졌을 때도 우리와 마찬가지로 똑같은 위험 부담이 있었던 것이다.

그러나 우리와 사도들을 묶어줄 수 있는 사실은 모두가 각각 하나님께로부터 거룩한 신뢰를 경험했다는 것이다. 자원하는 마음으로 부르심에 응했다는 것은 사도들만의 고유한 경험이 아니다. 사도들의 부르심이 그 지역적인 면이나 청중의 면에서 우리의 부르심과 똑같을 수는 없다. 하지만 복음을 위한 청지기직을 부여받았다고 하는 내면의 인식은 우리가 거룩한 의무감을 갖어야 할 더 강한 논리적 근거를 제시해준다. 만일 사도 바울 자신이 복음을 맡은 청지기로서의 인식을 가지고 있었다면, 바울에 비해 보잘것없는 복음 전도자인 우리는 복음을 더 지혜롭게 더 널리 전파하기 위해 거룩한 의무감을 얼마나 더 소중하게 여기며 살아가야 할 것인가?

예를 들어 바울은 "나"에서 "우리"로 표현을 바꿔 사용하고 있다. "오직 하나님께 옳게 여기심을 입어 복음을 위탁 받았으니 우리가 이와 같이 말함은…"(살전 2:4). 여기에 강력한 동기부여가 있다. 그들은 이미 옳게 여김을 받았다. 하나님이 먼저 그들을 옳게 여기지 않으셨다면 그들에게 복음을 전하도록 부탁하지 않으셨을 것이다. 하나님은 먼저 사람을 판단하시고, 그 후에 복음을 전하도록 부탁하신다. 이 원리는 사역의 청지기를 부르심에 있어서 지금도 변함없이 적용된다.

우리도 바울과 같이

- 복음의 선물(살전 2:4, 딤전 1:11)
- 복음 전함의 사명(갈 2:7, 딤후 1:11, 딛 1:3)
- 화목케 하는 직책(고후 5:18)
- 하나님의 말씀을 이루는 사명(골 1:25) 등을 부여받았다.

단 하나의 이슈는 과연 우리가 하나님이 맡겨주신 것들을 기꺼운 마음으로 받아들이며 관리할 용의가 있는가 하는 것이다. 맡겨주셨다는 개념은 소유권을 갖고 계신 그분이 다시 오실 때까지(눅 19:13) 그분을 대신해 맡겨주신 달란트를 활용해 이문을 남기고 청지기로서의 사명을 수행하는 것이다. 그러한 부탁을 받은 사람들은 다음과 같은 특성을 갖는다.

1. 은사와 사명: 마태복음 25장 15절에서 주인은 그 능력에 따라 각 사람에게 달란트를 나눠주었다. 바울은 "그런즉 아볼로는 무엇이며 바울은 무엇이냐 그들은 주께서 각각 주신대로 너희로 하여금 믿게 한 사역자들이니라"(고전 3:5)고 말한다.
2. 충성: "그리고 맡은 자들에게 구할 것은 충성이니라"(고전 4:2).
3. 투자에 대한 책임: "귀인이 왕위를 받아가지고 돌아와서 은화를 준 종들이 각각 어떻게 장사하였는지를 알고자 하여 그들을 부르니"(눅 19:15).
4. 봉사: "각각 은사를 받은 대로 하나님의 여러 가지 은혜를 맡은 선한 청지기 같이 서로 봉사하라"(벧전 4:10).

나는 시를 다루는 한 잡지 회사에 누군가 엄청난 유산을 남겼다는 신문 기사를 읽었다. "자그마한 문학 잡지사에서 자신의 시를 출간하려 했지만 실패한 한 병중에 있던 부자가 1억불 상당의 유산을 그 잡지사에 기증했다." 이 잡지사는 90여 년의 역사를 갖고 있었지만 그 자산이 100불도 채 되지 않는 어려울 때도 있었다. 그러나 발간을 거른 적은 없었다. 이 소식을 전해들은 편집장은 놀라움을 감출 길이 없었다. 그의 반응은 이러했다. "분명히 이 많은 돈을 기증하신 그 분은 우리 잡지사에 의해 시집 출간이 거부당한 사실에 개의치 않은 것이 분명합니다. … 이제 우리 잡지사는 시 전문 잡지사로서는 가장 큰 잡지사가 되었습니다. 우리에게는 아주 커다란 책임이 주어졌습니다. 저는 이 책임감을 날이 갈수록 점점 더 무겁게 느끼고 있습니다." 그 편집장은 재산을 기부한 부인을 만나본 적은 없었지만, 자신의 잡지사가 여지껏 기부금을 활용했던 모습을 아주 흡족하게 생각했음이 틀림없다고 확신했다.[15] 그래서 그는 네 명의 직원들과 함께 주어진 1억불로 잡지사를 위한 최고의 계획을 세웠다. 그러나 편집장은 그 잡지사의 기본적인 사명만큼은 변함이 없을 것이라고 분명히 말했다.

하나님의 복음을 맡은 우리는 이 편집장의 기분을 충분히 그리고 정확하게 공감할 수 있을 것이다. 우리는 수세기에 걸쳐 공간의 한계를 넘어 전 세계에 영향을 미친 훨씬 더 가치 있고 커다란 선물을 부탁받은 것이다. 그 선물이 많든 적든 우리도 충성스런 모습으로 그것을 활용해야 한다. 우리가 얼마나 많은 것을 가졌느냐가 우리의 사명을 결정짓지는 않는다. 하나님이 맡겨주신 사명을 더 잘 이해하고 우리를 더 내어드림으로 우리에게 맡겨주신 그 사명이 얼마나 위대한 것인가를 날마다 실감하게 될 것이다. 우리를 부르신 하나님의 부르심은 우리가 받아들이고 최선을 다해 실현시켜나가야 할 사명이다(고전 15:58).

결론

「Built to Last」와 「좋은 기업을 넘어 위대한 기업으로(Good to Great, 김영사)」의 저자로 유명한 리더십 멘토인 짐 콜린스(Jim Collins)는 창조자(Creator)와 반응자(Reactor)의 결정적인 차이점을 설명해준다.[16] "창조자는 내적으로 동기를 갖고 외부 상황을 인식한다. 반대로 반응자는 열정 없이 외부 상황에 쫓긴다."[17] 창조자와 반응자 사이의 이 차이점은 전도설교자가 갖춰야 할 '자원하는 마음'의 중요성을 뒷받침해준다.

매일 수백만 명의 영혼들이 복음 없이 죽어가고, 수십 억의 영혼들이 예수님의 이름을 들어볼 기회를 갖지 못하며, 그 모든 영혼들이 지옥과 사단 그리고 귀신들에 의해 영원히 환영을 받게 될 것이다. 크리스천이라면 누구라도 이 비참한 시나리오에 대해 알고 있지만, 대부분의 크리스천들은 이 영원한 형벌에 대비해 아무 일도 하지 않는다.

왜 그럴까?

영원한 형벌, 또는 그 반대인 영원한 생명에 대한 약속은 사역의 비전으로는 멋지지만, 개인적인 사명으로서는 그렇지 못하기 때문이다. 개인적인 사명감은 내면으로부터 생겨야 하고, 은사에 대해 분명한 감사가 있어야 하며, 예측할 수 없는 긍정적인 결과를 통해 사람들을 놀라게 하고, 기회를 포착할 것을 기대하며 잠을 설치게 해주어야 한다.

여기 사역의 방정식을 다시 한 번 살펴보자. "거룩한 의무감 = 하나님이 보내셨다는 자각 + 자원함." 이 거룩한 의무감을 인식하는 데 적어도 두 가지 요소 가운데 하나는 꼭 필요하다.[18] 자원하는 마음이 생기지 않을 때는 하나님이 보내셨다는 자각이 우리를 이끌고 나아간다. 때로는 사역에 대한 우리의 자원함이 하나님이 보내주셨다는 자각을 새롭게 해주기도 한다. 개인적인 동기에 관한 바울의 생각을 다시 음미해보라. "내가 내 자의로 이것을 행하면 상을 얻으려니와 내가 자의로 아니한다 할지라도 나는 사명을 맡았노라"(고전 9:17). 또는 예수님의 비유에 나오는 종의 모습을 보라. "이와 같이 너희도 명령 받은 것을 다 행한 후에 이르기를 우리는 무익한 종이라 우리가 하여야 할 일을 한 것뿐이라 할지니라"(눅 17:10). 그러나 사랑에서 비롯되는 의무와, 의무를 사랑하는 자세가 사랑하는 그분을 향해 같이 힘을 합할 때, 우리는 우리의 직무를 다 할 수 있게 된다(딤후 4:5). 그럴 때 우리의 소명은 효율적일 뿐 아니라 효과적이 된다.

우리는 바로 이와 같이 정확하고 강력한 포인트에서 우리의 소명을 완성하게 된다. 하나님이 보내셨다는 자각과 사역에 대한 자원함이 우리의 내면을 가득 채움으로 전도적인 선포를 재촉하고 밀어붙이며, 추진시켜나갈 것이다. 우리에게 필요한 것은 다른 무엇이 아니라, 하나님의 계획에 대한 신뢰, 더욱더 분명해지는 신념 그리고 하나님께 지명받고 책임을 부여받았다는 사실에 대해 점점 커지는 확신이다. 이러한 분위기 속에 우리는 다음과 같은 요소를 감지하게 된다.

기쁨: 우리를 향해 웃으시는, 빛나는 하나님의 얼굴을 보지 못한다면 어떻게 전도를 할 수 있겠는가? 내가 기꺼운 마음으로 보내심받기를 원치 않는다면, 하나님이 주시는 기쁨을 느낄 수 없을 것이다.

능력: 이것은 우리의 '적극적인 사고방식'에서 나온 자신감과 생명력 없는 능력이 아니라, 우리를 부르신 하나님이 그분의 사역을 이루기 위해 믿음의 발걸음을 옮겨놓을 수 있도록 힘을 주심으로 생기는 내면적인 추진력을 의미한다. 우리에게 자원하는 마음이 없다면 우리에게 책임을 맡기시면서 공급해주시는 하나님의 능력도 느낄 수 없다.

유익: 하나님의 뜻을 이루기 위해 주인에게 유익한 도구가 되는 것을 의미한다. 오직 종과 같이 자원하는 마음이 있어야만 인류의 구원이라고 하는 더 큰 목적을 이루는 도구로 하나님이 쓰시도록 자신을 내어드릴 수 있다. 우리는 주님을 모르는 다른 영혼을 위해 유용한 도구로 쓰임받을 수 있다. 즉, 다른 사람의 영원한 안전을 위해 소모될 수 있다는 뜻이다. 우리는 이 과정에서 우리 스스로에게 어떤 가치나 중요성을 첨가시키려는 것은 아니다. 그저 다른 사람들에게 도움이 될 수 있기를, 그렇게 함으로써 주님께 그리고 다른 사람들에게 유익을 가져다주기를 원하는 것이다.

참여: 하나님의 목적을 이뤄드리기 위한 다양한 스펙트럼에 참여하는 것을 의미한다. 예를 들면, 우리 안에 자원하는 마음이 없다면, 우리의 영적인

은사들을 인정하거나, 발전시키거나, 사용하고자 하는 의욕이 생기지 않을 것이다. 하나님이 주신 은사들을 무시해버리고 은사와 기회를 접목시키고자 하는 노력을 기울이지 않을 것이다. 나는 이 땅에서의 수고에 대한 영원한 보상이 단지 어떤 종류의 일을 얼마나 많이 했는가에만 달린 것이 아니라, 하나님의 우선순위에 준해서 얼마나 자원하는 심령으로 임했는가와 관련이 있다고 생각한다.

인내: 보냄을 받고 싶은 마음이 없다면, 내 앞에 놓여진 경주를 다 마칠 수 없을 것이다. 바울은 복음 전도를 향한 그의 분명한 결단을 밝히고 있다. "나의 달려갈 길과 주 예수께 받은 사명 곧 하나님의 은혜의 복음을 증언하는 일을 마치려 함에는 나의 생명조차 조금도 귀한 것으로 여기지 아니하노라"(행 20:24).

우리는 그리스도를 섬기겠다고 결심하지만, 그 후에는 주장으로 바뀌게 된다. 바울이 의무감이라는 개념을 포함하는 용어들을 사용하고 있음을 주목하라. 하나님이 보내셨다는 자각과 자원하는 마음이 거룩한 의무감으로 귀결되고 있다. "이를 위하여 내가 전파하는 자와 사도로 세움을 입은 것은 참말이요 거짓말이 아니니 믿음과 진리 안에서 내가 이방인의 스승이 되었노라"(딤전 2:7). 이 표현의 중간에 보면 "참말이요 거짓말이 아니니"라고 하는 심각한 맹세의 표현을 삽입한 것에 주목할 필요가 있다. 바울은 자신의 목적과 복음 전파 사역의 내용을 밝히고 있을 뿐 아니라 자신의 개인적인 책임감을 강하게 보여주고 있다. 나를 향한 하나님의 부르심은 그의 계획 안에 있는 나의 소명이라고 바울은 말하고 있다.

한 친구 목회자의 서재 한 편에는 졸업장과 각종 사진들이 걸려 있다. 또한 "복음 전파의 소명"을 강하게 시사해주는 그림이 걸려 있다. 화가 론 디시아니(Ron Dicianni)의 "유산(The Leqacy)"이라는 그림에는 검은 양복에 하얀 셔츠를 입은 목사가 성경책을 펴들고 강단에서 설교를 하고 있다. 설교자 뒤의, 마치 하늘의 분위기를 연상시키는 희미한 배경 속에는 십계명 판을 들고 있는 모세, 두루마리 성경 일부를 손에 쥐고 있는 예레미야 그리고 세례 요한이 그려져 있다. 설교자의 오른쪽에는 세 사람의 모습이 있다. 그 설교자의 어깨에 손을 얹고 계시는 예수님, 그물을 들고 있는 사람(아마도 베드로), 목자의 지팡이를 들고 있는 다른 한 사람. 그리고 설교자 뒤쪽 좌우에는 두 천사가 서서 타오르는 횃불을 들고 서로를 바라보고 있다.

이 강력한 그림이 시사하는 바를 직접 화가의 입을 통해 들어보자.

목회자들은 (누가복음 4장에서 이사야 61장을 인용하시는 예수님의) 열정을 갖고 사명을 완성하기 위해 주님의 발자취를 따라가기를 갈망한다. 그들은 자신들이 하나의 직업이 아닌 "소명"으로 "보내심"을 받았음을 안다. 그러나 많은 목회자들이 자신들이 이어받아야 할 선배 목회자들이 남겨놓은 역할의 중요성과 그 사역이 얼마나 어려운 것인가를 곧 깨닫게 된다. 때로는 좌절, 의심, 미미한 실적 등이 일꾼들에게 목회를 그만두고 싶다는 유혹을 가져다준다. 그리고 실제로 많은 이들이 중간에 포기하고 고민한다. 이 유혹을 극복할 수 있는 비결이 있는가? 나는 비결이 있다고 믿는다. 누가 목회자들에게 사명을 주셨는가를 그리고 누구의 발자취를 따라가고 있는가를 기억하면 된다. 그리고 성공을 위해서가 아니라 순종하도록 부름받았다는 사실을 기억하면 된다.[19]

내가 더 이상 말하지 않아도 거룩한 의무감, 내적인 확신, 하나님의 부르심을 이 화가의 묘사 가운데서 발견할 수 있는가? 내 친구 목회자는 하나님이 지명하여 부르신 사람들의 긴 줄에 자신도 서 있다는 사실을 주기적으로 상기하곤 한다. 그는 한 개인으로서 분명히 고유한 존재다. 그러나 사역의 입장에서 본다면, 사역으로 부르심을 받은 많은 사람들 가운데 하나다. 지명하여 부르시며 사명을 맡기시는 하나님의 유산은 오늘도 계속되고 있다. 우리의 실패와 넘어짐과 약함을 우리 자신보다도 더 잘 알고 계시는 그분이 불러주셨고 복음을 맡기시며 사명을 주셨다. 불가능해 보이는 기회들을 활용할 수 있는 힘을 주실 것이며, 우리의 사역을 직접 소유하실 것이다. 이 얼마나 여러분과 나에게 충격적인 소식인가? 절대로 우리의 사명을 잊어서는 안 된다! 누구도 복음을 전하는 전도설교의 영광을 스스로 취할 수는 없다. 하나님의 부르심이 있어야만 한다.

2장
전도설교자의 외적인 부르심
성경적인 확신과 동기부여

"당신은 휘발유도 아니며 공기도 아니다. 단지 빛이 생겨나는 발화점에 지나지 않는다. 당신은 광선이 통과하는 렌즈에 불과할 뿐이다. 렌즈와 같이 빛을 받아들이고 내보낼 뿐이다."[1]
– 다그 함마르셸드(Dag Hammarskjöld)

"개발도상국 사람들의 시력은 아주 큰 문제가 되고 있다. 세계보건기구에서는 약 1억 8천만 명이 아주 심각한 시력 문제를 안고 있다고 보고한다. 이 가운데 약 90퍼센트는 빈곤 국가의 사람들이다. 가나와 같은 나라에서는 안경을 맞추기 위해 일주일을 걸어서 여행을 해야 하며 몇 달치의 월급을 쏟아부어야 한다. 그런데 옥스퍼드 대학의 한 물리학자가 아주 유용한 안경을 발명했다. 시력을 교정하는 데 안과 의사의 도움이 필요 없는 이 안경을 사람들은 '적응하는 안경'이라고 부른다.[2]

이 안경의 렌즈는 플라스틱이며 안쪽은 실리콘 오일을 넣을 수 있도록 되어 있다. 안경테에 붙어 있는 주사기의 펌프를 사용해서 렌즈 속에 실리콘 오일을 조금씩 넣다가 잘 보이면 오일 넣은 것을 중지하고 주사기를 안경테에서 분리하면 된다. 사용자가 자신의 시력에 맞게 안경의 도수를 조정할 수 있는 것이다. 이 과정에 필요한 시간은 약 30초 정도다.

이 안경은 난시는 교정하지 못하지만, 근시와 원시 교정에는 아주 효과적이다.[3]

나는 이 뉴스를 읽으면서 감탄을 금할 수가 없었다. 그리고 이 기사와 전도설교 사이에 많은 유사점이 있음을 발견했다. 이 세상의 수십 억의 영혼들이 영적으로 눈이 먼 상태에 있으며 아주 절실하게 도움을 필요로 하고 있다는 사실이다. 시력이 나쁘고 가난한 사람들을 위해 '적응하는 안경'이 존재하듯이 예수님은 영적인 난시 현상에 대한 해결책으로 2천 년 이상 존재해오셨다. 바울은 이 현상에 대한 해결책을 이렇게 암시적으로 설명했다. "그 중에 이 세상의 신이 믿지 아니하는 자들의 마음을 혼미하게 하여 그리스도의 영광의 복음의 광채가 비춰지 못하게 함이니 그리스도는 하나님의 형상이니라"(고후 4:4).

또한 그 물리학자가 '적응하는 안경'을 발명하기 위해 어떠한 길을 걸어왔는가 하는 것도 내게는 아주 흥미로웠다. 그 물리학자의 말이다. "나는 80년대 중반부터 호기심을 가지고 기존의 안경을 대치할 수 있는 이 액체 렌즈 대한 아이디어에 몰두해왔다. 그러는 도중 만일 이 일이 수십 억의 사람들을 도울 수 있는 일이라면 이것이 내 사명이며 내가 추구해야 할 일이라는 사실을 깨닫게 되었다."

나도 소년 시절부터 목사님과, 부모님 그리고 친구들의 격려를 받아가며 잃어버린 영혼들을 위해 예수님에 대해 연구를 시작했다. 사람들은 나를 '영적인 철학자'라고 소개하지만, 사실 나는 어느 곳에서나 복음을 전할 수 있는 전도자의 모습을 늘 간직하고 싶다. 나는 과거에 사람들이 빽빽하게 몰려 있던 시장이나 지금은 쓰나미에 휩쓸려 사라져버린 인도 남부 체나이

(당시의 마드라스) 지역의 트리플케인 해변의 모래 위에서 선포했었던 설교를 녹음한 테이프가 있었으면 좋겠다는 생각을 하곤 한다. 나의 사역에 대한 설교학적인 측면의 평가는 하늘나라에 가봐야 알 수 있겠지만, 그 당시 복음을 전하는 한 젊은이의 담대함, 잃어버린 영혼들을 향한 뜨거운 열정, 영적인 소경 상태에 살고 있던 영혼들의 문제 해결을 위한 긴박감 등은 아직도 내 가슴속에 살아 있다. 옥스퍼드의 물리학자와 같이 나 역시 수십 억의 사람들을 위해 뭔가 도움을 줄 수 있는 일을 할 수 있다면 이것이 내 사명이며 내가 추구해야 할 일이라는 사실을 깨닫게 되었다.

그러나 나에게 '적응하는 안경'의 비유는 훨씬 더 개인적인 깨달음을 준다. 실상 나 자신이 종종 선교적 시각 장애를 겪고 있었다는 사실이다. 그러나 나의 영적인 근시 현상은 지속적으로 교정이 요구되는 문제다. 나는 여러 분주한 환경에 의해 신경이 분산되어 있고, 현실적으로 당장 해결해야 하는 급한 일들에 끌려다니다가 그만 중요성의 사다리에서 가장 높은 곳에 있는 제일 중요한 크리스천의 인류를 향한 책임, 즉 예수님의 복음을 최대한 널리, 지혜롭게, 효과적으로 그리고 지체하지 않고 전파해야 한다는 사실을 종종 잊어버린다. 내가 바로 영적으로 '적응하는 안경'을 써야 할 필요가 있는 사람이다. 나야말로 영적인 안경테에 붙어 있는 주사기를 사용해서 렌즈 속의 오일의 양을 조절해 잃어버린 영혼들을 가장 선명하게 볼 수 있도록 시력을 교정해야 한다. 잃어버린 영혼들을 향한 나의 시력이 약해질 때마다 나는 이 과정을 반복해야만 한다. 나는 영적 시력을 잃고서는 마음이 평온할 수 없으며 그들의 삶을 위한 투자에서 뒷걸음질 칠 수도 없다. 나는 내 영적 안경을 바르게 조절함으로써 잃어버린 영혼들을 향한 나의 영적 시각을 늘 선명하게 유지해나갈 것이다.

나는 전도설교자들에게 이 조절 장치를 구비시켜주고 싶다. 당신 주위에 있는 영적으로 눈이 먼 사람들이든, 아니면 영적 시력의 회복을 필요로 하고 있는 수십 억의 영혼이든, 불신자들의 상태를 당신이 더 선명하게 볼 수 있기를 원한다.

하나님이 주신 은사와 확신과 공급과 은혜를 힘입어 30년 가까이 주 예수를 선포해오는 동안, 눈먼 사람들을 좀 더 선명히 보기 위해 그리고 그들에게 구원이라는 치료 약을 전파하기 위해 나는 지금도 더러워진 렌즈를 계속 닦으며 살아가고 있다.

이제 내적인 부르심에서 외적인 부르심으로 옮겨가도록 하자. 나는 내적인 부르심과 외적인 부르심을 구별하려고 한다. "거룩한 의무감 = 하나님이 보내셨다는 자각 + 자원함"에서 이 거룩한 의무감은 자원하는 마음이 하나님의 사랑에 반응함으로써 단순한 의무감이 하나님이 보내셨다는 자각으로 바뀌는 것이다. 이것은 책임감에 대한 것도 아니요, 맹목적인 사랑도 아니다. 우리를 사랑하시고 보내신 분에 대한 사랑에서 비롯된 의무다.

한편 외적인 부르심은 아래와 같이 표현할 수 있다.

외적인 부르심(Outer Calling) = 은사(Gift) + 현실(Realities)

순종하겠다는 자원하는 심령 외에, 모든 성도들에게 요구되는 외부적인 현실이 있다. 영적인 시력을 회복시켜줄 수 있는 '성경적인 확신'과 복잡한 삶의 현실과 인생의 쾌락 속에 버려진 영혼들을 향한 전도의 시력을 회복시켜줄 수 있는 '성경적인 동기부여' 같은 외부적인 현실도 고려해야 한다.

성경적인 확신: 불신자들의 영적인 현실

잃어버림과 구원의 가능성

불신자들의 영적인 상태는 변할 수 있다. 이러한 사실은 불신자들에게는 구원의 가능성을 열어주고, 복음 전파자들에게는 한숨 돌릴 수 있는 여유를 준다. 이러한 확신과 신념은 복음 전도에 대한 우리의 참여를 자극한다. 주 예수의 이름을 아직 부르지 않는 사람들은

>죄인들이다. 그러나 의롭다 함을 받을 수 있다(갈 3:22-23).
>죄 짐에 눌려 있다. 그러나 용서받을 수 있다(행 13:38).
>죽어 있다. 그러나 다시 살 수 있다(엡 2:2-5, 골 2:13).
>잠자고 있다. 그러나 깨어날 수 있다(엡 5:14).
>구원받지 못했다. 그러나 구원받을 수 있다(행 16:30-31).
>종노릇하고 있다. 그러나 자유함을 받을 수 있다(요 8:34-36).
>저주를 받았다. 그러나 구속받을 수 있다(갈 3:13-14, 벧전 1:18).
>병들어 있다. 그러나 볼 수 있다(벧전 2:24).
>잃어버려진 상태에 있다. 그러나 찾음받을 수 있다(사 53:6, 눅 15).
>눈이 먼 상태에 있다. 그러나 고침받을 수 있다(요 9:35-41).
>영원히 심판받았다. 그러나 심판을 받지 않을 수 있다(요 3:18).
>영적으로 굶주렸으며 갈증을 느끼고 있다. 그러나 배부름을 얻고 목마르지 않을 수 있다(요 6:35).
>빼앗기고 멸망당할 수밖에 없다. 그러나 풍성한 삶을 얻을 수 있다(요 10:10).
>무거운 짐을 지고 지쳐 있다. 그러나 쉼을 얻을 수 있다(마 11:28).
>흑암의 권세에 갇혀 있다. 그러나 옮기심을 받을 수 있다(골 1:13).

"그러나"라고 하는 하나님이 주신 역접 접속사는 그들이 현재 처해 있는 불쌍한 상태에도 불구하고 불신자들에게 구원의 소망을 가져다준다. 하나님은 이 땅에서부터 하늘로 연결된 가장 긴 영혼의 현수교를 고안하시고 지으셨다. 이 하늘의 다리는 양쪽 끝이 아주 강한 줄로 연결돼 있어서 안전하게 불신자들을 하늘로 인도한다. 이 다리는 이미 하늘과 인류의 역사 가운데 다 완성되어 있다.

이 다리의 한쪽 끝, 즉 하나님 쪽은 하나님의 영원하신 선택을 통해 이미 든든히 잘 묶여 있다. 영원한 선택은 과거의 사건일 뿐 아니라 현재의 사건이며 또 미래의 사건이기도 하다. 왜냐하면 영원은 모든 시간을 다 섭렵하기 때문이다.

그리고 다리의 다른 쪽 끝, 즉 땅 쪽도 든든하게 고정시켜야 한다. 그러나 하나님은 연약하고 죄로 가득 찬 사람들을 통해 그 한쪽 끝을 고정시키실 수 없으셨다. 그래서 하나님은 당신의 독생자를 보내셔서 그 아들의 죽으심과 부활을 통해 땅 쪽 편의 축을 든든히 붙잡아 매게 하신 것이다. 오늘날에는 성령 하나님이 셔틀 버스의 역할을 담당하시며 이 하늘 다리를 왔다 갔다 하고 계신다. 성령 하나님은 계속해서 다리와 평행하게 연결된 여러 줄들을 - 그중의 하나가 전도설교다 - 사용하시어 개개인으로 하여금 예수님의 이름을 부르게 하시고 하나님의 "그러나"의 사역을 경험하도록 도와주신다.

어두움과 소경 상태

앞에서 불신자들의 영적인 소경 상태에 관한 바울의 설명을 이미 언급했었다(고후 4:4). 사단이 불신자들의 마음을 혼미케 하므로 불신자들은 복음을 이해하는 데 많은 장애를 겪게 된다. 그들의 영적인 상태는 가장 근본적인 문제다. 태어날 때부터 지닌 유전적인 문제며, 가장 커다란 영적 도전이다.

이러한 영적인 상태에 지적인 문제가 겹쳐 있다. 바울은 불신자들의 상태를 설명하기 위해 사단의 방해 공작, 굳어진 마음, 어두워진 이해의 능력을 덧붙여 말한다. 불신자들의 영적인 상태에 대한 바울의 설명을 에베소서 4장의 말씀에서 보게 된다. "그러므로 내가 이것을 말하며 주 안에서 증언하노니 이제부터 너희는 이방인이 그 마음의 허망한 것으로 행함 같이 너희는 행하지 말라 그들의 총명이 어두워지고 저희 가운데 있는 무지함과 그들의 마음이 굳어짐으로 말미암아 하나님의 생명에서 떠나 있도다"(17-18절). 그들은 어둠 속에 빠져 있을 뿐 아니라, 그들이 쓰고 있는 영적인 "안경" 때문에 그들의 눈이 가리워져서 예수님이 인정하실 수 없는 삶을 살아갈 수밖에 없다. 그들이 갖고 있는 인간 매트릭스, 즉 불신자들의 세계관, 종교, 문화는 그들이 쓰고 있는 안경의 도수를 결정짓는다.4 예를 들면 세속주의, 다원주의, 현대주의, 포스트 현대주의, 포스트 인본주의 등등의 모든 비성경적인 "주의"들은 불신자들의 마음속에 복음이 왜곡돼 보이도록 강력한 프리즘 역할을 한다. 그들의 굳어진 마음은 그들의 어두워진 총명이 인정하지 않는 것을 받아들이지 않는다. 물론 비기독교적인 인간 매트릭스의 모든 부분이 사악하고 진리에 대해 회의적인 것은 아니다. 이러한 생각의 주창자들 가운데 자연과 양심과 역사를 통해 나타난 하나님의 계시에 반응한 사람들도 있다. 물론 이런 종류의 가르침 가운데 어떠한 것도 구원의 능력을 지닌 것은 없다. 그러나 유일신 사상이나 기독교에서 파생된 이단들의 가르침은, 무신론이나 범신론과 같은 가르침보다 성경의 가르침에 좀 더 가까운 것도 사실이다. 이러한 가르침에 속해 있는 사람들은 예수님을 통해 그들의 감옥에서부터 구원받을 수 있다. 그러나 불신자들이 구원에 대해 묻는 모든 질문들은 악에 물들어 있고, 모든 동기는 흠집이 나 있으며, 모든 논법은 오염되어 있고, 모든 전략은 사단에 의해 눈이 멀었기에 타락되어 있다. 그러기에 오직 하나님만이 친히 예수 그리스도를 믿고 구원받을 수 있도록 그들의 마음과 생각을 끌어당기시고, 일깨워주시며 움직이실 수 있다. 하나님은 우리의 전도설교를 통해서 일을 하신다.

성경적인 동기 부여: 도구로서의 복음 설교의 필요성

우리는 가장 뛰어난 마스터 건축가이신 하나님이 지으신 하늘 다리가 하나님 안에 단단히 묶여져 있음을 보았다. 하나님의 영원한 선택과, 이 땅의 예수님의 십자가 사이를 연결하는 구원의 현수교와 평행하게 연결된 여러 줄은 성령 하나님이 쥐고 계신다. 주 예수의 이름을 부름으로 구원을 얻게 해주는 이 줄들은, 로마서 10장 14-15절 말씀에 다음과 같이 밝히고 있다.

1. 전파하는 자가 보내심을 받음.
2. 예수님을 전파함.
3. 예수님에 대해 들음.
4. 예수님을 믿음.

한 영혼이 예수님의 이름을 부르기 위해서는 믿음이 요구되며, 그 믿음은 전파가 요구되는 들음을 요구하며, 전파는 전파자가 보냄받는 것을 요구한다. 성령 하나님은 이러한 각 요소들의 줄을 쥐고 계신다. 전파자를 보내는 일, 복음 전파에 능력을 주시는 일, 복음에 노출시킬 뿐 아니라 구원에 이르도록 복음을 듣게 하는 일 그리고 마지막으로 예수님을 믿을 수 있도록 마음을 움직이는 일까지, 이 모두를 성령 하나님이 직접 진두지휘하신다. 그러고는 주님이 그 이름을 부르는 자가 누구든(유대인이든 이방인이든) 구원해 주신다(롬 10:13).

구원을 얻기 위해 예수님의 이름을 부르게 되는 그 순간, 불신자의 운명은 심판으로부터 영원한 생명으로 바뀐다. 그는 죽음을 건너 생명으로 왔으며, 하나님의 안전한 "그러나"의 다리를 건너 영원한 생명의 여행길을 걷게 된다.

성령 하나님이 줄을 꽉 붙잡고 계시는 상황에서, 우리의 주된 관심사는 귀를 기울이는 불신자들에게 효과적으로 예수님에 대해 전파하는 것이다. 우리는 효과적으로 구원의 메시지를 전하기 위해 책임감을 갖고 준비해야 한다. 전파하는 자 없이는 불신자들은 들을 수가 없기 때문이다. 주님의 이름을 부르도록 그 마음을 변화시키는 것은 우리의 책임이 아니라 성령님의 관할이다. 그러나 지나온 역사를 봤을 때 하나님은 '우리의 전파'를 '불신자들의 들음'에 꼭 필요한 계단으로 사용해오셨다. 물론 많은 사람들이 복음을 듣지만, 성령 하나님이 사람들을 당신께로 이끄시고, 듣는 사람들의 마음을 일깨워주시며, 그들의 의지에 영향을 미쳐서 믿을 수 있도록 해주지 않으시면, 믿음에까지 이르는 결실을 맺을 수 없다. 성령님은 불신자들이 예수님을 인격적으로 맞이할 수 있도록 사람을 호소하시고 그들의 마음을 자극하시기 위해 우리의 설교를 사용하신다. 그리고 이러한 성령님의 도우심을 힘입어 예수님을 받아들이고 구원을 체험하게 된다.

도구로서의 전도설교의 필요성은 효율적인 설교의 필요성과 구분된다. 망치가 나무 울타리를 만드는 것이 아니고, 렌즈가 빛을 만들어내는 것이 아니며, 펜이 책을 집필하는 것이 아니듯, 설교 자체가 구원을 가능케 하는 것은 아니다.

그러나 일상 생활에서 이러한 도구들은 꼭 필요하다. 망치가 없이는 나무

울타리를 만들 수 없고, 렌즈가 없이는 빛을 반사시킬 수 없으며, 펜이 없이는 책을 집필할 수 없고, 우리가 예수님을 전파하지 않고는 사람들이 구원받을 수 없다.

설교와 설교자는 꼭 필요하다. 그러나 도구일 뿐이다. 우리 자신이 열매를 맺는 것이 아니다. 우리에게 열매가 맺히는 것이다. 가지는 포도나무에 붙어 있음으로 열매가 맺히도록 하는 도구에 지나지 않는다.

복음 전파의 도구로서 우리의 필요성에 대한 확신이 어디서부터 오는가? 앞 장에서 우리는 하나님의 지명하심과 우리의 순종, 맡겨주심과 책임 의식, 보내심을 받았다는 자각과 자원하는 심령으로 구성되는 거룩한 의무감에 대해 살펴보았다. 내적인 부르심은 동기부여를 해주는 반면, 외적인 부르심은 자원하는 심령에 대한 증거로서 주신 재능의 인정, 유용한 활용, 발전 그리고 투자를 포함한 책임감을 불러일으킨다. 구원 과정에 있어서 도구로서의 설교자의 필요성에 성경적으로 동기 부여가 될 만한 내용들을 소개한다.

인류 구원을 위한 유일한 길이신 예수님

예수님과 구원에 대한 네 가지 측면은 전도설교자의 동기부여에 결정적인 의미를 갖는다. 나는 가장 처음 선포되었던 전도설교 가운데 하나인 베드로의 간단한 설교에서 이 네 가치 측면을 발췌했다. "다른 이로써는 구원을 받을 수 없나니 천하 사람 중에 구원을 받을 만한 다른 이름을 우리에게 주신 일이 없음이라"(행 4:12).

1. **"다른 이로써는 구원을 받을 수 없나니"**: 이 말씀은 예수님의 독특성을 밝혀주고 있다. 예수님밖에는 결코 구원이 있을 수 없다.

2. **"천하 사람 중에"**: 이 말씀은 예수님의 우주성을 말씀하고 있다. 예

수님과 그분의 이름이 없이는 온 세상의 영혼들에게 구원이 결코 있을 수 없다.

3. "구원을 얻을 만한": 이 말씀은 예수님의 충족성과 필요성을 말씀하고 있다. 예수님과 그분의 이름은 구원에 있어서 결정적으로 충분하고도 꼭 필요하다.[5]

4. "다른 이름을 우리에게 주신 일이 없음이니라": 이 말씀은 예수님의 유일성을 의미한다. 즉, 예수님의 이름이 전파되고 들려지며, 믿어지지 않고는 결코 구원이 있을 수 없다.

인류 구원에 있어서 예수님의 독특성, 유일성, 우주성 그리고 충족성과 필요성을 확신하지 못한다면, 전도설교에 있어서 삶을 변화시키는 복음의 내용은 사람들의 마음에 날카롭게 파고들지 못할 것이다.

그리스도를 모르는 영혼들의 운명

예수님의 이름을 부르지 않는 영혼은 영원히 잃어버려진 상태, 즉 하나님의 생명으로부터 영원히 분리된 상태에 머물게 된다. C. S. 루이스(C. S. Lewis)가 말한 것처럼 "만일 내게 그럴 능력이 있다면 내가 기독교에서 가장 제거하고 싶은 가르침은 바로 이 지옥에 관한 가르침이다."[6] 불신자들이 영원히 지옥에 갇히기 위해 해야 할 일은 아무것도 없다. 세상을 향한 하나님의 사랑에 대해 말씀하고 있는, 역사상 가장 사랑받는 말씀인 요한복음 3장 16절은 이같은 사실을 분명히 암시한다. 사람들은 예수님을 믿음으로 영생을 얻게 된다. 그러나 하나님의 아들을 믿지 않는 사람은 이미 멸망하고 있으며 계속해서 멸망할 것이다(고린도후서 2장 15절과 4장 3절을 비교하라). 이미 그들 위에 임한 하나님의 진노가 계속 그들 "위에 머물러 있게"(요 3:36) 된다. 육체의 죽음은 불신자들의 영혼이 영원히 잃어버려진 상태에 있다는 사실을 확인해줄 뿐 아니라, 그들을 영원한 지옥 속으로 던져버린다.

지옥을 "사람들이 불 가운데서 영원히 고통받는 곳"으로 문자적으로 이해할 수도 있고, "하나님으로부터 영원히 분리되어 존재하는 괴로운 상태"[7]로 비유적으로 이해할 수도 있다. 이러한 지옥에 대한 개념은 단순한 토론의 대상이 될 수도 있으며 복음 전도자의 마음속에 크고 강한 고뇌를 가져다줄 수도 있다. 미국의 가장 뛰어난 사상가며 신학자 가운데 하나인 조나단 에드워즈(Jonathan Edwards)는 지옥에 대해 다음과 같이 웅변적으로 설명했다. "하나님의 진노는 불신자들을 향해 타오르고 있고, 그들에 대한 심판은 잠자고 있지 않으며, 무저갱과 불은 준비되어 있고, 용광로는 달궈진 채 그들을 맞이할 준비를 갖추고 있다. 지옥의 불꽃은 지금 격노하고 있으며 번뜩거리며 타고 있다."[8] 하늘나라에 대한 우리의 생각이 그 웅장함을 다 헤아릴 수 없는 것처럼, 창조적인 예술이나 풍자적인 미디어를 통해 지옥에 대해 우리가 아무리 나쁘게 상상해본다 하더라도 지옥의 그 무서움을 실감나게 이해하기란 아주 힘들 것이다. 지옥은 문자적인 장소다. 그러나 문자적인 장소 이상의 곳이기도 하다. 문자적인 "불"이라고 하는 지옥에 대한 이해는 "고통"이라고 하는 비유적 견해를 포함하고 있다. 모세가 경험했던 "불이 붙었으나 사라지지 아니하는 떨기나무"와 부자와 나사로의 비유에 나오는 그 무서운 광경, 즉 그 부자가 의식이 있지만 영원히 격리된 상태에 놓여 있던 장면을 같이 고려해보면 이와 같은 사실을 알 수 있다. 그러나 두 견해 모두 다시 돌이킬 수 없으며 영원히 결정된 상태를 얘기하고 있다.[9]

나는 지금 쾌적하고 편안한 도서관에 앉아 유쾌한 보스턴팝스 오케스트라의 연주를 들으며 이 글을 쓰고 있지만, 거룩한 침묵이 내 영혼 위에 내려앉는다. 지옥은 진실로 소름끼치고 악하며, 무섭고 또 구역질나는 곳이다. 나는 과거와 현재 그리고 미래의 가까이 있거나 멀리 있는, 내가 다가갈 수 있거나 갈 수 없는 상황에 있는 예수님의 이름을 들어보지 못할 수십 억의 영혼들에 대해 생각해본다. 만일 인류 역사 가운데 존재했던 모든 사람들의 반 정도가 오늘날 살고 있다면 지옥을 채울 사람들의 적어도 반 정도의 사람들이 지금 살아 있다는 뜻이 된다. 최근에 중국에 있는 나의 한 친구는 자기가 살고 있는 땅과 나의 조국, 즉 인도에 살고 있는 사람들의 수를 합치면 전 세계 인구의 3분의 1이 넘는다고 얘기해주었다. 그러고는 그는 지옥에 들어갈 사람들에 대해서 더 강한 어조로 얘기했다. "지옥에서 영원히 살게 될 사람들의 20퍼센트가 바로 지금 중국과 인도에 살고 있다네." 나는 이 생각을 전 세계 인구의 반이 살고 있는 아시아로 확장시켜보았다. 나는 지옥에 가서는 안 되는 사람들을 지옥에서 건져내실 하나님의 공의를 생각하며 위로를 받을 수밖에 없었다. 그러나 이 사실은 하늘나라에 갈 수 없는 사람은 누구라도 하늘나라에 갈 수 없다는 사실을 의미하기도 한다. 수많은 영혼들이 영원히 지옥에 머물 수밖에 없는 현실에 대해 신학적인 확신을 가지고 있는 나는 개인적으로, 효과적으로, 널리 그리고 빨리 예수님의 이 복음을 전파해야만 한다.

사도 바울은 "더 많은 사람을 얻고자하여"(고전 9:19) "여러 사람에게 여러 모습"(고전 9:22)이 되었다고 선포했다. 구원받을 사람은 구원받게 될 것이다. 영원히 지옥에 갈 수밖에 없는 영혼들을 생각하고 있으면, 그들을 향한 영원한 하늘나라에 대한 약속이 나로 하여금 복음 전파의 열정을 새롭게 한다. 하나님이 지옥에 갈 사람들을 하늘나라로 옮기시는 그 일에 나를 사용하실 수 있지 않겠는가? "우리는 주의 두려우심을 알므로 사람들을 권면하거니와 우리가 하나님 앞에 알리어졌으니 또 너희의 양심에도 알리어지기를 바라노라"(고후 5:11).[10] 만일 그리스도를 모르는 영혼들이 영원히 버려졌다는 사실에 대해 동감하지 못한다면 복음 전도에 필요한 우리의 가슴은 더 이상 불타오르지 않는다는 뜻이 될 것이다.

복음의 능력

주님을 섬기겠다는 자원하는 심령이 사역자들에게 주는 능력에 대해서 언급한 바가 있다. 그러나 이 능력은 내 안에 스스로 존재하는 것도 아니요 자동적으로 생기는 것도 아니다. 또한 스스로 취하는 것도 아니요 의지를 발동해서 생기는 것도 아니다. 그 능력은 하나님이 영감을 주시고, 하나님이 시작하시며, 하나님이 강하게 해주시는 능력으로 하나님만을 신뢰하는 능력이다. 자신에 대한 믿음이 아무리 크다 할지라도 하나님의 능력을 그 믿음이 대신할 수 없는 것처럼, 이 능력은 운동선수가 경기장을 나갈 때 스스로 다짐하는 자신에 대한 믿음과는 다른 것이다. 복음 전도 사역을 풍성하게 해주는 외부적인 요소 가운데 하나는 모든 믿는 자에게 구원을 주시는 복음의 능력 그 자체와 밀접한 관계를 가지고 있다. "내가 복음을 부끄러워하지 아니하노니 이 복음은 모든 믿는 자에게 구원을 주시는 하나님의 능력이 됨이라 먼저는 유대인에게요 또한 헬라인에게로다"(롬1:16). 이 말씀은 로마서 전체의 주제가 되기도 한다. 이 구절에서 "내가 부끄러워하지 아니하노니"라는 말씀은 주관적인 어감을 갖고 있다. 이 표현을 풀어쓴다면 "나는 부끄럽지 않다. 사실 나는 복음을 신뢰하며 복음에 대한 자신감이 있다" 정도가 될 것이다. 모든 믿는 사람들을 구원해주신다는 사실이 우리에게 능력을 주며 복음 전파 사역에 열정을 품게 해주는 것이다.

복음의 능력은 구원의 결과로서 사람들의 삶을 변화시킨다. 이 장의 앞부분에서 열거했던 불신자들의 영적인 상태에 대한 리스트를 다시 한 번 보도록 하라. 그 리스트의 왼쪽 내용에서 오른쪽 내용으로의 변화는, 신학적 의미에서의 불신자들의 신분 변화뿐만이 아니라 그들의 실존적 상황까지 변화되는 것을 의미한다. 이것이 복음의 능력이다. 예를 들어 "죄가 있다"라는 표현은 한 영혼에 대한 하나님의 판단일 뿐 아니라, 동시에 그 개인이 경험하는 감정이기도하다. 불신자가 복음을 받아들이게 될 때, 하나님의 판단과 개인의 죄에 대한 감정은 "용서받았다"라는 것으로 바뀌게 된다. 물론 그들은 신학적인 측면에서 하나님에 의해 용서를 받았다. 그러나 그들은 하나님께 용서받았다고 하는 느낌도 갖게 된다. "십자가의 도가… 구원을 받는 우리에게는" 계속해서 영혼들을 변화시키며 영혼들을 자유케 해주시는 "하나님의 능력"이다(고전 1:18).

극적인 회심을 통한 급격한 삶의 변화는 하나님의 능력에 대한 뚜렷한 증거가 된다. 우리는 마약 중독자, 살인자, 창녀, 핍박자, 욕심쟁이, 거짓말쟁이, 동성애자, HIV 보균자들이 복음으로 인해 전적인 삶의 변화를 경험하는 것을 곳곳에서 볼 수 있다. 내가 아는 한 부부는 침대 옆에 각자 총을 두고 잠자리에 들곤 했다. 서로가 서로를 죽일까봐 두려워한 나머지 그렇게 매일 밤을 보냈다. 그러나 그들은 복음을 통해 완전한 변화를 경험했다. 나는 최근에 편지 한 통을 받았다.

> 감사합니다. 저는 당신의 책을 읽는 내내 눈물을 흘렸습니다. 이러한 모습이 당신이 독자들에게 기대했던 모습인지는 잘 모르겠습니다. … 그러나 그 눈물이 저의 반응이었습니다. 당신이 쓴 책의 서두를 읽어나가면서부터 저는 울기 시작했고, 결국은 무릎을 꿇고 예수님을 영접하게 되었습니다.
> 전에는 왜 제가 그 무엇으로부터도 만족을 얻지 못했는지 몰랐습니다. 제가 하는 그 무엇도 아무런 의미가 없었습니다.
> 제 삶은 9일 전에 완전히 바뀌었습니다. 당신은 제게 이 책을 소개해준 사람에게 나의 경험에 대해서 얘기하라고 권고했습니다. 그러나 당신밖에 생각나는 사람

이 없기에 당신에게 감사를 전합니다. 이제 저는 하나님께 기도하는 삶을 시작하려고 합니다. 전에는 한 번도 하나님께 기도해본 적이 없습니다. 제게는 이것이 새로운 시작입니다.

사람들을 변화시키는 복음의 능력을 굳게 믿으며 열정을 가지고, 또 초점을 잃지 않고 복음 전파 사역을 지속해나가기를 바란다. 복음의 능력에 의해 온 사회는 물론 문화까지도 변화를 경험하게 될 것이다.

다른 구원 메시지들의 허망함

다른 여러 종교들의 주장이 구원을 가져다주지 못한다는 사실을 우리는 알고 있다. 그러나 하나님을 언급하지 않으면서 인생의 의미에 대한 가르침을 주는 세속적 메시지들은 어떠한가? 리더십에 관한 메시지, 동기부여에 대한 가르침, 성공적인 인생에 대한 광고, 자아 향상에 대한 지침 그리고 재미있고 지혜로운 표현들이 이메일을 통해 정기적으로 나에게 들어온다. 그러한 내용들은 서로가 서로의 생각을 빌려오기 때문에 다 비슷한 내용들이며, 나는 그것들 대부분을 쓰레기통에 버린다. 혹은 종종 그 가운데 일부를 예화로 사용하기 위해 보관하기도 한다. 그리스도가 없는 이러한 메시지에 공통적으로 사용할 수 있는 표현이 있다. 바로 '공허함'이다. 바울은 이 모든 메시지들에 대해 "그리스도를 좇지 않는" "헛된 속임수" "공허한 속임수" "어리석은 말" "사람의 유전"(골 2:8) 등과 같은 과격한 표현을 사용하기도 한다.

예를 들면, 미용 업계와 화장품 회사들의 광고에 관한 기사를 다룬 〈이코노미스트〉라는 잡지는 이들의 어처구니 없는 광고 내용이 역반응을 일으키게 할 가능성이 있다고 경고했다. 여성들은 화장품 회사가 광고를 통해 약속하는 환상 속으로 기꺼이 빠져들어간다. 아름다움을 '건강과 자존감과 능력으로 새롭게 정의하고 있는 오늘날의 분위기 속에' 사람들은 '소위 이상적인 인간상으로 자신들의 모습을 빚어가기 위해' 화장품 병 속에 들어 있는 희망을 찾아간다.[11] 그 화장품 병이 비어감에 따라 화장품 회사는 점점 많은 돈을 벌어들였겠지만, 불행하게도 약속했던 희망도 점점 사라지고 말 것이다.

복음 전도는 궁극적인 의미뿐 아니라, 현실의 삶에 있어서도 불신자들에게 큰 유익을 가져다준다는 사실을 알아야 한다. 그리고 이런 의미에서 한편으로는 복음 전도가 사회적인 활동이라는 사실도 우리는 배워야 하며 또 그렇게 생각해야 한다. 사도 바울은 "나와 같이 모든 일에 모든 사람을 기쁘게 하여 자신의 유익을 구하지 아니하고 많은 사람의 유익을 구하여 그들로 구원을 받게 하라"(고전 10:33)고 말했다. 여기서 "유익"은 영생이 시사하는 바를 오늘 누림으로 얻게 되는 유익들, 그리스도가 약속하신 풍성한 삶을 발견하고 체험하며 살아감으로써 얻게 되는 유익을 포함하고 있다. 그리스도의 복음은 오늘날 현실의 삶에는 전혀 아무런 의미가 없으며 도움이 되지 못하는, 오직 미래에만 관계된 메시지가 아니다. 그러기에 우리는 복음 전도자로서 이 점에 있어서 미안해할 필요가 전혀 없다. 우리는 이 땅에서 시작되는 총체적인 유익을 담고 있는 최고의 선물을 전달해주는 사람들이다.

세상의 곳곳에서 선포되고 있는 수많은 메시지들의 공허감, 무용함 그리고 속임수와 바울의 메시지는 대조를 이룬다.

바울의 메시지는 죽으시고 다시 생명으로 부활하신 그리스도에 관한 메시지기 때문에 허황된 메시지가 아니라 그 목적과 효과과 분명한 메시지였다. … 이러한 분명한 목적과 효과를 갖은 바울의 사역은 "내가 또 너로 이방의 빛으로 삼아 나의 구원을 베풀어서 땅 끝까지 이르게 하리라"(사 49:6)고 하시며 바울에게 주신 사명과 직접적인 관련을 맺고 있다. 이런 면에서 그의 사역은 하나님의 종말론적인 목적을 이루어드리고 있다.[12]

전도설교는 수단이지만, 그 자체로도 충분히 분명한 목적과 효과가 있으며, 또한 인류 구원을 위해 꼭 필요한 수단이다. 구원을 선포하는 사람으로서 우리는 허황됨 대신에 충만함을 제시하고, 변덕스러운 희망 사항 대신 힘 있는 소망을 제시하며, 인류를 향해 스러져가는 약속이 아니라 영원히 변하지 않는 약속을 제공하고 있다. 모든 사람들의 삶을 변화시키는 믿을 만한 메시지를 선포하는 복음 전도설교에 적극적으로 참여하길 바란다.

예수님의 지상명령

소명은 개인적이고 구체적인 것이지만, 그것은 모든 크리스천에게 해당되는 주님의 명령에 대한 개인적인 반응이기도 하다. 주님이 주신 지상명령은 영적인 의무며, 엄연한 신학적 현실이기에 개인적인 성향, 은사 또는 영적인 성숙도와 관계없이 모든 믿는 자들에게 주어진다. 주님의 지상명령은 단순한 갈망의 대상이 아니라 우리의 의무이자, 전략이며 모든 크리스천들이 개인적으로 순종해야 할 사명이다.

주님의 지상명령은 성경에 다섯 번(복음서와 사도행전에) 등장하는데, 누가복음 24장에서 복음 전도에 대한 특별한 강조가 이루어지고 있다. 메시아의 죽으심과 부활 그리고 오순절 성령강림 사이에서, 크리스천으로서 개인적으로 순종해야 할 복음 전도의 중요성에 대해 말씀하셨다. "또 그의 이름으로 죄 사함을 받게 하는 회개가 예루살렘에서 시작하여 모든 족속에게 전파될 것이 기록되었으니"(눅 24:47). 그러기에 베드로(행 2:38, 3:19)와 바울(행

17:30)이 직접 회개를 전파함으로, 사람들이 다가올 심판을 피하고 죄를 용서받을 수 있었다. 바로 이것이 초대 사도들이 선포했던 복음 전도설교의 패턴이다.

예수님의 지상명령은 예수님의 재림 때까지 계속된다. 사실, 이 속에 포함되어 있는 약속은 "세상 끝날까지 항상" 유효한 것이다. 마태복음 28장 19절에 나오는 "가서"라는 표현은, "세례를 베풀고"라는 분사와 "가르쳐"라는 분사와 함께 "제자를 삼아"라는 주동사 밑에 들어가는 것으로 볼 수도 있다. 또는 "가서" 그리고 "제자를 삼아"라는 두 개의 명령문이 연속해서 오는 구조로 명령적 의미를 담고 있는 것으로 볼 수도 있다. 그러나 이러한 토의 자체는 '제자를 삼으라'는 복음 전도의 주요 골자 자체에는 별 차이를 주지 못한다. 만일 왕이신 주님이 두 개의 구별된 명령을 주고 계신다면(정경적, 문맥적 그리고 문화적인 면을 고려했을 때의 필자의 견해다), 이 명령의 복음 전도적인 어감은 더욱 강해진다. 그러나 혹 간다는 것이 세례는 주는 것과 가르치는 것과 병행구라 하더라도 복음 전도를 위해 가는 것이 대부분의 첫 번째 요소가 된다. 마태복음 21장 28절의 "맏아들에게 가서 이르되 얘 오늘 포도원에 가서 일하라 하니"라는 표현이 마태복음 28장 19절의 말씀을 비유적으로 잘 설명하고 있다. 어쨌든, 이 지상명령이 우리에게 주어진 지 20세기가 흘렀다. 결승선이 우리 눈앞에 보이지는 않으나, 이 명령에 모든 크리스천들이 순종해야 하며 엄연히 주어진 신학적 현실에 개인적으로 응답해야만 한다. 우리는 우리를 사람을 낚는 어부로 직접 변화시켜주실(눅 5:10) 주인 되시는 예수님을 따라가야만 한다.

무명 용사의 무덤이 있는 워싱턴 근교의 알링턴 국립묘지는 하루 24시간 경비병이 교대로 근무를 한다. 1년 365일 매일 정시에 근무 교대가 이루어진다. 다음 근무자가 오면 전 근무자에게 명령을 전달받는다. 그 내용은 항상 "명령은 변함이 없다"이다. 예수 그리스도의 복음을 전파함에 있어서도 마찬가지다. "명령은 변함이 없다."[13]

성령님의 사역

불신자들 사이에서 일하시는 성령님의 역할은 우리가 복음 전도의 도구로서 전도설교의 필요성을 인식하는 데 커다란 격려가 된다. 성령 하나님은 성부 하나님과 성자 하나님이 믿는 자들에게 주시는 선물이시며(요 14:16), 불신자들이 가득한 세상에서 성령 하나님이 담당하시는 구체적인 사역은 크게 두 가지 측면에서 전도 사역의 동기를 부여해준다.

1. 불신자들 속에서 일하시는 성령 하나님의 사역은 복음 전도설교에 큰 자극제가 된다. 성령 하나님은 우리가 일을 시작하기 전에 이미 불신자들의 삶 속에서 일하고 계신다. 성령 하나님은 태초에 세상을 창조하셨고(창 1:26-27), "사람들과 함께 하셨고"(창 6:3), 지금도 "죄에 대하여, 의에 대하여, 심판에 대하여, 세상을 책망"(요 16:8)하신다.

결과적으로, 이미 성령 하나님이 우리보다 앞서 전도 사역의 준비 작업을 시작하셨으며 또 끝까지 책임져주실 것이다. 이러한 확신을 갖고 우리는 복음 전도설교에 임해야 한다. 나는 노벨상 수상자들이 잔뜩 초대된 더블린에 있는 트리니티 컬리지에서 '성경의 절대 무오성'이라는 주제로 강연을 하게 되었다. 나는 강연 후에 있게 될 질의 응답 시간을 어떻게 복음 전파의 기회로 삼을 것인가 궁리를 하고 있었다. 예측할 수 없는 질문들, 쉽게 받아들이지 않으려는 태도, 뛰어나지만 청중 속에 숨어 있어서 잘 구별이 되지 않는 철학자들을 염두에 두고 나는 강의를 열심히 준비했다. 그리고는 내 강의 노트를 여러 번 반복해서 훑어보았다. 바로 그때였다. 성령 하나님이 나에게 속삭이셨다.

"내가 이 청중들 속에서 미리 어떤 작업을 해놓았는지 너는 아느냐?"

"예, 주님."

"강연이 끝난 후에도 내가 계속 이 사람들 속에서 일할 것을 너는 아느냐?"

"예, 주님."

"그리고 강연 내내 내가 너와 함께할 것을 너는 아느냐?"

"예, 주님."

"그러니 너무 신경 쓸 것 없다."

"예, 알겠습니다. 주님."

아무리 조소하는 사람들이 많을지라도 우리는 결코 혼자가 아니다. 성령 하나님이 그들의 죄를 직면하게 하시고 구원의 필요성과 다가올 심판에 대해 깊이 깨닫게 하시며, 이미 몇몇 사람들의 마음을 부드럽게 해놓으셨다. 성령 하나님의 이러한 사역 때문에 우리는 믿지 않는 청중들을 향해 나아갈 때 자신감을 갖게 되는 것이다.

신학적인 측면에서 불신자들의 현재의 영적인 상태는, 그들 속에 각인되어 있는 하나님의 형상에 근거해서 참과 거짓을 분별할 수 있는 그들의 지적인 능력에 의해, 자신들의 죄인된 모습과 그 후의 결과를 깨닫게 되는가의 여부에 따라 결정된다.[14] 이러한 깨달음은 성령 하나님에 의해 생동력을 얻게 된다. 그러기에 마치 탁구대 위의 공이 내 쪽으로 되돌아오듯이 우리가 선포한 복음이 불신자들의 마음으로부터 튕겨져서 내 쪽으로 되돌아오지 않는 것이다. 성령 하나님이 불신자들의 마음과 삶 속에서 역사하셔서 우리가 전한 복음을 받아들이도록 해주지 않으신다면, 불신자들은 우리가 전한 복음을 긍정적으로 소화해낼 수 없다. 바로 여기에 우리가 불신자들의 어두워지고 소경된 마음을 향해 복음을 전해야 하는 필요성에 확신을 가질 수 있는 추가적인 이유가 있다.

성령 하나님이 불신자들 속에서 일하신다는 사실은 은사가 없다는 핑계로 전도나 전도설교를 회피하려는 우리의 모습을 불가능하게 만든다. 디모데는 복음 전도자로 부름을 받지 않았거나 그러한 은사가 없었을지 모르지만 "전도인의 일을"(딤후 4:5) 해야 했다. 왜 그랬을까? 여기에는 신학적이고 실존적인 문제가 관련되어 있다. 즉, 성령 하나님이 죄에 대하여, 의에 대하여 그리고 심판에 대하여 불신자들을 책망하고 계시기 때문이다. 그러므로 우리가 복음 전도자로 부름을 받지 않았거나 또 그러한 은사를 받지 않았다고 하더라도, 엄연한 현실은 "네 직무를 다하라"(딤후 4:5)고 하는 명령이 우리에게 던져지고 있다. 이 직무 속에는 전도의 말씀을 전하는 것이 포함된다.

2. 복음 전도자인 우리가 성령 하나님이 이 불신의 세상에 주신 은사요 선물이라는 사실은 우리의 전도 사역에 또 다른 동기부여가 된다. "유앙겔리스테스(euangelistēs)"라는 헬라어는 복음을 선포하는 사람, 즉 복음을 들어보지 못한 사람들을 향해 복음의 기쁜 소식을 전하는 사람이라는 의미를 갖고 있다. 에베소서 4장 11절은 전도의 은사를 받은 특정한 사람들을 염두에 두며 말씀하고 있다. 전도자는 "사도, 선지자 그리고 목사, 교사라고 하는 두 그룹의 사람들 사이에 놓여 있다. 그래서 전자의 사람들에 의해 선교사 또는 설교자로서 보냄을 받고, 후자의 사람들의 사역을 앞서 준비한다."[15] 사도들과 선지자들은 모든 교회의 기초가 되는 터를 닦았으며(엡 2:20-21), 전도자와 목사, 교사들은 어느 교회에서든 그 위의 구조를 세워나가는 일을 담당한다. 이러한 은사를 받았다는 사실은 복음을 향한 열정과 복음을 잘 제시하는 능력뿐 아니라, 하나님이 보내셨다는 자각에서 비롯되는 권위와 적합성에 의해서도 확인할 수 있다. 복음 선포에 관한 내용을 담고 있는 고린도후서 2장 14절-3장 6절은 자신이 복음 전파에 적합하지 않다고 느끼는

바울의 심경을 잘 보여주고 있다(고후 2:16). 하지만 바울은 곧 사역의 적합성은 오직 하나님께로부터 말미암는다는 사실을 깨닫는다(고후 3:5). 그리고 복음 전파의 사역 속에 경험하는 참된 기쁨에 관해 "우리의 만족은 오직 하나님으로부터 나느니라"(고후 3:5)고 고백한다.

내가 왜 하나님이 주시는 전도의 은사를 내적인 부르심이 아니라 외적인 부르심의 맥락에서 이해하려고 하는지 그 이유를 짐작하는가? 그 이유는 이러하다. 은사를 받았는가의 여부는 다른 사람들의 인정이나 결과적인 열매에 의해 어느 정도는 판단될 수 있다. 어떤 사람들은 자신들이 받은 은사를 중요하게 여기지 않아서 은사를 무시하거나 잘못된 겸손을 보여주기도 한다. 또는 그 은사를 전혀 사용하려 하지 않는다. 반대로 자신의 은사에 대해 지나치게 높게 평가하는 경우도 있다. 자신 또는 배우자나 가족들이 지나치게 치켜세워 큰 착각 가운데 빠지거나 교만해져, 자신을 위해 은사를 잘못 사용하는 사람도 있다. 내가 전도의 은사를 외적인 부르심으로 이해하는 또 하나의 이유는 전도의 은사는 사람들의 반응을 보면 알 수 있는(구제나 도움의 은사와 같이) 비교적 쉽게 측정이 가능한 영적인 은사기 때문이다.

하늘의 상급

마지막으로, 성경은 크리스천의 섬김에 대한 외적인 부르심으로 하늘의 상급을 언급한다. 물론 항상 그런 것은 아니지만, 바른 삶과 충성된 사역에 대한 보상은 일반적으로는 이 땅에서도 주어진다. 주님을 경외하며 주님의 규례를 따라 사는 사람에게는 커다란 상이 주어진다(시 19:9-11). 먼저 주의 나라와 주의 의를 구하면 이 땅에서 필요한 우리의 모든 필요를 채워주신다고 말씀하셨다(마 6:33, 빌 4:19). 우리의 수고가 주 안에서 결코 헛되지 않을 것을(고전 15:58) 안다. 이는 하나님이 주신 특권이다. 그렇기 때문에 우리의 수고에 대해 불안해하거나 의심할 필요가 없다. 오늘 내가 하나님께 사용받고 있다는 사실과 우리의 눈에 보이는 사역의 열매가 우리가 즉각적으로 경험하는 커다란 상급이다.

그러나 영원한 상급은 하나님을 섬기는 사람들에게 보장된 결과다. 성경의 많은 말씀들이 우리의 섬김에 대해 상급을 약속하며 격려해준다. "만일 누구든지 그 위에 세운 공적이 그대로 있으면 상을 받고"(고전3:14). 우리의 모든 수고는 우리 안에 계시는 능력의 근원이 되시는 분으로부터 온 것이기 때문에(요 15:5), 성경적으로 볼 때, 상급은 우리의 섬김에 대한 인정의 표현이지 급료가 아니다(눅 12:32, 마 20:15). 영원한 상급은 그 크기나(마 25:14-30), 무조건 많은 공적을 세우는 것보다(고전 3:15, "불에 타버린 공적"), 섬김의 올바른 동기와 밀접한 관계를 맺고 있다(마 6:1-18).

나는 하늘의 상급을 크리스천의 섬김에 대한 외적인 부르심으로 이해한다. 하지만 그 부르심의 끝부분에 놓으려고 한다. 왜냐하면 성경은 상급을 순종에 대한 동기부여로 가르쳐주고 있기 때문이다. 아무리 노력을 한다 해도, 사람의 마음은 상급으로부터 완전히 자유할 수는 없을 것이다. 하나님이 사람을 만드실 때, 그들의 마음속에 상급에 대한 갈망을 심어놓으셨기에 그 사실을 누구보다 잘 아신다. 그러나 하나님은 올바른 동기(즉, 그리스도를 향한 사랑)로 잘못된 동기를 강하게 억제시키신다. 또한 주어지는 상급의 구체적인 내용과 그때에 대해 미리 알려주지 않으신다.

예를 들면, 우리에게 주시기로 약속하신 면류관들은 모두 상징적인 의미를 갖고 있으며 무형적이다. "썩지 아니할 것"(고전 9:25), "의의 면류관"(딤후 4:8), "생명의 면류관"(약 1:12), "영광의 관"(벧전 5:4) 등이다.[16] 그러므로 어떤 종교에서 말하는 것처럼, 영원한 상급을 물질적인 것이나 인과적인 시스템에 근거한 것으로 마음대로 이해해서는 안 된다. 다음으로 생각해볼 것은 개인적인 섬김 역시 대중 앞에서의 섬김과 같은 상급을 받게 될 것(막 9:41, 눅 6:35)이라는 점이다. 상급은 성공적이거나 눈에 띄거나 또는 사람들에 의해 즉각적으로 환호를 받는 섬김이 아니라(마 6:5) 충성된 섬김을 위해 준비되어 있다. 이는 하나님이 사람들과는 다른 기준으로 성공을 측량하시고, 사람들을 인정해주시며, 사람의 마음을 헤아리시기 때문이다. 똑같이 충성스러운 섬김은 똑같은 상급을 받게 되며(마 25:21, 23), 사역의 규모나 사람들의 인식에 좌우되지 않는다. 즉, 많은 사람들을 섬기는 나의 사역이 내 아내의 사적인 사역과 똑같은(어쩌면 더 적은) 상급을 받을 수도 있다.

또한 예측할 수 없는 미래라는 시간적 요소로 인해 우리는 영원한 상급에 대해 완전하게 이해할 수 없다. 이러한 요소는 때로 우리의 동기를 깨끗하게 정돈시켜주기도 한다. 우리는 성과 제도에 따라 움직이지 않는다. 마치 초과 노동에 대한 급료를 기다리는 종업원과 같이, 하늘의 은총을 충분히 예견할 수 있는 상급으로 전락시켜서는 안 될 것이다. 그렇게 한다면 상급은 급료로 전락해버리며, 은혜는 율법으로 바뀐다. 우리는 상급이 언제 주어질지 그리고 그 내용이 무엇인지 알 수 없다. 오히려 알려져 있지 않은 그 상급을 즐길 수 있는 시각을 지연시키는 것, 그 자체가 우리가 받을 상급의 일부가 될 수 있을 것이다.

마지막으로 그리스도가 곧 우리의 상급이시다(빌 1:21, 창 15:1). 예수 그리스도가 그분의 얼굴과(계 22:4) 그분의 영광으로(요 17:24) 우리를 놀라게 해주실 것이다. "우리가 그와 같을 줄을 아는 것은 그의 참모습 그대로 볼 것이기 때문이니"(요일 3:2)라고 말한다. 그리고 우리는 그리스도와 함께 된 후사로서 그리스도와 함께 영광을 경험하게 될 것이다(롬 8:17-18). 하나님의 상급 체계 속에는 우리가 그리스도와 함께 앉는 것과(계 3:21), 그리스도와 함께 영광 중에 나타나는 것(골 3:4), 그리스도와 함께 왕 노릇할 것(딤후 2:12)

그리고 세상을 판단할 것도(고전 6:2) 포함되어 있다. 그리스도에 의해 영원히 인정받는다는 것은 실상 하나님 나라에서 우리가 책임져야 할 부분이 더 많아진다는 것을 의미한다(마 25:21).

바울은 데살로니가 성도들에게 이렇게 질문했다. "우리의 소망이나 기쁨이나 자랑의 면류관이 무엇이냐 그가 강림하실 때 우리 주 예수 앞에 너희가 아니냐"(살전 2:19). 예수 그리스도가 나타나실 때 데살로니가 교회의 성도들은 바울이 말한 시들지 않는 면류관으로 변하게 될 것이다. 바울은 만찬 때나 운동 경기 또는 전쟁의 승리 후에 씌워주는 시들 수밖에 없는 월계수로 만들어진 화관을, 자신이 복음을 전해 구원받은 사람들과 비유하며(빌 4:1, 딤후 2:5), 크리스천들이 받게 될 시들지 않는 면류관과(고전 9:25, 살전 2:19) 대조시키고 있다."[17] 우리가 전하는 복음을 통해 예수님을 믿게 되는 그 영혼들이 곧 우리가 큰 기쁨으로 받게 될 상급의 일부가 될 것이다.

어렵지만 우리가 정말 물어봐야 할 질문은 이것이다. 무엇이 영원한 가치를 지닌 것인가?[18] 우리가 바른 동기와 바른 모습으로 복음을 전하고 있다면, 이보다 더 귀하고 가치 있는 일이 있으면 말해보라고 도전하고 싶다. 우리의 공적이 불타버리지 않도록(고전 3:15, 계 3:11), 또한 온전한 상을(요이 8) 잃어버리지 않도록 우리는 의도적으로 그리고 온전한 도구로 쓰임받아 다른 영혼들을 그리스도께로 인도하는 일에 전념해야 한다. 마지막 때에, "많은 사람을 옳은 데로 돌아오게 한 자는 별과 같이 영원토록 빛나리라"(단 12:3). 우리의 동기가 곧고 순수하다면 전도에 쏟아붓는 우리의 섬김은 결코 상을 잃지 않을 것이다. 내 인생을 낭비하고 있는 것은 아닌가 하는 의심은 결코 할 필요가 없다. 우리가 죽음으로부터 구원해낸 영혼들이 풍성한 열매의 증거가 될 것이다. 예수님이 약속하셨다. "너희가 나를 택한 것이 아니요 내가 너희를 택하여 세웠나니 이는 너희로 가서 열매를 맺게 하고 또 너희 열매가 항상 있게 하여 내 이름으로 아버지께 무엇을 구하든지 다 받게 하려 함이니라"(요 15:16). 그렇다고 한다면, 그리스도의 분명한 지명하심과 우리 사역의 풍성한 열매가 서로 합쳐져 복음 전도자로서의 우리의 내적인 소명과 외적인 소명을 구성하게 되는 것이다. 하나님의 지명하심에 순종하고 그분의 명령에 책임을 다했다면 우리는 영원한 상급을 받게 될 것이다.

결론

나는 복음 전도에 자극이 될 만한 예화들을 찾고 그것을 잘 정리해둔다. 예를 들면, 지난 주에 아프리카의 한 큰 도시에 갔는데 그곳은 마실 물이 귀한 곳이었다. 그곳에서 "물! 10억의 인구가 물 때문에 죽고 있다"라는 표어를 보게 되었다. 이 표어는 10억의 인구가 생명의 물이 없어 죽고 있다는 글귀를 생각나게 해주었다. 물이 없다고 하는 현실이 전도설교의 필요성을 상기시켜준 것이다.

또 "에이즈는 치료될 수 있다. 그러나 무관심이 사람들을 죽이고 있다"는 표어가 눈에 들어왔다. 물론 현재의 입장에서 우리는 누가 하늘나라에 들어가도록 선택을 받았는지, 누가 지옥에 들어가는지 알 수가 없다. 그러나 결과적으로 전도에 대한 무관심은 구원받지 못한 사람들에게 치명적일 수밖에 없다. 우리는 '전도'에 대한 무관심과 무감각의 문제를 극복해야 한다.

그러므로 우리가 내적인 부르심과 외적인 부르심을 받았다면 구원을 선포함으로 그 부르심을 행동으로 전환시켜나가야 한다. 전도는 전도설교를 준비하고 선포하는 일에 있어 우리의 집중과 희생을 처절하게 요구한다. 신문에 뉴욕 시의 공원을 관리하는 당국의 까다로운 심사 때문에 구조대원

1,100명을 고용하는 데 어려움을 겪었다는 기사가 실렸다. 당국은 다음과 같은 조건을 갖춘 사람을 찾고 있었다. "해상 경험이 풍부하며, 비상 정신 의학에 능하고, 몸싸움에 뛰어난 사람, … 급박하고 중요한 상황에 빠르게 판단하고 대처할 수 있는 사람, 직무에 대해 책임감이 있는 사람."[19]

일단 복음 전도에 대한 내적인 부르심과 외적인 부르심이 확실하다면, 전문가가 되기 위한 강도 높은 훈련과 앞으로 닥칠 여러 상황에 대처할 수 있도록 준비를 시작해야 한다. 자, 이제 전도설교의 준비와 선포의 과정으로 옮겨가도록 하자.

2부

전도설교의 골격

Preparing Evangelistic Sermons

3장
전도설교를 위한 신학적인 골격

"수색을 돕고 구조하라… 그리고 사라져라!"[1]
– 해양 구조 대원의 범퍼 스티커

어떤 사람이 자신의 개를 열심히 훈련시켰지만 안타깝게도 아무런 진전이 없었다. 그는 실망했고, 훈련을 포기하려고 했다. 그때 우연히 텔레비전에 나오는 아주 유능한 설교자를 만나게 되었다. 그는 그 설교자에게 자신의 고충을 털어놓았다. 그러자 그 설교자는 개를 자기에게 맡기면 곧 훌륭하게 훈련시켜주겠다고 약속했다.

다음날 그 사람은 텔레비전 설교자를 찾아가서 경과를 물었다. 그의 대답은 긍정적이었다. 그러고는 시범을 보여주기 위해 개를 불렀다.

그는 막대기를 집어던진 후, "가서 가져와"라고 명령했다. 그러자 개는 달려가서 막대기를 물고 왔다. 그는 다시 "내려 놔" 하고 명령했다. 개는 막대기를 설교자 발 앞에 내려놨다. 그는 다시 "굴러봐"라고 명령했다. 그러자 개는 몸을 굴렀다. 이쯤 되자 개 주인이 흥분하기 시작했다. 그러고는 "제가 해봐도 되겠습니까?"하고 물었다. 설교자는 "물론이죠"라고 답했다.

개 주인이 "발꿈치를 들어"라고 명령했다. 그러자 그 개가 앞다리를 들어 주인의 이마 위에 올려놓고는 "이 질병이 네게서 떠라갈지어다!"라고 말했다('발꿈치를 들어'라는 명령 속에 사용된 단어는 "heel"이며 "병을 낫게 한다"라는 의미의 단어는 "heal"로서 두 단어의 발음이 동일하다 - 역자 주).

물론 이 이야기는 과장된 것이지만, 전 세계적으로 전도자들을 향해, 특히 텔레비전에 나오는 전도설교자들을 향해 사람들이 가지고 있는 전형적인 인식을 어느 정도 대변해준다고 하겠다. 우리는 "전도" 또는 "전도자"에 대한 비정상적인 이해 혹은 잘못된 인식과 바른 의미의 전도설교를 구분해야 한다.

전도설교의 모든 영역을 설교학 방법론에 관한 책에서 다 다루기에는 그 양이 너무 많겠지만, 전도설교를 정의하는 것은 그리 어려운 일이 아니다. 전도설교는 몇 가지의 특징과 구별된 요소들을 지니고 있다.

서론 부분에서 우리는 전도설교에 대한 개인적이고 성경적인 기초를 다졌다. 하나님은 구원의 문제에 있어서 사람을 우선순위로 두신다. 그러나 불신자들은 그런 하나님께 반항하고 있다. 우리는 바로 이 간격을 메우기 위해 부르심받았다. 이제 전도설교의 신학적인 골격을 세워나가기 위해 앞에서 언급한 기초들을 더 확장시키며 필요한 부분들을 강조하려고 한다.

전도설교를 위한 신학적인 골격

전도설교의 시각에서 본 삼위일체 하나님의 역할

우리는 전도설교를 준비하고 선포하면서 불신자들의 구원을 위해 삼위일체 하나님이 주도적으로 일하시는 모습을 보게 될 것이다. 우리는 잃어버린 영혼들을 염두에 두고 전도설교의 기초를 철저하게 성경의 교리와 삼위 하나님 간의 관계 위에 세워야 한다. 여기 전도설교의 시각에서 본 삼위일체 하나님의 역할에 대한 접근이 있다.

1. 성부 하나님의 가장 기본적인 속성은 언뜻 보면 두 가지 반대되는 개념으로 연결되어 있다. 하나님의 가장 중요한 속성이 무엇이냐는 질문에 학생들은 대체로 두 무리로 나뉜다. 하나님의 가장 중요한 속성을 각각 거룩함으로 보는 무리와 사랑으로 보는 무리다. 그러나 하나님의 기본적인 속성은 거룩과 사랑이시다(이사야 6장 3절과 요한일서 4장 8절을 비교해보라). 하나님의 거룩하신 모습은 죄인들의 접근을 허락지 않으신다. 하나님의 사랑은 죄인들을 향해 있지만 거룩하신 분이기에 모든 인류를 심판하셔야만 한다. 그러나 사랑이시기에 모든 사람들이 구원받기를 원하신다. 하나님께 반항하는 사람들이 있음에도 불구하고 하나님의 보편적 은혜는 인류를 보존시켜주신다. 하나님의 구원의 은혜가 사람들의 마음을 부드럽게 녹이시며 결국 사람들을 구원해주신다. 그러므로 전도설교는 영적으로 하나님으로부터 멀리 떨어져 있는 불신자들의 모습을 지적하고, 하나님이 어떻게 그 영원한 간격을 메우셨는가를 알려주어야 한다.

2. 성자 하나님과 인류 구원과의 관계는 사변형과 같다. (1) 하나님이시며 사람이신 독특성, (2) 오직 그리스도를 믿어야만 하는 배타성, (3) 십자가 사건을 통한 구원 사역의 필요성과 충족성, (4) 모든 사람들을 구원으로 초청하신 보편성. 그러므로 전도설교는 불신자들에게 직간접적으로 이 네 개의 측면과 함께 주 예수 그리스도를 선포해야만 한다.

3. 성령 하나님은 구원 사역의 삼중주를 조화시키신다. 구원받기 전에는 책망을 통해, 구원받는 과정 중에는 회심을 통해, 구원받고 난 후에는 확신

을 통해 성령 하나님은 구원의 필수적인 세 개의 기본 코드를 누르시며 소리를 조화시키신다. 그러므로 전도설교는 불신자의 삶 속에서 지속적으로 일하시는 성령 하나님의 사역과 협력 관계에 놓이게 된다.

전도설교의 시각에서 본 인류가 처한 상황

다음의 내용은 복음 선도사와의 관계에서 이미 앞에서 나눈 내용이나. 하지만 모든 전도설교에 빠져서는 안 될 중요한 내용이기에 인류가 처한 상황에 대한 내용을 다시 요약해본다.

1. 인류는 주 예수 그리스도가 주시는 구원이 없이는 영원히 잃어버려진 상태에 놓여 있을 수밖에 없다. 구원을 선택할 수 있는 것도 구원을 통해 우리를 후사로 삼으시는 하나님의 전적인 은혜의 결과지만, 사람들의 선택에 따른 결과에 대해 하나님은 책임을 물으신다. 오직 천국으로 오기를 거부하는 사람들만 지옥에 들어가도록 허락하신다. 따라서 전도설교는 예수님을 거부했을 때 생기는 결과를 반드시 밝혀두고 그 결정에 대한 책임을 숨기지 않아야 한다.

2. 인류는 구원받을 수 있으나 구원받기를 거부한다. 만일 사람들이 구원받기를 거부한다면 구원받을 사람은 하나도 없을 것이다. 하나님은 사람들의 구원 가능성을 높이시기 위해 그들의 마음속에서 일하신다. 한 존경받는 동료이자 역사학자는 가장 위대한 미국의 칼빈주의 신학자였던 조나단 에드워즈를 통해 다음과 같은 점을 적절하게 지적해냈다.

힘의 능력(즉, 자신이 하고 싶은 것을 할 수 있는 능력)에 대해 조나단 에드워즈가 지적했듯이, 죄인의 문제점은 구원의 주님을 받아들일 수 없는 무능력에 있는 것이 아니라, 그렇게 하기를 거부하는 데 있다. 그것은 거룩하고 아름다운 대상을 받아들이고 싶다는 의지의 결핍이다. … 진짜 문제는 의지를 발동하거나 선택할 능력의 부재가 아니다. 그리스도의 존재에 대해 완전히 눈이 멀어 있는 것이 문제다. 실존하고 있다고 생각하지 않는 것을 어떻게 선택할 수 있겠는가?[2]

이처럼 전도설교는 예수님을 구원의 주님으로 받아들일 수 있는 불신자의 능력에 의존해야 한다. 그러므로 실존해계시며, 거룩하고 아름다우신 예수님을 불신자들에게 최대한 선명하고 매력적으로 제시함으로써, 전도의 양면 중의 하나인 사람들의 선택이라는 측면을 아주 신중하게 고려해야 한다.

3. 인류는 주 예수 그리스도를 자신들을 구원해줄 수 있는 유일한 하나님으로 받아들여야만 한다. 물론 사람들의 믿음에 대한 반응이 구원을 가능케 하는 결정적인 원인은 아니다. 사람들이 예수님을 믿고 싶어 하는 마음 때문에 하나님이 구원의 선물을 제시하신 것이 아니다. 믿음은 구원의 수단적인 조건, 즉 주어지는 구원이라는 선물을 한 개인이 받아들이는 수단이다. 자원하는 마음이 부모로 하여금 아이에게 선물을 주게 한 것은 아니지만, 그 선물을 즐기기 위해서는 그 아이가 선물을 받아들여야 하는 것과 같다. 이러한 조건을 밝혀두고 전도설교를 통해 불신자들에게 주 예수 그리스도를 신뢰하며 개인적으로 구원을 체험할 것을 독려해야 한다.

전도설교의 시각에서 본 전도설교자의 전략

전도설교자들은 삼위일체 하나님의 역할과 인류가 처한 상황 사이에서, 말씀을 잘 준비하고 주 예수 그리스도를 선포하도록 불러주신 하나님께 기도하며 그분께 의존해야 한다. 전도설교자들은 기도 속에 살아야 하며, 설교의 내용을 끊임없이 준비하고 향상시키며 또한 하나님이 창조해내시는 선포의 기회를 포착해야 한다.

1. 기도. 이 책이 다룰 주된 내용인 전도설교의 기술과는 상반되게 전도설교의 영적인 역동성은 전적으로 전도설교자의 기도 생활에 달려 있다. 모든 설교와 마찬가지로, 말씀 선포 사역을 제대로 수행하기 위해서는 성령 충만해야 하는데 이것을 가능하게 하는 것은 기도다. 청중 가운데 앉아 있는 불신자들의 복잡한 영적인 상태를 생각할 때 우리는 기도해야 한다. 우리의 마음가짐을 정돈시켜주실 하나님의 능력을 얻기 위해, 납득이 될 만한 방법으로 메시지를 전할 수 있도록 베푸시는 하나님의 특별한 호의를 얻기 위해, 설교 시간 동안 우리를 지도해주시며 불신자들의 마음을 인도해주실 하나님의 리더십의 추가적인 공급을 받기 위해 우리는 무릎을 꿇고 기도하지 않을 수 없다. 전도설교는 설교를 하기 전과 설교를 하는 도중 그리고 설교를 하고 난 이후에도 기도를 요구한다. 그리고 이러한 기도는 때에 따라 역사하시는 하나님의 은혜를 경험하게 해준다.

  2. 준비. 이 책의 나머지 부분은 어떻게 전도설교를 준비하는가에 대해 다루고 있다. 이것은 주 예수 그리스도를 효과적으로 의미 있게 선포할 수 있도록, 하나님이 주신 은사와 재능을 숙련하고 그것을 습관으로 변환시켜나가는 과정이다. 말씀을 준비하지 않고는 설교하는 자리에 나갈 수가 없다.

  전도설교를 준비하는 것은 다른 설교를 준비하는 것과 마찬가지로 쉽지 않은 일이다. 복음에 친숙하지 않은 청중들에게 설교하는 것이기 때문에 오히려 더 많은 준비가 필요하다. 청중들이 가지고 있는 세계관과 그들의 인생관을 우리는 알아야만 한다. 교육적인 효과를 위해 그들이 알아듣기 쉬운 표현들을 준비해서 사용해야 한다. 그리고 그들의 필요에 민감하게 반응하며 적절한 예화들을 준비해야 한다. 그러나 복음 설교 자체는 그 목적과 마지막 초청을 염두에 두고 통일성을 지녀야 한다. 이러한 요소들을 갖추기 위해서는 많은 준비가 필요하다.

또한 성경에 언급되지 않은 약속들을 장담하는 우를 범하지 않도록 신학적으로도 철저히 준비해야 한다. 나는 "앞으로 나오면 여러분의 모든 질병이 고침을 받을 것입니다"라는 식의 내용으로 마무리 짓는 실수를 범하는 전도설교자를 본 적이 있다.

설교를 간단하게 해야 한다고 해서 전도설교를 가볍게 생각해서는 안 된다. 복음에 관심도 별로 없는, 심지어 복음에 적대적인 감정을 갖고 있는 청중들에게 복음을 명쾌하게 설명하기 위해서는, 전달하고자 하는 주제에 대해 정확히 파악하고 전달하는 능력 있는 전도설교자가 되어야 한다.

그러나 한 가지 주의 사항이 있다. 전도설교의 준비 과정을 단지 특정한 설교를 하기 직전에 집중적으로 짧은 시간을 투자하는 것으로 이해해서는 안 된다. 설교 준비는 단순히 시간 투자에 관련된 것이 아니다. 우리는 우리의 참여와 도움을 요구하는 수많은 일들로 시간이 살같이 지나가는 정신 없는 생활을 한다. 그래도 다가오는 전도 집회의 일정을 늦출 수는 없다. 물론 바쁘다는 것을 핑계 삼아 계획과 준비를 제대로 하지 않고 성화된 핑계거리들을 나열하는 것은 금물이다. 어떤 설교를 준비하든지, 충분한 연구에 근거한 본문 설명이 빠져버리는 일이 생기지 않도록 조심하라. 하나님의 "기름부으심"이 설교를 준비하는 우리에게 에너지를 공급해주시는 하나님 모습이라면, 인간적인 측면에서의 "기름부음"은 정직하게 그리고 열심히 설교를 준비하는 우리의 모습이다. 우리의 마음을 다해 기도하고, 근면하고 성실하게 연구함으로 우리의 설교에 기름을 부어야 한다.

3. 선포. 우리는 기도하며 준비한다. 아니 지속적으로 기도하며 계속 준비하고 있다. 그러나 예수 그리스도가 주님이시라는 사실을 직접 선포하지 않으면, 우리는 설교하는 전도자 혹은 전도하는 설교자가 될 수 없다. 하나님이 구원 사역을 친히 시작하셨으며, 복음의 선포를 그 과정 속에 포함시

키셨다. 성부 하나님의 선택, 성자 하나님, 즉 그리스도의 구속 사역, 성령 하나님의 도우심, 복음의 선포, 믿음의 반응이 매끄럽게 역사함으로 한 영혼의 구원이 이루어진다. 이 가운데 그 어떤 하나만을 가지고는 구원을 완성시킬 수 없다. 이와 같이 여럿의 그러나 각기 독특한 조건들이 함께 어우러져서 인류의 구원이 효력을 발휘하게 되는 것이다.

결과적으로, 사람에 의해서든 또는 천사에 의해서든, 복음 선포가 없이는 구원은 이루어지지 않는다. 하늘나라에 가면 더 자세한 설명을 들을 수 있겠지만, 하나님은 복음의 선포를 한 영혼의 구원이라는 열매가 맺혀지기 위한 조건으로 설정해놓으셨다.

성경에 나타난 복음 전도자의 활동에 대한 다양한 표현들을 통해 전도설교의 전략을 얻을 수 있다. 이러한 표현으로는 알리다(kēryssō), 선포하다(katangellō), 말하다(legō, laleō), 증거하다(martyreō), 가르치다(didaskō), 알게 하다(gnōrizō) 등이 있다. 또한 신약 성경에는 오직 복음 전도에만 사용하는 특정한 단어가 있다. '유앙겔리조마이(euangelizomai)'라는 헬라어 동사다. 위에서 열거했던 표현들은 전도에 관한 내용이 아니어도(로마서 16장 25절에서 바울은 중첩되는 의미로 사용하고 있다) 다양한 내용과 의미를 담을 수 있으나, '유앙겔리조마이'는 예수님에 관한 복된 소식에 초점을 맞춘 설교와 그 메시지 자체의 성질을 강조하는 것 이외에는 다른 의미를 가질 수 없는 표현이다.[3]

나는 이러한 동사들 가운데 전도설교자가 전도설교에 사용할 수 있는 전략을 발췌해봤다.

선포자의 전략: 선포자들은 복음을 선포할 때 그 풍성함과 신실함과 선명함에 부담을 안게 된다. 바울은 이렇게 말한다. "모든 성도 중에 지극히 작은 자보다 더 작은 나에게 이 은혜를 주신 것은 측량할 수 없는 그리스도의

풍성함을 이방인에게 전하게 하시고"(엡 3:8, 역자주: 우리말 성경에 "전하게 하시고"로 번역되어 있는 부분은 "선포하게 하시고"로 번역할 수 있다). 선포자들은 주님의 모습을 따라 죄인들을 회개케 하시는 하나님의 풍성하고, 신실하며 선명하신 부르심에 합류하게 되는 것이다.

사신의 전략: 전도설교자는 보내신 분의 권위, 직무의 공적인 성격, 메시지의 심각성, 전달의 급박성 그리고 전능하신 하나님을 대변하는 위엄을 지닌다. "그러므로 우리가 그리스도를 대신하여 사신이 되어 하나님이 우리를 통하여 너희를 권면하시는 것 같이 그리스도를 대신하여 간청하노니 너희는 하나님과 화목하라"(고후 5:20). 복음 전도자의 소명은 내적인 확신과 소명에 대한 책임 의식뿐 아니라 전도 전략을 세우는 것도 포함한다. 들음과 반응을 요구하는 복음의 급박성과 담대함 가운데 불신자들을 불러서 하나님과 화목하게 만드는 것이다.

연인의 전략: 여기서 말하는 사랑은 전도설교자를 향한 그리스도의 사랑과 전도설교자의 그리스도를 향한 사랑뿐 아니라, 아직 하나님과 화목하지 못한 사람들을 향한 그리스도의 사랑까지 포함한다(이 세 가지의 사랑이 모두 고린도후서 5장 14절에 사용되고 있는 소유격 구와 그 문맥 속에 포함되어 있다). 전도설교자는 불신자들을 향한 사랑 때문에 그들을 찾아가야 하고, 하나님과 화목할 수 있도록 그들에게 복음을 전하고 권해야 하며, 예수님을 거부할 수 있는 불신자들의 권리를 존중해주고 참고 기다릴 수 있어야 한다.

마지막으로, 단지 비유적인 의미에서 나는 거지의 전략을 첨가하기 원한다. "복된 소식을 전하는 것"(열왕기상 1장 42절의 히브리어 단어와의 연결을 참조하라)이라는 표현의 동사적 병행구와, 열왕기하 7장의 사건의 분위기가 보여주는 증거는 해석학적인 측면에서 약간의 자유를 허용해준다. 굶주리고 가난에 찌들어 있던 문둥이들이 먹을 것과 그 외의 많은 것들을 발견하고는 이렇게 외친다. "나병환자들이 그 친구에게 서로 말하되 우리가 이렇게 해서는 아니되겠도다 오늘은 아름다운 소식이 있는 날이거늘 우리가 침묵하고 있도다… 이제 떠나 왕궁에 가서 알리자"(9절). 우리는 거지의 입장에서 그리고 약자의 모습으로, 그러나 그리스도 안에서 발견한 구원을 영적으로 가난하며 굶주리고 있는 영혼들을 향해 감사한 마음으로 선포하고 기쁨으로 전하며, 겸손하게 고해야만 한다.[4]

전도설교를 위한 신학적인 골격에 대해서는 이만큼 얘기하고, 이제 전도설교를 그것과 유사한 사역들과 구분해보도록 하자.

전도설교의 신학적인 특징

전도설교는 예수님의 복된 소식을 불신자들에게 언어를 사용해서 전달하는 '전도' 라는 큰 틀 안에 포함되지만, 신학적으로 다른 사역과 구별되어야 한다. 전도와 관련된 모든 사역은 불신자들에게 초점이 맞춰져 있다. 그러나 전도설교는 불신자들을 향한 특별한 종류의 사역이다. 대조는 정확한 정의를 내리는데 큰 도움을 주기 때문에 전도설교에 대한 정의를 내리기 전에 먼저 무엇이 전도설교가 아닌지 대해 살펴보기로 하자.

1. 전도설교는 단순한 복음 증거가 아니다. 모든 전도설교는 복음을 증거하는 것이라 할 수 있다. 그러나 복음을 증거하는 모든 경우가 다 전도설교는 아니다. 복음 증거는 개인을 대상으로 하건 대중을 대상으로 하건 다양한 맥락에서 이루어진다. 2003년 내가 살고 있는 달라스에서 아주 감명 깊은 사건이 벌어졌다. 한 여인이 친구들과 함께 술과 마약으로 범벅이 된 밤을 보내고 집으로 돌아오는 길에 한 남자를 차로 치었다. 그녀는 이 일로 인

해 고소를 당하고, 유죄 판결을 받았다. 그녀는 사고 당시에 두렵고 혼란한 나머지 조각조각 깨져버린 차 앞 유리에 걸려 있는 남자를 그대로 매단 채 차를 몰고 도망쳤다. 그리고 집에 도착한 후에 그 남자를 자기 집 차고에 가둬두었다. 경찰의 조사 결과에 의하면 그 남자는 너무 많은 피를 흘려 차고 안에서 죽고 말았다고 한다. 실형이 선고되는 자리에서 스무 살 난 그 희생자의 아들이 참석한 사람들 앞에서 글을 낭독했다. "이러한 소송에서 승자란 있을 수 없습니다. (유죄 판결을 받은 피고에게) 나는 당신의 사과를 받아들인다고 말하고 싶습니다. 그리고 동시에 나의 용서를 받아주기를 바랍니다. 그리고 예수 그리스도의 용서를 받아들이기를 소망합니다."[5]

재판정에 앉아 있던 청중들이 예수님의 복된 소식에 대해 어느 정도 익숙하다고 가정한다면, 이 젊은 청년이 증거했던 예수님의 용서는 전도설교의 한 시도라고 말할 수 있다. 만일 분위기만 적절했다면, 예수님의 죽으심과 부활의 의미에 대해 상세하게 설명할 수 있었을 것이고, 바로 그 자리에서 주 예수를 믿으라고 하는 구원 초청까지 가능했을 것이다. 그렇게 일이 진행되었다면 이 복음 증거는 전도설교로 확장될 수 있었을 것이다.

모든 복음 증거는 예수님이 주시는 구원을 분명하게 밝히고 예수님을 영접하도록 구원에 대한 초청과 함께 끝맺음해야 한다. 복음 전도자 빌립은 에디오피아 내시가 물어온 질문을 최대한으로 활용하며 우리에게 복음 증거의 뛰어난 모델을 보여주었다(행 8). 또 사마리아 여인을 전도의 대화 속으로 끌어들이기 위해 놀랄 만한 통찰력을 보여주시며, 당신을 소개하고 접근하시는 주님의 모습 역시 복음 증거의 좋은 예와 동기부여가 된다(요 4장). 구원의 주님이시며 또한 의사 전달의 최고의 선생님이신 예수님이 취하신 방법들을 우리의 전도설교에 활용하는 것은 아주 바람직한 일이다.

우리는 전도설교를 통해 전도를 하지만, 전도가 곧 전도설교는 아니다.

그 이유는 전도가 대중 앞에서의 선포, 수사학적인 전략 또는 본문이나 주제를 중심으로 한 사고의 발전 등을 요구하는 전도설교를 꼭 필요로 하는 것은 아니기 때문이다. 우리는 전도를 통해 사람들에게 예수 그리스도를 소개시킨다.[6] 이러한 활동에 있어서 전도는 대중과 개인 그리고 사적인 분위기를 구분하지 않지만, 전도설교는 항상 불신자들을 청중으로 하는 대중 앞에서 이루어진다. 또한 복음 증거는, 영적인 필요를 갑자기 발견하게 될 때, 기대하지 않았던 기회를 포착해서 이루어진다. 때로는 미리 계획을 세워서 한 명 또는 여러 명이 함께 한 자리에서 복음 증거가 이루어질 수도 있을 것이다. 즉각적이거나 기회를 잡아서 하거나, 복음 증거에는 그 분위기에 어떠한 제한도 없다. 그러나 전도설교는 항상 목적을 분명히 해야 하며, 몇몇 또는 많은 불신자들로 구성된 특정한 대상을 미리 계획한 상태에서 이루어져야 한다.

2. 전도설교는 우리의 삶, 설득 또는 대화를 통해 보여주는 '예비 전도 단계의 증거'의 과정과는 다르다. 예비 전도 단계의 증거의 과정은 많은 불신자들의 관심을 끌 수 있다. 사적이거나 공적인 자리에서 우리가 보여주는 바른 삶의 태도나 언어 표현 등이 불신자들에게 복음에 대한 관심을 갖게 해줄 수 있다. 전도에 앞선 간증적 차원에서, 우리는 말을 통해 씨를 뿌림으로써 불신자들의 반응이나 질문을 통해 복음 증거의 기회를 포착할 수 있다. 우리는 예비 전도 단계의 증거의 과정에서 불신자들에게 예수님을 소개해주고, 복음에 대한 관심이 많아지면 복음 전도의 다음 단계로 나아간다. 이와 같은 씨를 뿌리는 예비 과정은 수확을 거둬드리기 위한 아주 중요한 과정이다. 특히 성경의 권위를 인정하지 않거나 성경적인 세계관에 동의하지 않은 사람들에게는 더욱더 그러하다.

예비 전도 단계의 증거의 과정에서는 언어 표현을 통해 사람들이 주 예수님에 대해 생각해보도록 기회를 준다. 그러나 이것이 곧 전도설교는 아니며 예비 전도 단계의 설교도 아니다. 이 예비 전도 단계의 설교에 대해서는 뒤에 따로 다루도록 한다. 우리 웹 사이트에 등록되어 있는 수만 명의 불신자들에게 "영적 통찰력"이라고 하는 이메일을 매주 보내는데, 우리는 이 불신자들이 예수님을 알기 전 단계에서 예수님을 소개받을 수 있는 단계로 옮겨가는 것에 목적을 두고 이메일을 보낸다. ("성경 말씀 한 구절"이라는 표현 대신) "하나님의 말씀 인용하기"와 함께 매주 보내는 이 이메일은 복음에 관심이 있는 사람들의 반응을 촉구하고 있으며, 통찰력이 있는 우리 상담자들은 그들의 관심과 변화를 파악한다. 지난주에 호주에서 온 교환 학생 한 명이 우리 집을 방문했다. 내 딸의 책상 위에 성경이 놓여져 있는 것을 보고, 그 학생은 딸에게 질문을 하기 시작했다. 그 학생은 "하나님은 누가 창조했는가?" "모든 종교는 다 똑같은 것이 아닌가?" 등의 철학적인 질문을 퍼부었다. 하나님과 인류 사이에 놓여 있는 영적이고 도덕적인 거리감에 대해 그리고 예수님이 그 사이를 연결해주실 수 있는 다리가 되신다는 사실을 설명해주는 사이에 우리의 대화는 예비 전도 단계의 증거의 과정에서 전도의 단계로 옮겨갔다. 그 학생은 진지하게 들었고 우리의 설명을 이해했지만, 예수님을 영접하지는 않았다. 예비 전도 단계의 증거의 과정이 전도로 발전되었지만, 그 영혼이 회심하는 열매는 없었다.

    선한 삶을 통한 예비 전도 단계의 증거도 역시 주 예수님에 대해 생각해 볼 수 있도록 기회를 제공한다. 베드로는 믿지 않는 남편들도 그 아내의 행위로 말미암아 구원을 얻게 될 수 있다고 말한다(벧전 3:1). 또 주님도 우리 속에 있는 빛을 "사람 앞에 비치게 하여 그들로 너희 착한 행실을 보고 하늘에 계신 너희 아버지께 영광을 돌리게 하라"(마 5:16)고 말씀하셨다. 이러한 착한 행실들은, 크건 작건 간에 동기와 의도에 대한 질문을 야기시킨다. 예수님의 이름으로 행해진 크리스천들의 선한 행실은 불신자들로 하여금 자신들의 궁극적인 필요에 대한 답변이신 예수님에 대해 생각할 수 있도록 인도해주는 것을 목적으로 삼는다. 그렇지 못하다면 선한 행실은 예비 전도 단계의 증거가 될 수 없다. 나는 크리스천들의 사회 활동이 복음 전파의 도구로 활용되지 못한다면, 차라리 유엔이나 NGO 단체들에 의해 수행되는 것이 훨씬 더 낫다고 주장한다. 크리스천들의 착한 행실은 믿지 않는 이웃을 전도하기 위한 단계의 변증적인 전략 가운데 제일 첫 번째 단계다.[7] 물론 다른 종교들도 얼마든지 그들의 믿음에 근거한 선한 행실들을 보여줄 수 있다. 선한 삶을 통한 예비 전도 단계의 증거는 궁극적으로 그 영혼에게 구원을 제시해주기 위한 목적으로, 불신자들에게 예수님을 소개해주는 것을 목적으로 하고 있다.

결론

놀랍게도 나는 예비 전도 단계의 증거에 사용할 만한 아주 적절한 예화를 세속적인 글에서 발견하게 되었다. 감리교 목사인 유키오 사이토(Yukio Saito) 목사는 자살 방지 핫라인인 "자살을 향해 달려가는 사회"[8]를 통해 복음을 전하고 있다. 하루 24시간 전화를 통해 상담해주는 50개의 센터에서 약 7천 명의 자원 봉사자들이 섬기고 있다. 그는 격리되고 절망에 빠져 있는 사람들을 위해 자신의 삶을 헌신했다. 그 자신도 자기 정체성에 대해 고민하던 중 열 다섯 살 되던 해 신토이즘에서 빠져나와 예수님을 만났다. 그는 "해답을 얻기 위해 교회에 나왔고, 전적으로 새로운 삶을 깨달았다"고 말했다. 그리고 이어지는 유키오 사이토 목사의 말이 내 시선을 사로잡았다. "나는 오래 전에 생명을 구하는 것이 내가 할 수 있는 가장 중요한 일임을 확신했다." 신문 기자는 단지 자살하려는 사람들의 육신의 생명을 구하는 것으로 이해했겠지만, 사이토 목사는 분명코 이중적인 의미를 염두에 두고 말했다고 나는 확신한다. 사이토 목사는 계속해서 외롭고, 소망이 없으며, 자포자기한 사람들에게 이 '전적으로 새로운 삶'을 소개해주고 있다. 성령 하나님에 의해 사랑을 느끼고 또 구원을 경험한 사람들이라면 누구든지 사이토 목사와 같이 결국은 이 '전적으로 새로운 삶'을 경험하게 된다. 성경적인 확신이 개인적인 열망과 영혼들의 필요와 교차하게 될 때, 우리 모두가 사이토 목사의 마음을 공감할 수 있기를 바란다. "생명을 구하는 것이 내가 할 수 있는 가장 중요한 일임을 나는 확신한다." 예비 전도 단계의 증거에서 보이는 육체적이고 잠정적인 구원은 영적이고 영원한 구원을 위한 복음 제시로 연결된다. 그러므로 우리는 처음에는 예수님의 이름으로 그들을 찾아가지만, 결국에는 예수님의 이름과 함께 우리의 삶이 증거돼야 한다.

예비 전도 단계의 증거의 과정에서는 불신자들의 관심을 끄는 전략을 세워야 하며, 불신자들에게 예수님이 누구신가에 대한 개념과 그분의 사역에 대해 소개시킬 준비를 한다. 예비 전도 단계의 증거는 전도설교는 아니지만 전도설교를 그 안에 축약적으로 포함시킬 수 있다.

그렇다면 전도설교란 무엇인가? 이제 그 정의를 내려볼 때가 되었다.

4장 전도설교의 정의

"이 복된 소식(Good News)은 누군가 알려주지 않으면 다른 사람들이 알 수가 없기 때문에 뉴스다. 이 복된 소식은 그 소식을 듣게 될 때 참된 자유를 얻게 해주기 때문에 복된 것이다. 이 복된 소식은 오직 기쁘게 받아들여져야 하기 때문에 강압적으로 전달될 수 없다. 이 복된 소식은 우리에게는 자연스러운 것으로 다가오지 않기 때문에 모두가 이 소식을 받아들일 것이라고 장담할 수 없다. 이 복된 소식은 선물, 즉 은혜다."[1]

- 윌리암 윌리몬(William Willimon)

전도설교를 하는 전도설교자의 감동적인 스토리를 필두로 이제 대조에서 정의로 옮겨간다.

스코트랜드 출신 존 하퍼(John horper) 목사는 그의 6살 난 딸 나나(Nana)와 함께 타이타닉호에 승선했다. 그는 시카고에 있는 무디 교회의 초청을 받고 3개월 동안 그 교회에서 설교를 하기로 되어 있었다. 배가 빙산과 충돌한 뒤 가라앉기 시작하자, 하퍼 목사는 먼저 자신의 딸을 구명 보트에 안전하게 옮겨 태웠다. 그러고는 자신에게 남은 짧은 생애의 마지막 전도 사역을 시작했다.

얼어붙는 듯한 차가운 물이 배를 채우기 시작했을 때, 사람들은 "여자들과 아이들과 아직 구원받지 못한 사람들을 먼저 구명 보트에 태워요!"라고 외치는 하퍼 목사의 목소리를 들었다. 생존자들에 의하면 하퍼 목사는 자신의 구명 조끼를 벗어서 다른 사람에게 주고, "걱정하지 마세요. 나는 아래로 빠지는 것이 아니라 하늘 위로 올라가는 것입니다"라고 말했다고 한다.

배가 가라앉기 시작하자 1,500명 이상의 사람들이 얼음같이 차가운 바닷물 속으로 뛰어들었다. 그들이 점차적으로 익사하거나 얼어 죽었다. 그 상황에서 하퍼 목사는 한 사람 한 사람에게 다가가서 그리스도를 영접할 것을 호소했다.

물속에서 죽어가던 1,500명 가운데 오직 6명만이 구출되었다. 그 가운데 한 젊은이가 자신이 하퍼 목사의 전도를 받고 예수님을 영접한 마지막 회심자라고 밝혔다. 이 젊은이는 파선된 배의 조각 위에 올라가 있었다. 그때 하퍼 목사는 물속에 있으면서도, "당신은 구원받았습니까?"라고 젊은이에게 물어왔다. "아니오"라고 젊은이는 대답했다. 그러자 하퍼 목사는 성경 구절을 인용하며 외쳤다. "주 예수를 믿으라 그리하면 구원을 얻으리라." 젊은이는 아무 대답을 하지 않았다. 그러고는 하퍼 목사는 곧바로 물결에 밀려 사라졌다.

몇 분이 지난 후에 물결은 다시 두 사람을 서로 가까운 곳으로 몰고 왔다. 하퍼 목사는 다시 한 번 "당신은 구원받았습니까?"라고 젊은이에게 물었다. "아니오." 젊은이는 또다시 대답했다. 하퍼 목사는 마지막 숨을 거둬가며 젊은이를 향해 외쳤다. "주 예수를 믿으라 그리하면 구원을 얻으리라." 그러고는 물속으로 영영 사라져버렸다.

그때 바로 그 자리에서 이 젊은이는 자신의 삶을 그리스도께 내어드렸다. 4년이 지난 후, 캐나다 온타리오에서 타이타닉호의 생존자들의 모임이 있었다. 그 자리에서 이 청년은 존 하퍼 목사가 어떻게 자신을 주님께로 인도했는지에 대해 눈물을 흘리며 간증했다.[2]

전도설교자였던 존 하퍼 목사는 죽음을 앞둔 심각한 상황에서, 처절한 상황에 놓여 있는 필사적인 영혼들을 향해 가장 긴박한 심정으로 간략한 전도설교를 했다. 마지막 숨을 거두는 그 순간까지 사람들을 향해 구원을 선포하고, 주 예수를 믿으라고 초청하면서 그는 전도설교를 완성했다. 전도설교의 가장 중요한 요소들이 그의 인생 마지막 장면에 다 포함되어 있었다.

우리는 일단 골격을 정해놓고 전도설교의 가장 간단한 형태부터 살펴보았다. 이제 전도설교의 정의를 살펴보도록 하자.

먼저, 전도설교는 설교다. 전도설교는 나눔이나, 토론이나, 복음을 과시하는 것이 아니다. 즉, 가치관, 믿는 바, 자세 또는 행동의 변화를 목적으로 하는 대중 앞에서의 선포다.

다음으로 전도설교는 전도에 초점이 맞춰져 있다. 전도설교는 성도들을 구비시키거나 세우기 위한 것이 아니라, 하나님이 주시는 구원이 없다고 믿는 불신자들에게 주 예수 그리스도의 인격과 사역을 선포하는 것이다.

이 두 가지 내용을 합쳐보면, 전도설교에 대한 간단하고도 건강한 정의를 도출할 수 있다.

전도설교란 어떤 불신자도 주 예수 그리스도를 죄인들을 구원하시는 유일한 하나님으로 받아들일 수 있도록, 주 예수 그리스도의 인격과 사역을 통해 얻을 수 있는 영원한 구원의 복된 소식을 대중 앞에서 선포하는 것이다.

이 정의는 아주 간단하지만 내포하고 있는 의미는 크고 강렬하다. 전도설교에 대한 이해를 넓히기 위해 하나씩 뜯어서 자세히 보기로 하자.

"어떤 불신자도 주 예수 그리스도를"

　만일 청중 가운데 불신자가 한 명도 없는 상태에서 전도설교를 한다면, 이것은 마치 이미 결혼한 사람들을 앞에 놓고 결혼식을 다시 하는 것과 같다. 그 예식은 어느 정도의 추억과 의미를 줄 뿐, 대단한 변화를 가져다주지는 못한다. 믿는 사람들은 경외감과 감사하는 마음으로 집으로 돌아갈 것이다. 그러나 전도설교는 선포되지 못한 것이다. 전도설교는 제대로 된 신앙생활을 하지 않는 영혼들을 다시 구원하는 것이 아니다! 만일 청중 가운데 불신자가 한 명도 없다면 전도설교는 불가능한 것이기에, 우리는 마음 자세를 새롭게 해서 전도 집회에 불신자들이 참석할 수 있도록 전략을 세우고 실행해야 한다. 물론 우리의 선포에 대해 한 명도 반응하지 않을 수도 있다.
　내가 앞에서 언급한 전도설교의 정의에서 불신자라고 하는 단수 명사를 사용했음에 주목해야 한다. 우리가 대중 앞에서 설교하며 또 많은 불신자들이 그 자리에 있지만 우리는 불신자 한 사람을 향해 그리스도의 복음을 전하고 있는 것임을 기억해야 한다. 한 마리의 잃어버린 양을 찾아나서는 목자나, 한 영혼이 회개할 때 기뻐하는 천사들처럼(눅 15) 한 영혼에게 초점을 맞추는 것이 중요하다. 우리의 설교를 들어야 하는 한 사람을 향해 설교하듯 많은 사람을 향해 설교하는 것이다. 그렇게 할 때, 바로 그 사람이 마치 우리가 자기 한 사람에게 설교하는 것같이 우리의 설교에 귀를 기울일 것이다. 바로 그 한 사람이 전도설교를 준비하고 선포하는 모든 과정 가운데 우리의 초점을 더욱 명확하게 해줄 것이다. 그리고 예수님의 초청에 반응한 그 한 사람으로 인해 우리는 기쁨과 만족을 느끼게 될 것이다.
　나는 "어떤 불신자도" 라는 표현을 사용했다. 개인을 강조한 것이다. 그러나 그 한계가 어디인지 우리로서는 알 길이 없다. 예수님이 주시는 구원을 받지 못하도록 배제당한 사람은 있을 수 없기 때문이다. "어떤 불신자도"라는 표현은 한 찬양의 가사를 생각나게 한다. "수백만의 사람들이 왔지만 아직도 한 영혼을 위한 자리가 있네. 십자가에는 당신을 위한 자리가 남아 있네." 어떤 언어, 민족, 사회 계급, 계층, 피부 색깔, 신조 또는 어느 종교에 속한 사람이라도 전도설교에서 배제되는 사람은 있을 수 없다.

불신자들이 예수님을 향해 가든 반대로 그분과 멀어지고 있든 구원의 잣대 위에 놓여 있다. 그러나 우리는 그들이 어디에 있는지 또 그들이 어떤 사람들인지도 알지 못한다. 실제로 그들도 자신들이 구원을 향한 여정에서 어디쯤 위치하고 있는지 모를 것이다. 그러나 그 여정에 있어서 사회적이고 심리적인 고정관념 속에 그들을 가둬서는 안 된다.

나는 이 글을 쓰는 도중 미국의 최대 교체 배터리 회사를 꿈꾸는 달라스의 한 회사에서 주최한 오찬 전도 집회에 참석해 전도설교를 했다. 아마도 그들의 비전이 넘쳐서 나에게까지 흘러들어온 것 같았다. 즉, 세상의 수많은 신들을 대신해, 예수님을 세상을 구원하는 가장 탁월하고 유일한 교체 구주로 선포해야겠다는 생각이 들었다. 스물다섯 명의 직원들이 스물다섯 명의 불신자들을 집회에 데리고 왔다. 그날 오후에 나를 포함한 전도자들의 기대감은 한껏 고조되었다. 말씀을 마치고 난 후, 나는 불신자들을 향해 구원 초청을 했다. 주님은 전도설교에 대한 정의의 내용과 동기와 만족감에 대해 나를 시험하셨다. 한 명, 딱 한 명이 말씀에 반응하며 예수님을 영접했다. 나는 회개한 그 한 영혼으로 인해 하늘의 천사들과 함께 기뻐했다.

"죄인들을"

인류의 가장 근본적인 문제는 하나님을 향한 도덕적인 반란이다. 우리는 모두 죄에 빠져 있다. 아담의 죄가 우리 모두에게 전가되었다(롬 5:12). 우리는 부모님을 통해 죄성을 품고 이 땅에 태어났다(시 51:5). 우리는 죄의 지배 아래 살고 있으며(롬 3:9), 개인적으로 죄를 짓고 살아간다(롬 3:23). 우리는 죄인이라는 소리를 듣기 싫어하지만, 성경적으로 볼 때 우리는 죄인이라는 우리의 신분을 바꿀 수가 없다. "내가 죄를 짓긴 했지만, 나를 죄인이라고 부르지는 말아요"라고 얘기하는 사람도 있다. 우리는 다른 동의어를 사용하면서 "죄로 가득 찼다"는 의미를 전달할 수는 있을 것이다. 그러나 우리가 하나님 앞에서 죄인이라고 하는 기본적인 현실은 어찌할 수 없다.

전도설교자는 "죄로 가득 찼다" "죄" "죄인" 등의 의미를 묘사하는 과정에서 우리를 구원하시는 주 예수 그리스도의 대속의 의미와 기능에 초점을 맞출 수 있는 기회를 포착하게 된다. 우리는 전도설교에 있어서 크리스천으로 살아가야 하는 복음의 범주를 숨기지 않고, 하나님 앞에서 의롭다 함을 받는다는 복음의 내용을 분명히 전해야만 한다. 우리는 이 둘을 분명히 구별해줌으로써, 너무 많은 것을 약속하면서 사람들을 유혹하거나 또는 은혜 외에 구원의 수단을 추가하는 실수를 범하지 않게 될 것이다.

더 나아가서 우리는 전도설교의 정의에서 성경적인 가르침을 강조하기 위해 죄인들이라고 하는 복수를 사용했다. 물론 우리는 전도설교를 하면서 하나님이 죄인 한 명 한 명을 구원하신다고 선포하지만, 또한 분명히 모든 죄인들을 구원하신다. 하나님이 개개의 불신자를 구원하신다는 사실은 우리로 하여금 어떤 불신자든 예수 그리스도를 받아들일 수 있도록 진지하게 초청해야 한다는 동기를 부여해준다. 그러기에 우리의 초청은 모든 죄인들을 향해 던져진다. 예수 그리스도는 죄인들을 구원하시기 위해 세상에 오셨다(딤전 1:15). 그러나 개개인은 자신이 하나님이 주시는 구원을 받아야 할 필요가 있는 존재임을 인정해야만 한다. 바울은 자신이 "죄인 중에 괴수"라고 인정했으며, 세리는 죄인인 자신에게 하나님의 자비를 내려달라고 간청했다(눅 18:13).

"구원하시는"

전도설교는 예수님을 구원의 주님으로 소개한다. 구원이라는 선물을 주시는 예수 그리스도가 그 대속의 내용과 초점과 제시와 초청에 있어서, 전도설교 전체의 가장 중요한 주제가 되셔야 한다. 예수 그리스도는 현재 인류가 처해 있는 영적 파산 상태는 물론이고, 미래의 영원한 영적인 죽음에서 그들을 구원해주시는 구원의 주님이시다. 물론 예수 그리스도는 구원의 주님 그 이상이시지만, 전도설교에서는 구원의 주님으로서의 예수 그리스도의 모습을 소개하는 것이 구체적인 목적이며, 강조되어야 할 중심 명제다.

한 비행기 조종사가 있다고 하자. 그는 한 여자의 남편이자, 자녀들의 아버지며, 교회에서는 장로며, 많은 사람들의 친구기도 하다. 그러나 뉴욕으로 비행기를 타고 가려는 승객에게는 기장의 이러한 관계는 별 의미가 없다. 그가 남편이며, 아버지며, 장로며, 친구라는 사실은 어떤 도움도 되지 못한다. 우리는 비행기 조종자로서 그를 의지하며, 그가 조종하는 비행기에 몸을 싣고 목적지까지 가게 된다. 마찬가지로 예수 그리스도는 인류를 구원하시는 구원의 주님 이상의 분이시다. 그러나 구원을 받기 위해서는 예수 그리스도를 우리 인류 구원의 기장으로, 우리를 죄에서 구원해주시는 유일한 구원의 주님으로 받아들이고, 신뢰해야 하며 환영해 맞이해야 한다. 주 예수 그리스도는 인류의 근본적인 죄의 문제에 대한 영원한 해결책을 갖고 계시는 유일한 분이시다. 또한 이 땅에서 천국으로 가는 비행기를 조종하시며, 하나님을 기쁘시게 해드리는 데 필요한 모든 힘을 우리에게 공급해주는 유일한 분이시기도 하다.

"유일한 하나님으로"

예수님은 우리를 구원하시는 바로 그 하나님이실 뿐만 아니라 유일한 분이시다. 이것은 곧 구원을 얻기 위해 다른 방법이나 다른 해석이 존재할 수 없다는 것을 의미한다. 어떤 형태든 다른 구원을 제시하는 모든 신들, 다른 구원의 방법들 또는 우상이나 여러 개념들 그리고 구원을 위해 행위가 필요하다는 등의 이론은 모두 우리에게 구원을 주시는 유일한 하나님이신 예수님 앞에 굴복해야만 한다.

구원 사역은 하나님이 직접 총지휘하시고, 동력을 공급하시며, 순서를 정하신다. 구원 사역은 친히 이룩하시는 하나님의 작품이다. 불신자들은 어떠한 방법을 사용해도 하나님이 주시는 구원을 자기 힘으로 얻을 수 없다. 오직 예수님만이 자신들을 구원해주실 수 있는 유일한 하나님이심을 믿고 그분의 이름을 불러야 한다.

"받아들일"

구원을 얻는 믿음의 반응을 표현하는 대표적인 용어로서 나는 "받아들인다(embrace)"는 표현을 사용한다. 받아들인다는 표현은 믿는다 또는 받는다와 같은 성경적인 개념을 포함하며 또 단순히 믿음의 지적인 측면을 뛰어넘어 의지적인 수용이라는 측면도 명쾌하게 설명해준다. 예수 그리스도가 주시는 구원에 대해 전인격적으로 의지하는 모습을 표현해준다. 받아들인다는 표현은 예수님을 다른 무엇으로 대체하거나 또 다른 무엇을 첨가하는 것을 허용하지 않는다. 인격적으로 예수님을 받아들인다는 것은 그 마음과 생각에 잘못된 대상을 환영하거나 여럿의 대상을 한꺼번에 끌어안는 것을 방지해준다. 그러나 무엇보다 받아들인다는 표현은 한 영혼과 하나님과의 관계를 인격적이고, 개인적인 것으로 강조해준다.

"(받아들일) 수 있도록"

아무리 많은 불신자가 집회에 참석했다고 해도, 그 가운데 적어도 한 명이라도 확실히 죽음에서 생명으로 옮겨질 것이라고 장담할 수 없다. 물론 우리가 목적을 분명히 밝히고 설교를 할 때, 그들 가운데 회심하는 영혼들이 있기를 기대한다. 수사학적인 전략을 정리하면서 우리는 커뮤니케이션에 장애가 될 만한 요소들과 개인적인 반대 의견들을 어떻게 극복할 것인가에 대해 미리 생각해봐야 한다. 아이를 낳을 때 산파가 자신의 역할에 대해 한계를 분명히 인지하듯이, 우리도 우리 자신이 생명을 낳거나 그 탄생을 가능케 하는 존재가 아님을 잘 이해해야 한다. 우리는 영적인 탄생을 돕는 사람들이다. 그러나 그때마다 영적인 아이가 건강하고 살아 있는 모습으로 태어날 것이라고 보장할 수는 없다. 많은 경우에 우리는 아름다운 아이가 태어나는 것을 보고 기뻐한다. 그러나 때로는 우리의 도움이 너무 이르거나, 불필요하거나 또는 거부당하는 경우도 있을 수 있다. 복음 초청에는 늘 간절한 바람이 동반되지만, 매번 영적인 회심이 일어난다는 보장은 없다.

"주 예수 그리스도의 인격과 사역을 통해"

전도설교에 필요한 성경적인 확신과 신학적인 골격에 대해서는 이미 앞에서 언급한 바가 있다. 예수님의 죽으심과 부활에 대해 얼마나 많은 시간을 할애하는가 그 자체가 그 설교를 더욱더 전도설교답게 만드는 것은 아니지만, 복음의 내용이 전도설교의 기저에 깔려 있어야 한다. 인류 구원에 있어서 주 예수 그리스도의 인격이 그분의 사역보다 더 깊고 넓은 의미를 갖지만, 전도설교는 하나님이신 동시에 사람이신 예수 그리스도의 인격과, 인류 구원을 위한 그분의 죽으심과 장사됨과 부활을 통한 그리스도의 대속의 사역에 초점을 맞춰야 한다. 이 두 가지 측면이 기술적이고(고전 15:3-4), 성경적이며(롬 1:1-4), 신학적인 복음의 내용을 다 포함해준다. "예수 그리스도의 복음은 좋은 소식이다. 사람들이 들어볼 수 있는 소식 가운데 가장 좋고 중요한 소식이다. 이 복음은 평강과 사랑과 기쁨 가운데 하나님을 알 수 있는 유일한 길은, 부활하신 주 예수 그리스도의 화목하게 하시는 대속의 죽음을 통해서만 가능하다는 사실을 선언해준다."[3] 바로 이 복음이 죄인들을 구원하시는 하나님의 능력을 수반하는, 우리가 외칠 수 있는 유일한 메시지다(롬 1:16).

나는 예수님의 정식 타이틀인 '주 예수' 또는 '하나님이신 예수님' 이라는 표현을 전도설교 가운데 사용할 것을 추천한다. 여기에는 많은 이유가 있다. 예수님이 주님이라는 사실을 입으로 고백하는 것만으로 구원을 확인할 수는 없으며(마 7:21-22), 삶의 모든 영역에서 예수님의 주님 되심을 고백하기 위해서는 성화의 과정이 필요하지만, 이 표현은 예수님이 우리를 구원하시는 하나님이심을 계시해주고 있다. 주 예수는 다른 누가 아닌 바로 우리를 구원하시는 하나님 바로 그분이시다. 나는 예수 그리스도가 직접 스스로 부활하셨다는 독특한 사실을 강조한다. 그리고 이 표현은 빌립보의 한 간수의 질문에 대한 바울의 대답 가운데 사용되고 있다. "내가 어떻게 하여야 구원을 얻으리이까"(행 16:30-31, 앞의 존 하퍼 목사의 사건을 참조하라). 마지막으로 자신들의 경전을 귀히 여기는 모슬렘들이나 유대인들 앞에서 내가 성경을 아주 소중히 여기는 나의 마음을 보여주는 것과 같이, 청중들 앞에서 최소한의 경외심을 우리 주 예수님께 보여드리기 원하기 때문이다.

"얻을 수 있는"

독특한 내용과 함께 특정한 목적을 갖고 전도설교를 할 때 우리는 결과를 예측하고 기대한다. 우리의 설교는 하나님이 죄인들을 예수 그리스도께로 부르시는 그 부르심의 연속이다. 전도설교는 그 분위기상, 청중들이 구원에 대해 반응하도록 촉구한다. 또한 영과 말을 통해 불신자들로 하여금 주 예수 그리스도를 유일하신 하나님이시며 구원의 주님으로 신뢰하도록 초청한다.

우리는 어떤 설교에서든 그 끝에 추신이나 부록의 방법을 사용해 전도적인 내용을 첨가할 수 있다. 그러나 이것이 그 설교를 전도설교로 만들어주지는 않는다. 이러한 설교들은 다만 전도설교적으로 종결을 짓는 것이다. 나는 목사들에게 습관적으로 전도적인 분위기로 설교를 마칠 수 있는 창의적인 방법을 사용할 것을 추천한다. 그러나 전도설교에는, 영혼들이 주 예수께로 나올 수 있도록 간청하는 분위기가 있고, 효과적인 설득을 위한 수사학적인 전략이 포함되어 있으며, 전도의 목적을 중심으로 설교가 구성되고, 설교 전체를 통해 전도 열매의 결과를 기대할 수 있어야 한다.

"영원한 구원의 복된 소식을"

주 예수 그리스도를 죄의 영속적인 심판으로부터 구원해주시는 구원의 주님으로 받아들이는 사람들에게 영원한 구원이 즉각적으로 주어진다는 사실을 믿는 사람들에게는 그야말로 복된 소식이다.

"대중 앞에서"

모든 설교와 마찬가지로 전도설교도 대중 앞에서 상황이 이루어진다. 그러나 전도설교의 청중은 개인적인 구원의 체험이 없는, 즉 주 예수 그리스도를 아직 알지 못하는 사람들로 구성되어 있다.

"선포하는 것이다"

'선포'라는 표현은 성경적인 역사와 설교학적인 역사에서 아주 의미가 깊은 표현이다. 영어 사전, 동의어/ 반의어 사전, 성경 사전이나 어휘 사전 등을 활용해서 이 단어와 그 사촌 격인 "설교"의 의미에 대해 연구해보도록 하라. 다양한 뉘앙스를 발견하게 될 것이다. 비록 간단하게 그 의미를 요약하기는 어렵지만, 선포와 설교가 의미하는 바에 대해 자세히 알게 될 것이다. 나는 내가 자주 참조하는 자료를 통해 '선포'에 대한 아주 적절한 설명을 발견했다.

"설교 또는 선포한다는 것은 하나님의 말씀을 전하거나 선언하는 것으로, 대중 앞에서 복된 소식을 제시하고 성경과 직간접적으로 관련된 종교적인 내용을 전하는 것을 의미한다. 그러나 구체적인 맥락 없이 설교를 정의한다는 것은 불가능하다. 설교는 유대인들을 비롯한 기독교 공동체 모두의 삶과 행동에 영향을 미치며, 아주 오랫동안 중요한 관계를 맺어왔지만, 그 내용과 양식과 그 청중과 목적이 매우 다양하기에, 사전에 나오는 제한된 정의를 거부한다."[4]

이러한 제한된 설명은 우리에게 위로가 된다. 강해설교나, 주제별 설교나 또는 전도설교를 정의하는 것이 설교 그 자체를 정의하는 것보다 쉽다. 앞에 붙어 있는 표현이 정의를 도출시켜준다. 그러기에 이 사실을 설명하기 위해 너무 애쓸 것도 없다. 설교가 선포며 선포가 또한 설교다. 이제 독자들은 내가 왜 선포라는 표현에 대한 정의를 내리고 있지 않은지 알았을 것이다. 그러므로 본문을 근거로 했든, 논제를 기저로 준비했든, 전도설교를 다른 설교들로부터 구별지어주는 것은 그 핵심적인 내용이다.

복음, 전도 그리고 마지막 초청의 내용까지 그 중심에는 이 한 가지 선언을 놓고 있다. "죄인들을 구원하시는 유일한 하나님이신 주 예수 그리스도를 믿으라." 이 표현은 하나님, 인류, 예수님 그리고 믿음이라고 하는 신학적인 환경에 의해 조성된 표현이다.5 전도설교란 어떤 불신자도 주 예수 그리스도를 죄인들을 구원하시는 유일한 하나님으로 받아들일 수 있도록, 그리스도의 인격과 사역을 통해 얻을 수 있는 영원한 구원의 복된 소식을 대중 앞에서 선포하는 것이다. 불신자가 예수님을 받아들이고 고백할 때 그는 영원한 구원을 얻게 된다.

나는 신문에서 아주 재미있는 글을 봤다. 사람들은 그들을 "커피 전도자"라고 불렀다. 아니 자신들이 스스로를 그렇게 불렀다. 지금은 아주 우수한 그룹이 된 "미국 스페셜 커피 협회(SCAA)"는 아주 비싼 커피메이커를 갖고 있었다. 이 협회는 조리 있게 말하는 커피 애호가들을 커피를 알리는 커피 전도자로 훈련시켰다. 그리고 이 사람들이 촉매제가 되어 커피를 알리는 작은 운동이 일어났다. 이러한 사건은 그들이 그들의 상품인 커피에 대한 확신을 갖고 있었기에 가능했다. 그 목표 역시 선명했다. 그들의 목표는 "최고의 행복을 주는 커피"였다.6

이 "커피 전도자"들은 초대교회의 전도자들과 별반 다를 것이 없다. 초대교회 전도자들은 자신들의 상품, 즉 메시지가 무엇인지 바로 알고 있었다. 그것은 예수님의 인격과 사역이었다. 그들의 목적은 예수님의 목적과 같았다. "인자의 온 것은 잃어버린 자를 찾아 구원하려 함이니라"(눅 19:10). 이는 우리의 목적이기도 하다. 어떤 저자는 이렇게 설명했다. "진리는 예수가 그리스도시다는 사실이다. … 예수 그리스도가 신약 성경의 중심되는 주장이시며, 초대교회의 선포 내용의 핵심이시며, 베드로의 오순절 설교의 주제이시다. 초대교회의 사도들은 예수가 그리스도이심을 증거하다가 얻어맞고 감옥에 갇혔다. 그리고 감옥에서 풀려나면 또다시 예수가 그리스도이심을 선포했다."7 몇몇 크리스천들의 자그마한 움직임이 선교의 움직임으로 확산된 것은 결코 놀랄 만한 일이 아니다. 그들의 선명하고도 분명한 메시지는 바이러스가 되어 전 세계로 퍼져나갔다. 우리도 그들의 유산을 물려받아 그 행렬의 뒤를 이어, 어떤 불신자도 주 예수 그리스도를 죄인들을 구원하시는 유일한 하나님으로 받아들일 수 있도록, 주 예수 그리스도의 인격과 사역을 통해 얻을 수 있는 영원한 구원의 복된 소식을 대중 앞에서 선포해야 한다.

3부

전도설교의 방법론

Preparing Evangelistic Sermons

5장 본문에 근거한 전도설교

설교를 조각하는 방법론과의 통합

"당신도 이미 알고 있는 것처럼, 애매모호함이 많은 연설들을 망친다.
당신은 한 점의 의심도 없이 당신이 준비한 연설의 주제에 대해 알아야 하고,
그 주제에 대한 찬반 입장을 밝혀야 한다."[1]

— 찰스 오스굿(Charles Osgood)

농업 기술과 복잡한 농경학을 살펴보면 전도설교 방법론에 대한 좋은 예화를 많이 발견할 수 있다. 나는 최근에야 종자 농업에 대해 조금 알게 되었다. 종자 농법을 인터넷으로 검색해보면 이와 관련된 수천 건의 검색 결과들을 발견하게 될 것이다. 이 종자 농업은 "종자 산업" 또는 "공인된 종자 산업"이라고 불린다. 전문가들은 조금 손해를 보더라도 지난해에 수확해 둔 종자가 아닌 이 공인된 종자를 사용할 것을 권장한다. 왜냐하면 질이 나쁜 종자를 뿌리면 원치 않은 잡초들이 자라고, 나중에 그것들을 제거하려면 훨씬 더 많은 경비가 낭비되기 때문이다. 공인된 종자는 "효율적인 수확을 위한 목적으로 전문가들에 의해 재배되고 개량된 씨앗이다."[2]

전도설교를 다루고 있는 이 책은 구원의 주님이 전도 사역을 위해 사용하셨던 수확과 밭에 관한 비유에 근거하여(마 9:35-38, 막 4:3-20), 우리가 뿌릴

종자의 순도와 발아 과정을 제공한다. 우리가 이제 시작하려는 과정은 전도의 씨를 뿌릴 때, 우리가 원치 않는 것들의 성장을 억제하기 위해 공인된 종자를 사용하는 방법론을 제공해줄 것이다. 그리고 이 방법론은 나중에 원치 않은 잡초를 제거하는 데 소요될 여러가지 낭비를 미리 막아줄 것이다. 이제 우리는 영혼의 수확을 기대하면서 생산된 씨앗을 심는 과정으로 옮겨갈 것이다.

이 단원에서는 전도설교의 개인적인 부르심과 신학적인 골격을 살펴보는 데서, 실제 설교를 전하는 과정으로 옮겨가게 된다. 앞에서 밝혔듯이, 전도설교는 전도의 일부며, 전도설교는 다시 예비 전도 단계의 설교, 전도설교, 전도 후 단계의 설교로 세분될 수 있다. 결혼을 비유 삼아 설명한다면, 예비 전도 단계의 설교는 결혼 대상자를 찾는 과정으로, 전도설교는 데이트를 하며 결혼하게 되는 과정으로 그리고 전도 후 설교는 결혼 후에 결혼을 더욱 성숙시켜가는 과정으로 볼 수 있다. 이 세 설교의 차이와 각각에 대한 자세한 내용은 부록 3, "복음 증거의 다양한 형태들"을 참조하도록 하라. 강해설교와 마찬가지로 전도설교도 본문에 근거한 설교와 논제별 설교가 있다. 본문에 근거한 설교는 특정한 본문이 중심 명제와 설교의 발전을 주장한다. 논제별 설교의 경우에는 설교자가 중심 명제와 설교의 발전을 주장하게 된다. 이 장은 본문에 근거한 설교에 대해 다룬다.

이 시점에서 내가 집필한 강해설교에 관한 동반 서적인 「삶을 변화시키는 7단계 강해설교 준비」의 내용을 숙지할 것을 독자들에게 권한다. 여러 나라의 많은 신학교와 현장에서 이 책에서 제시한 방법론을 사용하고 있다는 사실이 필자에게는 큰 기쁨이다. 그리고 전 세계의 수만 명의 목회자들에게 이 방법을 가르치는 기쁨도 누리고 있다. 그들은 이 책이 제시하는 명료한 방법론을 매주 적용하고 있으며, 각기 다른 교육 수준과 문학 양식에서도 이 방법을 잘 활용하고 있다. 성경으로 설교를 조각하는 방법론은 본문에 근거한 전도설교의 기초를 잘 형성해줄 것이다.

성경으로 설교를 조각하는 방법론은 '안경 모델(eyeglass model)' 위에 세워져 있다. 한쪽에는 변치 않는 본문이 그리고 다른 쪽에는 변하는 목회의 상황이 놓여 있다. 아래 도표의 왼쪽 렌즈는 성경을 나타내고 오른쪽 렌즈는 청중을 대변한다. 왼쪽 렌즈는 성경에 기초한 본문의 틀을 그리고 오른쪽 렌즈는 청중의 필요를 보여준다. 코가 닿는 부분은 목적의 다리라고 부를 것이다. 이 목적의 다리는 양쪽 렌즈를 서로 연결시켜주며, 비유적인 의미에서 설교자의 얼굴 위에 렌즈들이 놓여지게 한다. 이 모델은 설교자가 본문에는 충실하게 그리고 청중의 필요에는 민감하게 반응하도록 도와준다.

성경으로 설교를 조각하는 7단계

1단계. 본문의 연구

  2단계. 본문의 구조

    3단계. 본문의 중심 명제

      4단계. 목적의 다리

    5단계. 설교의 중심 명제

      6단계. 설교의 구조

        7단계. 설교의 선포

또는 달리 그려본다면, 다음과 같다

```
       본문                              설교
  ┌─────────────┐   4단계.    ┌─────────────┐
  │ 1단계. 본문의 연구  │  목적의 다리  │ 5단계. 설교의 중심 명제 │
  │ 2단계. 본문의 구조  │            │ 6단계. 설교의 구조   │
  │ 3단계. 본문의 중심 명제│          │ 7단계. 설교의 선포   │
  └─────────────┘            └─────────────┘
```

본문에 근거한 설교 작성 능력을 향상시키기 위해 나는 독자들에게 「삶을 변화시키는 7단계 강해설교 준비」의 내용을 숙지하도록 강력히 추천한다. 사실 나는 독자들이 그 책의 내용을 알고 있다고 전제하고 글을 써나갈 것이다. 이 장은 그 내용들을 근거로 하고 있기 때문이다. 그 내용을 알아야 전도설교 방법론에 더 쉽게 공감할 수 있을 것이다. 수많은 목회자들이 이 7단계의 방법론을 책 갈피에 표로 요약해서 설교자들에게 나눠주고 있으며, 그들은 이 내용을 참조하며 매주마다 설교를 준비해 말씀을 전하고 있다. 여기 그 7단계의 간략한 내용을 소개한다. 자세한 내용은 부록 2, "설교를 조각하는 과정의 개관"을 살펴보라.

1단계. 본문의 연구
- 단어들을 관찰하라.
- 단어들 사이의 관계를 관찰하라.
- 질문을 던지고 질문에 답하라.
- 답변들을 분석하고 적용하라.

2단계. 본문의 구조

- 본문의 구조를 이해하라.
- 본문의 주요 부분을 요약하라.

3단계. 본문의 중심 명제

한 문장으로 서술하라.

- 성경의 저자가 이 본문에서 무엇에 대해 말하고 있는가?(본문의 주제)
- 성경의 저자가 이 본문에서 말하고 있는 주제에 대해서 무엇이라고 말하고 있는가?(본문의 술어)

4단계. 목적의 다리

목적의 다리를 건설할 때 열쇠가 되는 질문: 본문의 중심 명제에 근거해서 하나님은 불신자들이 무엇을 듣고 이해하며 순종하기를 원하고 계시는가?

5단계. 설교의 중심 명제

한 문장으로 서술하라.

- 설교자가(내가) 무엇에 대해 말하고 있는가?(설교의 주제)
- 설교자가(내가) 설교의 주제에 대해서 무엇이라고 말하고 있는가?(설교의 술어)

6단계. 설교의 구조

- 서론
- 본론(2단계를 반영하라.)
- 결론

7단계. 설교의 선포

- 설교의 목적을 성취시키기 위해 당신의 설교를 완전히 발전시켜라(4단계).
- 강력한 예화와 선별된 표현을 사용하며 중심 명제를 중심으로 원고를 작성하라(5단계).
- 준비한 설교를 제스처와 목소리의 변화를 활용하며 효과적으로 전달하라.

이 7단계 방법론을 다 외웠다면 내게 이메일을 보내라(proclamation@rreach.org). 책갈피를 보내줄 것을 약속한다. 책갈피에 요약된 표는 전도설교든 강해설교든 설교 준비 과정을 매주마다 가속시켜줄 것이다. 이 방법론은 설교 준비의 기술적인 측면을 다루고 있다. 다시 말하지만, 설교의 영적인 역학은 설교 준비를 시작하는 순간부터 설교를 마치고 난 후까지 지속되는 기도에 전적으로 달려 있다.

다시 한 번 독자들에게 「삶을 변화시키는 7단계 강해설교 준비」의 내용을 숙지하도록 간곡히 부탁한다. 책 뒤에 있는 방법론에 관한 꽤 두툼한 부록 부분을 시간을 들여서 살펴본 후에, 다음 부분을 공부해나가면 많은 도움이 될 것이다.

성경으로 설교를 조각하는 방법론을 본문에 근거한 전도설교에 적용하기

전도설교를 비롯한 어떠한 설교를 준비하든 간에 본문에 관계된 부분은 1-3단계까지 항상 동일하다. 강해설교는 본문에 근거하며 본문으로부터 나오게 되어 있다.

- 1단계. 본문의 연구
- 2단계. 본문의 구조
- 3단계. 본문의 중심 명제

본문에 근거한 설교를 준비할 때, 목적의 다리를 건설하는 4단계는 아주 중요한 움직임이고, 전환이며, 결정적인 단계다. 쉽게 이해하고 적용하기 위해 이 단계를 질문의 형태로 제시해본다. 본문의 중심 명제에 근거해서 하나님은 불신자들이 무엇을 듣고 이해하며 순종하기를(또는 깨닫고 느끼고 행하기를) 원하시는가?

본문에 근거한 전도설교를 준비함에 있어서 꼭 자문해보아야 할 이 질문은 설교의 목적을 보다 분명하게 해준다.

본문의 중심 명제에 근거해서 하나님은 불신자들이 무엇을 듣고 이해하며 순종하기를 원하시는가?

설교의 목적은 본문의 중심 명제에 의해 제한되거나 확장될 수 있다. 왜냐하면 본문의 중심 명제 수만큼 설교의 수가 결정되기 때문이다. 이 4단계 목적의 다리를 통과할 때 때로는 본문의 주제를, 때로는 본문의 술어를 혹은 그중의 일부를 강조하면서, 5단계 설교의 중심 명제로 옮겨가게 된다.

물론 전도설교의 초점의 대상은 청중 속에 섞여 있는 불신자들이다. 우리는 그들이 복음의 진리를 깨닫고 그 진리에 반응해 하나님이 주시는 영원한 구원의 선물을 받아들일 수 있기를 간절히 바란다.

성경으로 설교를 조각하는 방법론의 4-7단계에 필요한 영적, 지적, 언어적인 요소를 소개한다.

설교의 각 단계를 위해 필요한 요소

설교의 단계	효과적인 설교를 위해 필요한 요소
4단계 목적의 다리	기도와 청중에 대한 연구로부터 얻어진 사람에 대한 통찰력.
5단계 설교의 중심 명제	설교자의 은사와 재능과 기질과 경험 등에서 비롯되는 설교자의 창의력.
6단계 설교의 구조	설교의 좋은 구성과 논증을 위한 수사학적인 전략.
7단계 설교의 전달	본문에 충실하며 사람들의 마음을 얻을 수 있는 설득 및 설교 전달을 위한 요소(예화, 커뮤니케이션 기술, 적용, 초청).

본문의 중심 명제가 청중들을 향하도록 도와주는 목적의 다리에서는 기도와 청중에 대한 연구로부터 얻어진 사람에 대한 통찰력을 적용하는 것이 도움이 될 것이다(8장 "청중 중심의 주제 전도설교"를 보라).

이제 목적의 다리의 중요한 점들을 요약해볼 때가 되었다. 전도설교의 목적은,

- 설교에서 제기될 전도적인 주제와 영적인 필요를 설교의 서론을 집중시킨다.
- 전도설교의 목적을 달성하기 위해 설교의 본문에 무엇이 삽입되어야 하며 무엇이 빠져야 하는지를 결정한다.
- 전도설교의 결론에 영향을 끼쳐야 한다.
- 전도설교의 목적을 이루는 데 필요한 적절한 예화들을 선택하는 데 도움을 준다.
- 설교를 전하기 전에 전도설교의 목적에 비추어서 설교의 내용을 측정하는 데 필요한 보다 객관적인 기준을 제공한다.

무엇보다도 중요한 설교의 목적은,

- 전도설교의 중심 명제의 주제의 형태를 결정짓는 데 직접적인 영향을 미친다(5단계).

성경 본문과 설교 사이를 연결지어주는 설교 목적의 중요성은 전도설교든 그렇지 않든, 말로 다할 수 없이 크다. 다음 장에서는 본문에 근거한 전도설교의 본문의 종류와 함께, 이 목적의 움직임에 대한 설명과 예들을 제시할 것이다.

6장 본문에 근거한 전도설교의 본문과 예

"이르시되 미련하고 선지자들의 말한 모든 것을 마음에 더디 믿는 자들이여 그리스도가 이런 고난을 받고 자기의 영광에 들어가야 할 것이 아니냐 하시고 이에 모세와 모든 선지자의 글로 시작하여 모든 성경에 쓴 바 자기에 관한 것을 자세히 설명하시니라"

(누가복음 24:25-27).

 본문에 근거한 전도설교는 세 종류의 본문을 근거로 작성할 수 있다.

본문의 종류

1. 구원에 집중된 본문
2. 구원과 관련된 본문
3. 구원과 관련지을 수 있는 본문

이 가운데 어떤 것을 취할 것인가는 다음과 같은 요소들을 고려해 선택할 수 있다. 우리는 (1) 저자의 의도가 전도의 목적을 염두에 두고 있는 것이 분명한 구원에 집중된 본문, (2) 전도적인 내용이 분명히 담겨져 있는 구원과 관련된 본문, (3) 해석학적인 입장에서 전도의 목적을 달성하기 위해 원래의 독자들에게 의도되었던 의미를 조금 확장해서 전도설교로의 변환이 가능한 본문 가운데 전도설교의 본문을 선택할 수 있다.

본문의 종류와 고려 요소

본문의 종류	해석학적 고려 요소
구원에 집중된 본문: 본문의 의도	저자의 목적, 분명한 복음의 틀, 섞여 있는 청중
구원과 관련된 본문: 본문의 내용	암시적인 복음의 틀, 섞여 있는 청중
구원과 관련지을 수 있는 본문: 본문의 확장	확장된 연결, 섞여 있는 청중

이 세 종류의 형태가 6장의 대부분을 구성하고 있기 때문에 아주 신중하게 내용들을 습득하고, 가능하면 다음 내용을 공부하기 전에 각각의 전략을 실제로 강단에서 활용해볼 것을 권장한다.

구원에 집중된 본문

성경의 많은 본문들이 복음의 선포와 직접적으로 관련이 있다. 이런 본문을 사용할 때는 저자의 목적, 분명한 복음의 틀, 불신자를 포함한 청중이라는 세 가지 요소를 모두 고려해야 한다.

구원에 집중된 본문인가 아닌가를 판가름하는 가장 중요한 요소는 그 본문을 기록한 저자의 의도다. 이러한 본문은 저자가 선포한 복음의 내용을 포함한다. 몇 개의 예를 소개한다.

- 대부분의 복음서들이 이 부류에 해당한다. 이 복음서는 예수 그리스도가 하나님의 아들, 메시아, 구원의 주님이심을 분명히 밝혀주기 위해 특정한 독자들을 염두에 두고 쓰여졌다. "오직 이것을 기록함은 너희로 예수께서 하나님의 아들 그리스도이심을 믿게 하려 함이요 또 너희로 믿고 그 이름을 힘입어 생명을 얻게 하려 함이니라"(요 20:31).
- 사도행전에 나타나는 사도들의 메시지도 이 부류에 해당된다(예를 들면, 사도행전 2장의 베드로의 설교, 14장과 17장의 바울의 설교 등).
- 로마서의 전반부(1-8장, 특히 1-3장) 역시 구원의 주님에 대한 필요성을 확립시켜주며 명확한 복음의 틀을 보여준다.
- 모든 서신서들은 불신자들이 포함되어 있는 독자들을 대상으로 기록되었으며 그러기에 적절한 격려와 처방과 경고 등이 담겨 있다. 이런 것들의 일부는 전도의 목적을 염두에 두고 기록되어졌거나 아니면 복음 전도적인 성향을 보여주고 있다(예를 들면, 에베소서 2장 1-10절).

　신구약의 차이점에 대해 짚고 넘어갈 문제가 있다. 본문에 근거한 전도설교는 특별한 경우가 아니라면 신약 성경을 본문으로 삼는 것이 바람직하다. 왜냐하면, 전도설교는 예수님의 인격과 사역에 더욱 밀착해야 할 이유가 너무도 분명하기 때문이다.
　또한 정경적인 이유와 해석학적인 이유에서 구약의 본문을 근거로 전도설교하는 것에서 일단 거리를 두어야 할 필요가 있다. 구약의 본문 가운데 다음의 내용과 분명한 관계를 맺고 있는 본문이 있다고 하자. (1) 죄, 심판, 허무한 현실과 영원히 잃어버린 상태에서 우리를 구원해줄 구원의 주님에 대한 필요성, (2) 예수님에 대해 설명하거나 암시하는 신약의 구절, (3) 메시아이신 주 예수님의 오심에 대한 기대감. 그렇다면 이러한 구약의 본문은 강해전도설교의 본문으로 사용해도 좋을 것이다(누가복음 24장 25-27절, 44-48절을 참조하라).[1]

예를 들어, 나는 지금 출애굽기 말씀을 읽으며 개인적인 묵상의 시간을 갖고 있다. 이 강력한 말씀들은 후에 복음서 기자들에게는 너무도 분명한 모습으로 드러나실 새 모세로 오실 예수님을 준비하는 내용이다. 오늘 아침 나는 성막에 대한 상세한 설명과 특히 지성소의 휘장에 대한 말씀을 읽었다(출 26:31-33). 이 성막의 휘장은 성전의 휘장으로 연결되며(대하 3:14), 그 휘장은 예수님이 돌아가셨을 때 위에서 아래까지 찢어짐으로(마 27:51, 히 9:2-3) 우리가 하나님께 나아갈 수 있는 길을 열어놓게 된다(히 4:14-16, 10:19-22). 그러므로 이 본문을 통해 전도설교를 할 수 있을 것이다. 예수 그리스도가 십자가에서 돌아가셨을 때 성전 휘장이 위래서 아래까지 찢어졌다는 사실은 사람의 손으로는 그 휘장을 찢을 수 없었다는 사실을 시사한다고 말할 수 있다. 그러므로 모든 사람들이 하나님께 나아갈 수 있는 길이 열린 것이다.

그러나 이와 같이 구약 성경의 본문을 가지고 전도설교를 하는 데 정경적으로나 해석학적으로 장애가 될 만한 요소들을 무리없이 제거하지 못한다면, 구약의 본문을 바탕으로 본문에 근거한 전도설교를 하는 것은 특별히 조심해야 함을 강조하고 싶다.

위에서 열거한 세 조건 가운데 하나라도 충족시키는 구약의 본문이 있으면 전도설교의 본문으로 사용할 수 있다. 실례로 창세기 1-11장은 이 세 조건 모두를 충족시킨다.[2] 먼저, 이 본문은 죄와 하나님의 심판 때문에 구원의 주님이 필요하다는 사실을 밝혀주고 있고(3, 7, 11장), 앞으로 오실 메시아에 대한 기대감을 진술(3:15)과 상징을 통해(3:21) 보여주며, 신약 성경은 종종 예수님이 구원의 주님이심을 입증하기 위해 초기의 역사를 언급하고 있다 (예를 들면, 로마서 5장 1-12절).

이제 신약의 예를 들어보겠다.

누가복음 18장 9-14절: 목적의 다리의 예

이제 구원에 집중된 본문을 갖고 목적의 다리로의 여행을 시작해보자. 앞으로 몇 페이지의 내용을 최대로 잘 활용하기 위해서는 직접 펜을 들고 누가복음 18장 9-14절의 말씀을 본문으로 1-3단계의 방법을 적용한 후에, 아래에 있는 샘플을 따라하면 도움이 될 것이다.

3단계. 본문의 중심 명제

본문의 중심 명제는 주제와 술어로 구성되어 있다.

- 주제: 죄로부터 의롭다 함을 얻기 위해 하나님께 나아가는 자세.
- 술어: 스스로를 자천하는 바리새인의 자세가 아니라, 하나님의 자비하심에 호소하는 세리의 자세.
- 본문의 중심 명제: 우리는 이 죄로부터의 의롭다 함을 얻기 위해 스스로를 자천하는 바리새인의 자세가 아니라, 하나님의 자비하심에 호소하는 세리의 자세로 나아가야 한다.

4단계. 목적의 다리

전도설교에서 목적의 다리는 다음의 질문에 대해 답을 해주어야 한다. 본문의 중심 명제에 근거해서 하나님은 불신자들이 무엇을 듣고 이해하며 순종하기를 원하시는가?

누가복음 18장 9-14절의 본문의 중심 명제로부터 몇개의 목적이 도출될 수 있다.

1. (바리새인들의 모습을 강조하며) 불신자들이 자기의 의를 내세우고 자청하는 자세로 하나님께 나아가는 것을 방지함.
2. (세리의 모습을 강조하며) 구원을 얻기 위해 불신자들이 하나님의 자비하심에 자신을 내 맡길 수 있도록 설득함.
3. (전체 줄거리를 설교하며, 특별히 서론 부분에) 불신자들이 올바른 방법으로 하나님께 나아가 죄사함을 받을 수 있도록 초청함.

5장에 있는 "효과적인 설교를 위해 필요한 요소"를 살펴보면, 4단계에 기도와 청중에 대한 연구로부터 얻은 사람에 대한 통찰력의 필요성에 대해 언급하고 있다. 나는 기도와 주해의 결과로 나의 청중의 필요를 잘 반영하기 위해 목적 3번을 도출할 수 있었다.

힌트: 당신이 작성한 목적이 아직 완벽한 상태가 아니어도 반드시 설교의 중심 명제의 주제를 포함하고 있어야 한다. 작성한 설교의 목적을 질문의 형태로 바꾸면 초기 형태의 주제를 얻게 된다. 물론 아직 미완성의(더 손을 보고 다듬어야 할) 주제다. 하지만 일단 주제를 이해할 수 있게 된다. 이 목적의 다리를 통과할 때 형성된 이러한 질문은 설교의 주제가 애매모호하고 불확실하게 될 위험을 덜어준다. 이 얼마나 우리를 자유케 하고 안도감을 가져다주는 소식인가!

레이저 광선과 같이 정확하게 초점이 맞춰진 본문의 중심 명제(3단계)와 전도의 목적(4단계)은 설교의 나머지 작성 과정을 확신과 기대감을 갖고 진행시켜나갈 수 있게 해준다.

전도설교의 5-7단계의 과정은, 불신자들에게 초점이 맞춰진 설교의 단어와, 구조와 수사학적인 전략 등을 제외하고는 신자들에게 설교할 때와 거의 같은 방법으로 진행된다. 여기서는 나의 설교를 보여주는 대신, 내가 어떻게 이 본문을 설교로 변환시켰는지 함께 나누기로 한다.

5단계. 설교의 중심 명제

- 주제: 나는 무엇에 대하여 말하려고 하는가?
- 술어: 나는 내가 말하려고 하는 것에 대해 무엇을 말하려고 하는가?

나는 이미 앞에서 아주 중요한 힌트를 제시했다. 당신이 작성한 목적이 아직 완벽한 형태가 아니어도, 반드시 설교의 중심 명제의 주제를 포함하고 있어야 한다. 이제 이 과정을 누가복음 18장 9-14절에 적용해보자.

3단계. 본문의 중심 명제: 우리는 죄로부터의 의롭다 함을 얻기 위해 스스로를 자천하는 바리새인의 자세가 아니라, 하나님의 자비하심에 호소하는 세리의 자세로 나아가야 한다.
4단계. 설교의 목적: 불신자들이 올바른 방법으로 하나님께 나아가 죄사함을 받을 수 있도록 초청함.

이제 설교의 중심 명제에 관한 5단계로 옮겨간다.
우리는 설교의 목적을 질문 형태로 바꾸어 설교의 중심 명제의 주제를 얻을 수 있다. "어떻게 올바른 방법으로 하나님께 나아가 죄사함을 받을 수 있겠는가?" 나는 이 초기 형태의 주제를 후에 좀 더 기억하기 쉽고 설교학적인 스타일로 현대 감각에 맞게 바꿀 것이다. 그러나 내가 얘기하려고 하는 기본적인 내용은 죄사함을 받기 위해 하나님께 올바른 방법으로 나아가는 것이다.

여기서 설교의 중심 명제가 여러 형태를 취할 수 있음을 보기 바란다.

- 주제를 다음과 같은 질문들을 통해 증명할 필요가 있을 수 있다. 나의 모든 선한 행위가 하나님 앞에서 정말로 아무런 의미가 없는가? 세리와 같은 모습으로 하나님께 나아가면 정말로 하나님이 주시는 구원을 얻을 수 있는가? 설교 중에 오직 바리새인이나 또는 세리의 나아가는 방법만을 강조한다면 증거가 설교의 주된 강조점이 되어야만 한다.
- 주제를 설명할 필요가 있을 수 있다. 왜 자천이 잘못된 것인가? 왜 하나님의 자비만이 유일한 방법인가? 설교의 대지들이 이 주제 또는 명제 전체를 설명해 주어야 한다.
- 주제가 복수의 술어를 갖는 경우도 있을 수 있다. 나는 이 본문을 복수의 술어를 가지고 설교했다. 내가 이 방법을 선택한 것은 본문의 구조가 보여주듯이(2단계) 본문이 아주 매끈하게 두 부분으로 나누어져 있기 때문이다.

- 주제: 무죄 판결을 받기 위해 하나님께 나아가는 방법.
- 술어: 자신의 업적을 의지하는 교만한 자세가 아니라… 하나님이 해놓으신 일을 겸손하게 믿음으로써.

좀 더 나은 커뮤니케이션을 위해 눈길을 끄는 구절들을 사용하여 표현을 조금 더 현대 감각에 맞게 변화시킨 것을 주목하라. "하나님께 나아감" "무죄 판결" 등의 단어, 또 음절의 길이, 개념적인 병행구, 리듬의 흐름, 중요한 단어의 두운법 사용을 통해 사람들의 기억을 돕기 위해 노력했다. "교만한"과 "겸손하게", "의지하는"과 "믿음으로써", "업적"과 "해놓으신 일" 등의 표현을 살펴보라(저자의 이러한 의도가 번역 과정 중에 일부 손상될 수밖에 없었음 - 역자 주).

현대 감각에 맞게 주제를 변환시키기 위해서는 우리가 갖춰야 할 것이 있다(5장의 "효과적인 설교를 위해 필요한 요소"를 참조하라). 하나님이 주시는 독창성, 창의성 그리고 비전 등은, 설교 준비의 역학과 방법론을 설교의 은사, 언어적 재능, 개성과 기질, 사람에 대한 이해와 강단에서의 경험 등과 결합시킬 때 얻을 수 있다.

물론 이러한 과정이나 두운법의 사용이 설교의 주제를 설정할 때 꼭 필요한 것은 아니다. 그러나 추상적인 설교의 중심 명제와 대지들을 좀 더 구체적으로 잘 기억할 수 있도록 도움을 줄 수 있다. 이러한 도구는 풍부한 경험을 가진 설교자들이 사용할 수 있는 고도로 양식화된 도구다.

- 완전히 발전된 설교의 중심 명제: 무죄 판결을 받기 위해 자신의 업적을 의지하는 교만한 자세가 아니라, 하나님이 성취하신 일을 겸손하게 믿으며 하나님께 나아가라.

6단계. 설교의 구성

설교의 본론은 이미 2단계에서 결정되었으며(본문의 구조), 5단계에서 분명해졌다.

이제 설교의 구성에 있어서 아주 중요하고, 모든 설교에서 동일하게 보여지는 설교의 흐름을 다루게 된다. 바로 (1) 서론 (2) 본론 (3) 결론의 구성이다.

설교의 구조는 통일성, 질서, 비율, 진전 그리고 청중들의 이해와 반응을 얻어낼 수 있도록 공고한 논증을 요구한다.

나는 청중들에게 영적인 충격을 줄 수 있는 설교를 준비할 때는 청중에 대해 미리 분석한다(4단계). 나는 내가 꼭 해야 할 말과 행동을 설교의 서론, 본론 그리고 결론의 각 부분마다 적어놓는다. 예를 들면, 종교적인 성향을 갖고 있는 불신자들로 구성된 청중들은 자신들에게 도움이 필요하다고는(누가복음 18장 9절을 참조하라) 절대로 생각하지 않는다. 그러므로 나는 그들의 노력이 모두 부질없는 것이며, 그들이야말로 하나님 은혜가 전적으로 필요한 존재라는 사실을 알리기 위해 설교 전제를 통해 다양한 방법으로 설득해야 한다. 그들이 최선을 다해 행하는 모든 일들이 하나님 앞에서 전혀 아무런 의미를 갖지 못한다는 사실을 확인시켜주어야 한다. 이 6단계의 어느 시점에서 - 서론에서, 첫 번째 포인트, 두 번째 포인트, 본론 아니면 결론에서 - 이러한 내용들을 소개하고 토론하며 또는 예시해야 할지를 결정해야 한다.

나는 누가복음 18장에 근거한 설교를 다음과 같이 구성해봤다.

서론(부록 2, "서론"을 참조하라). 내가 작성한 설교의 서론은 나의 목적(불신자들이 올바른 방법으로 하나님께 나아가 죄사함을 받을 수 있도록 초청하기 위함)과 주제(무죄 판결을 받기 위해 하나님께 나아가는 방법)의 주위를 맴돌고 있다.

이제 무죄 판결이란 쟁점에 대해, 특히 불신자들에게 하나님 앞에서 왜 개인적으로 무죄 판결을 받아야 하는지를 이해시키기 위한 작업을 시작해야 한다. 불신자들 대부분은 매일 자기 스스로에 대해 무죄 판결을 내린다. 그러기에 바른 방법을 통해 하나님께 나아갈 수 있는 방법을 가르쳐주어야만 한다.

본론(부록 2, "설교 안에서의 각 요지들의 발전: S.A.V.E. (a) Point"을 참조하라).

이 설교에 있어서 본론의 대지들은 다음과 같다.

Ⅰ. 우리는 무죄 판결을 받기 위해 나 자신의 업적을 의지하는 교만한 자세로 하나님께 나아가서는 안 된다.

나는 하나님께 나아가기 위해 종교적인 노력과 시도를 자랑하는 태도와 교만의 부질없음을 질타하고, 스스로를 자천하는 모습으로는 하나님이 주시는 무죄 판결을 얻는 것이 불가능하다는 사실을 전해주어야 한다.

Ⅱ. 무죄 판결을 받기 위해 하나님이 성취하신 일을 겸손하게 믿으며 하나님께 나아가라.

나는 하나님이 주시는 무죄 판결을 얻기 위해 왜 꼭 하나님과 하나님이 이룩해놓으신 일이 필요한지를 보여주어야만 한다.

결론. 설교의 중심 명제를 복습하라.
목적을 적용시키고 청중들이 반응할 수 있도록 초청하라(10장, "구원 초청"을 참조하라). 이제 이 설교의 주제와 술어를 구성하고 있는 요소들을 요약함으로써 이 설교를 절정으로 끌어올리며 초청으로 옮겨간다.

7단계. 설교 작성, 연습, 전달
7단계는 충실한 본문 연구와 뛰어난 설교에 필요한 모든 요소(뛰어난 커뮤니케이션 기술, 예화, 적용 그리고 초청)들을 활용하여, 구원의 열매를 맺을 수 있도록 설교를 작성하고 연습하며 전달하는 단계다. 나는 특별히 전도설교에서는 원고 없이 설교할 것을 강하게 추천한다. 설교가 대중과의 대화라면, 전도설교는 그 특성이 더 두드러진다. 배우나 음악가가 대본이나 악보 없이 연기하거나 연주하는 것을 사람들이 더 좋아하는 것같이, 전도설교는 원고 없이 선포되는 것이 가장 좋다. 성경으로 설교를 조각하는 방법론을 사용한다면, 설교의 원고 없이 그리고 설교의 내용을 잊어버리지 않을까 하는 두려움 없이 설교를 할 수 있게 될 것이다.[3]

이제 구원 집중적인 본문에서 본문에 근거한 전도설교의 두 번째 종류인 구원과 관련된 본문으로 옮겨간다.

구원과 관련된 본문

비교적 쉽게 구별되며, 전도적 차원에서 설교하기도 쉬운 구원 집중적인 본문 외에, 본문의 의도는 전도적이지 않지만 전도적인 내용이 분명히 담겨 있는 구원과 관련된 본문이 있다. 그러한 본문 속에서 우리는 복음의 신학적 골격의 전체 또는 일부가 전제되어 있거나, 암시되어 있거나, 강조되고 있거나 또는 명쾌하게 설명되어 있는 것을 발견할 수 있다.

신자들을 위한 강해설교에 관한 브라이언 채펠의 신학적인 통찰력이 구원과 관련된 본문에 근거한 전도설교에 특별한 의미를 부여한다.

하나님은 우리를 완전하게 만들어주시려고 성경을 주셨으며, 성경은 우리가 어딘가 불완전하다는 사실을 지적하고 있다. 우리가 온전한 모습을 갖고 있지 못한 것은 우리가 몸담고 살고 있는 세상이 타락한 결과다. 죄로 가득 찬 우리와 세상의 망가진 모습 속에 잘 반영되어 있는 이 타락의 여러 국면들은 성경의 교훈과 고쳐주심을 요구하고 있다. 사도 바울은 이렇게 말한다. "무엇이든지 전에 기록한 바는 우리의 교훈을 위하여 기록된 것이니 우리로 하여금 인내로 또는 성경의 위로로 소망을 가지게 함이니라"(롬 15:4). 부패한 세상과 우리는 하나님의 도우심을 간절히 절규하고 있다. 하나님은 우리가 갖고 있는 각 부분의 문제들에 초점을 맞추시며 말씀으로 반응해주신다. <u>성경이 타락한 상태에 초점을 맞추고 있다는 사실은 우리에게 소망을 준다</u>(FCF = Fallen Condition Focus). 영혼들의 영적인 건강을 크게 위협하고 있는 세상 가운데 살고 있는 연약하고 죄 많은 당신의 자녀들을 하나님이 아무런 인도나 보호하심이 없이 그냥 두지는 않으신다. 성경은 옛날에 살았던 사람들만을 위해 쓰이지는 않았다. 하나님은 각 성경의 말씀이 우리에게 날마다 필요한 "오래 참음과 격려"를 주도록 의도하셨다(밑줄 부분 저자 첨가).

성경은 본문이 주는 은혜를 꼭 필요로 하는 독자들을 위해 쓰여졌으며, 우리도 이 독자들과 같은 영적인 여건을 공유하고 있다. 그리고 바로 이 점이 성경이 타락한 상태에 초점을 맞추고 있다는 사실의 의미하기도 한다.[4]

앞의 두 장에서 이미 보았듯이, 복음은 신학적인 골격 위에 기초하고 있으며 그 안에서 제시된다. 복음의 신학적인 골격, 즉 '죄와 관계된 하나님의 성품, 그리스도가 없는 인류의 상태, 구원의 주님으로서 예수님, 구원의 유일한 조건 믿음'과 관계된 성경의 본문은 무리하게 본문을 뒤틀지 않고도 자연스럽게 전도설교로 전환시킬 수 있다. 그러한 본문들의 경우는 복음의 내용과 윤곽이 분명하기 때문이다.

예를 들면, 로마서 1-3장은 분명히 불신자들에 대해 말씀하고 있다. 모두가 죄 아래 있으며 하나님의 영광에 이르지 못하고 있다고 말씀한다. 정죄받은 영혼들을 향해 직접 전할 수 있는 복음 전도의 메시지를 담고 있는 본문이다. 그리고 로마서 4장 이후에서, 바울은 의롭다 함을 받은 영혼들에게 초점을 맞춘다. 하지만 같은 신학적인 골격은 지속되고 있다. 즉, 하나님 앞에서 의롭다 함을 받기 위해서는 무엇이 필요한가? 하나님의 의가 불신자들에게 어떻게 적용돼 그들이 신자가 되었는가? 그러나 신자들의 삶 속에도 여전히 죄의 문제는 남아 있다. 어떻게 하나님을 계속 기쁘시게 해드리는 삶을 살 수 있는가? 우리가 그리스도의 구원을 얻지 못했을 때 어떻게 우리가 죄로부터 자유로워지며 온전히 변화를 받게 되었는가? 등에 대해 바울이 묵상하고 있는 내용을 접할 때마다, 우리는 복음의 신학적인 골격에 의해 지배를 받는 본문들을 발견할 수 있다.

이 점에 대한 아주 적절한 예와 도움을 줄 과제로(나는 교수로서 숙제를 내주는 책임을 다해야만 한다) 로마서 5장 6-8절을 소개한다. 바울은 이신칭의의 맥락에서(1-4절) 크리스천들을 향해 말씀을 기록하고 있으며, 그리스도가 불의한 자들을 위해 행하신 일을 강력하게 보여주고 있다. "우리가 아직 죄인되었을 때에 그리스도께서 우리를 위하여 죽으심으로"(8절). 불신자들이 이 말씀을 들을 가능성은 아주 희박했다. 바울은 그리스도를 이미 믿는 사람들을 대상으로 이 말씀을 하고 있기 때문이다. 이 본문에서 전도적인 의도를 밝혀 보여주기란 참 어렵다. 하지만 바울의 청중 가운데 섞여 있는 불신자들의 경우 경건치 않은(6절) 자신들의 모습에도 불구하고 그리스도가 자신들을 위해 해주신 일에 큰 매력을 느낄 것이라고 나는 확신한다. 이 본문은 전도 자체를 위해 쓰여진 말씀이라고 할 수는 없겠으나, 복음 전도의 틀로 사용할 수 있는, 전도적인 내용이 고동치고 있는 본문이다.

본문을 근거로 한 전도설교에서, 구원과 관련된 본문을 사용할 수 있는지의 여부를 결정짓는 데 도움을 줄 기준을 제시하면 다음과 같다. 본문의 중심 명제가 복음의 신학적인 골격(하나님 - 인류/ 예수 - 믿음)을 강조하거나 그

것과 관련을 맺고 있는가?(복음의 내용에 관해서는 부록 1을 참조하라.)

질문: 본문이 복음의 신학적인 골격에 의해 지배를 받고 있는지를 어떻게 알 수 있는가? 또 어떻게 본문에 근거한 복음 전도설교의 본문으로 사용할 수 있는가?

대답: 복음의 신학적인 골격이 본문의 중심 명제의 어느 부분에서 발췌될 수 있는가의 여부는 본문의 중심 명제를 밝히는 3단계에서 알 수 있다. 본문의 중심 명제의 주제나 술어가 복음의 신학적인 골격인 (1) 하나님의 기대하시는 바 (2) 인류의 상황 (3) 예수님의 공급 (4) 믿음의 조건 가운데 어느 한 측면이라도 반영해주고 있다면, 본문의 중심 명제로부터 전도설교의 목적을 확정지을 수 있을 것이고, 본문의 의도를 손상시키지 않고 또한 그 본문의 권위에 입각해서 전도설교를 할 수 있을 것이다.

로마서 5장 6-8절: 성경으로 설교를 조각하는 방법론의 예

이미 앞에서 더 어려운 복음서(눅 18:9-14)를 통해 열쇠가 되는 목적의 다리(3-5단계)에 대해서 설명했다. 이제 서신서에서 구원에 관련된 본문을 가지고 1-6단계를 같이 밟아보려고 한다. 이 과정을 잘 따라온다면 성경으로 설교를 조각하는 방법론을 이해하며 활용하는 데 도움이 될 것이다.

종이 한 장에 성경 한 절만을 기록하라. 각 절을 직접 써도 좋고, 인쇄를 해도 상관없다. 원문을 직접 번역할 수 있다면, 그렇게 하는 것이 좋다.

6절: "우리가 아직 연약할 때에 기약대로 그리스도께서 경건하지 않은 자를 위하여 죽으셨도다."

7절: "의인을 위하여 죽는 자가 쉽지 않고 선인을 위하여 용감히 죽는 자가 혹 있거니와."

8절: "우리가 아직 죄인 되었을 때에 그리스도께서 우리를 위하여 죽으심으로 하나님께서 우리에게 대한 자기의 사랑을 확증하셨느니라."

1단계. 본문을 연구하라

단어를 관찰하라. 사전, 성경 사전, 또는 백과사전 등을 사용하여 단어들의 의미를 연구해야 하며, 콘코던스나 관주들을 참조하여 그 단어들이 어떻게 사용되고 있는지를 연구해야 한다. 그리고 연구해서 얻은 결과들을 각 절이 쓰여진 종이 위에 기록한다.

로마서 5장 6-8절에서, 연약할, 때, 죽으셨도다, 경건하지 않은 자, 의로운, 확증하다, 용감히, 자기의 사랑, 죄인 등과 같은 긴 단어들, 특이한 단어들, 반복되는 단어들을 관찰한다.

단어들 사이의 관계를 관찰하라. 따로 연구하기로 한 단어들 사이의 관계를 관찰하라. 아직, 때에, 기약대로, 죽는 자가 쉽지 않고, 의인, 혹 있거니와, 자기의 사랑 등과 같은 단어들 사이의 관계와 연약한, 경건치 않은, 죄인들 등의 단어 사이의 병행 관계, 또한 그리스도께서 경건치 않은 자를 위하여 죽으셨도다(6절)라는 표현과 우리를 위하여 죽으심으로(8절)라는 표현 사이의 병행 등을 관찰하게 될 것이다. 또한 위하여 라는 표현이 6절과 7절 앞부분과 절 중간에 있음도 관찰하게 될 것이다.

질문과 답변. 본문을 향해 갖게 되는 모든 질문들을 글로 적으라. 청중들이 가질 수 있는 질문들은 무엇인가? 예를 들면, 불경건과 죄 속에 빠져 있는 전적으로 어찌할 수 없는 우리의 상태에 대한 질문들을 더 적어볼 수 있을 것이다. 그리고 그 질문들에 대한 답을 적어보라. 이 시점에서 나온 질문들이 너무 길거나 그 답이 틀렸다고 해서 염려할 필요는 전혀 없다. 후에 좋지 않은 질문들은 버리고 긴 답들은 줄일 수 있는 기회가 있을 것이다. 이것은 단지 시작하는 단계의 질문과 답변에 지나지 않는다.

6절: "우리가 아직 연약할 때에 기약대로 그리스도께서 경건하지 않은 자를 위하여 죽으셨도다."

질문: 왜 바울은 연약하다고 하는 인류의 상태를 주목해서 지적하고 있을까? "기약대로"라는 표현은 무엇을 의미하는가? 하나님은 시간을 어떻게 이해하고 계실까? 예수님이 오시기 전에 살았던 사람들은 어떻게 될까? 예수 그리스도는 모든 사람을 위해 돌아가셨나? 아니면 "우리"와 같이 구원받을 사람들만을 위해 돌아가셨나?

답변: 이제 신자들이 된 사람들의 영적인 상태에 대한 바울의 묘사가 들어 있는 가까운 문맥(롬 5:1-21), 또는 로마서 전체, 더 나아가서 바울 신학 전체를 살펴보라.

"경건치 않은"이라는 표현은 하나님께 대항하고, 그 본질과 선호도와 자세와 행동에 있어서 하나님으로부터 멀리 떨어져 있는 상태를 의미한다.

"기약대로"라는 표현은 하나님은 1분 먼저 오시지도 않고, 1분 늦게 오시지도 않는다는 의미다. 그리스도의 죽으심은 모든 경건치 못한 사람들에게 정확한 시점에 은혜를 베푸신다.

'예수 그리스도가 오시기 전에 살았던 사람들'에 관한 문제는 로마서 3장 25-26절에 설명되어 있다.

"경건하지 않은 자들"과 "우리"는 결코 똑같은 무리가 될 수 없다. 이 경건치 않은 사람들은 결코 우리의 일부가 될 수 없는 사람들이다. 이 문제에 대해서 많은 신학적인 피가 흘려졌다. 그러나 이렇게 어려운 질문들을 해야만 한다. 또한 당신의 설교 가운데 이 문제에 대한 의견을 분명히 밝혀두어야 한다.

7절: "의인을 위하여 죽는 자가 쉽지 않고 선인을 위하여 용감히 죽는 자가 혹 있거니와."

질문: "위하여"라는 표현이 의미하는 바는 무엇인가? 그리고 왜 이 표현은 다른 곳에서 또 특정한 곳에서도 반복해서 나타나고 있는가? 여기서 바울은 다른 사람의 유익을 위해 죽는 것을 의미하고 있는가? 아니면 다른 사람을 대신하여 대속의 죽음을 죽는 것을 의미하고 있는가? 7절 하반절과 같이 오늘날에도 다른 선한 사람들을 위해 죽는 사람의 예를 알고 있는가? 또 다른 질문이 있는가?

답변: "위하여"라는 표현은 단순히 유익의 측면이(다른 선한 또는 의로운 사람의 유익을 위해 죽는) 아니라 대속의(불의한 다른 사람을 대신하여 죽는) 의미를 지니고 있다. 구원의 유익은 바로 그리스도의 대속의 죽음 때문에 가능하게 된다.

예를 들면, 나라를 위해 싸우는 군인들은 우리에게 유익을 주기 위하여 또한 우리를 대신해서 죽는다.

나는 이 시점에서 강한 비유나 예화가 필요하다고 생각하기에 그 필요를 기록해놓고, 뉴스나 읽었던 책 가운데 적절한 예화를 찾기 시작한다.

8절: "우리가 아직 죄인 되었을 때에 그리스도께서 우리를 위하여 죽으심으로 하나님께서 우리에게 대한 자기의 사랑을 확증하셨느니라."

질문: 왜 바울은 하나님이 우리에 대한 자기의 사랑을 확증하셨다는 강한 단어를 사용하고 있는가? 바울은 예수 그리스도가 십자가에서 돌아가시는 모습을 직접 보지는 못했다. 다만 하나님의 사랑을 확증해서 보여주는 십자가는 보았다. 어떻게 본인이 직접 목격하지 않은 사건을 그토록 강하게 표현하고 있는가? 어떻게 하나님은 계속해서 당신의 사랑을 우리에게 보여주고 계시는가? 또한 "자기의 사랑"이란 표현의 의미는 무엇인가? 이 표현은 하나님의 사랑에 대해 무엇을 시사하는가?

이제 8절에 대해 더 많은 질문들을 당신이 물어올 차례다. 그리고 위에 열거한 나의 질문과 함께 당신의 질문들에 대해 답을 해야 한다. 성경의 원어를 알면 말씀의 이해에 아주 큰 도움이 된다. 본문을 원어로 접근한다면, 더 훌륭한 그리고 더 심각한 질문들을 1단계에서 할 수 있을 것이고, 이어서 2단계에 더욱 선명하게 본문의 구조를 파악할 수 있게 될 것이다. 물론 좋은 질문을 많이 할수록, 좋은 자료들과 정확한 주석을 얻게 되며, 불필요한 것들에 낭비하는 시간을 줄일 수 있다.

로마서 5장 6-8절에 대한 설교 준비를 시작했기를 바란다. 벌써 설교에 사용할 좋은 내용들을 발견했는가? 이 본문을 놓고 이 방법론을 사용하고 있다면 분명 그러리라고 믿는다.

답변에 대한 분석 및 적용

분석: 부록 2에 상세하게 설명되어 있는 해석의 시금석들을 사용해서 답변들을 분석해보라. 그리고 주석들과 주석 성경들을 비교하며 다른 사람들은 본문을 어떻게 이해하고 있는지 살펴보라. 또 다른 참고 서적들을 활용해서 이 본문에 깔려 있는 개념들을 확인해보라. 예를 들어, 성경 사전에서 속죄 또는 그리스도의 죽으심 또는 대속과 같은 단어들을 찾아보라, 아니면 "그리스도의 대속"과 같은 내용을 인터넷을 통해 검색해보라.

예를 들면, 한 주석가는 이렇게 설명한다. "예수님의 죽으심은 전혀 다른 죽음이다. 하나님의 사랑에 대한 확증을 지속적으로 든든히 붙잡아주는 힘으로서의 그분의 죽으심은 하나님이 전혀 받을 자격이 없는 사람들을 위해, 전통적인 종교인들이 전혀 기대할 수 없었던 시점에 벌어졌다는 사실에 그 뿌리를 두고 있다."[5] 이러한 설명을 알고 있다면 당신의 설교에 인용하거나 이 내용을 요약해 전달해줄 수 있을 것이다.

개인적이고 설교적인 초기 적용: 내가 하나님 앞에서 얼마나 절망적이며 무력한 존재인가를 제대로 깨닫고 있는가? 경건하지 못하고 연약한 우리를 사랑하시는 하나님의 그 사랑의 넓이와 깊이가 어떠한가를 깨달을 수 있게 도와줄 수 있는 방법을 생각해보라. 또 우리가 발견한 가르침을 적절히 설명하는 데 도움이 될 만한 예화들을 찾기 시작하고, 그것들을 정리해둘 새로운 파일을 만들고 관찰한 내용과 예화들을 보관하라.

2단계. 본문의 구조

대지와 소지를 구별하라. 아주 중요한 문법적 기능을 담당하고 있는 '간단한 표현'에 밑줄을 긋거나 동그라미 표시를 하라. 이 표현들은 문법적으로 중요한 기능을 담당하고 있기 때문에, 본문 주위에 있는 내용들 또는 본문 내의 내용들 간의 연결 관계를 주의 깊게 살펴보아야 한다. 이 문법적인 표현들은 또한 한 포인트에서 다른 포인트로 옮겨가는 데 있어서 주제나 내용의 변화를 대변해주기도 한다.

6절: 영어로는 for로 번역되어 있는 표현은(우리 말 성경에는 번역이 빠져 있음 - 역자 주) 우리가 의롭다 함을 얻음으로 하나님께 나아가며, 환란 중에도 연단과 소망을 이룬다는 사실을 보여주는 앞의 내용(1-5절)과 본문(6-8절)을 연결시켜준다.

"때에"라는 표현은 그리스도의 죽음이 일어난 시점을 알려주며 "기약대로"("가장 적절한 시점에"로 번역할 수도 있음 - 역자 주)라는 표현과 함께 얼마나 적절한 시점에 이 일이 벌어졌는가를 밝혀주고 있다.

7절: 영어로는 for로 번역되어 있는 표현은(우리 말 성경에는 번역이 빠져 있음 - 역자 주), 예수님의 죽으심과 다른 사람을 위해 죽는 사람들의 경우를 단순히 대조함으로, 7절을 6절과 연결시켜주고 있으나, 새로운 포인트를 시작하고 있지는 않다. 6절과 7절은 함께 묶여져 있으며 세 개의 절로 되어 있는 본문의 첫 번째 대지를 이루고 있다.

"혹"이라는 표현은 "의인을 위하여 죽는 자가 쉽지 않고"와 "선인을 위하여 용감히 죽는 자가 혹 있거니와"라는 7절 내의 두 개의 소지를 구별시켜 준다.

8절: "그러나"(우리말 개역판 번역에는 빠져 있지만 헬라어 원문 8절은 "그러나"로 시작하고 있음 – 역자 주)는 7절과 8절 사이에 있는 대지를 나누는 역할을 하며 새로운 포인트를 시작시킨다. 그러므로 본문은 두 개의 대지로 나뉜다.

I. 6-7절

II. 8절

이제 두 부분으로 구성된 본문의 구조를 보게 된다. 구조를 가능한 단순하게 만들기 위해 "작은 뼈들"을 "큰 뼈들" 아래 집어넣도록 노력하라. 그렇지 않으면 전체의 구조가 난삽해질 위험이 있다.

항상 완성된 문장의 형태로 대지를 요약하라. 일단은 내가 작성한 구조를 보도록 하자. 완성된 문장의 형태로 대지를 요약해보지 않으면, 당신의 표현이 얼마나 선명하지 못한가를 알 수 없게 된다! 문장이 아주 세련될 필요는 없지만 정확해야 하고, 선명해야 하며, 포괄적이어야 하고, 간결해야 한다.

정확 – 본문의 관찰과 선택을 반영해야 한다.

선명 – 최대한 덜 애매모호해야 한다.

포괄적 – 단락 전체를 반영해야 한다.

간략 – 본문 자체보다 많이 길어져서는 안 된다.

위의 문법적인 분석을 반영한다면, 로마서 5장 6-8절을 다음과 같이 두 개의 대지를 가진 완성된 문장으로 표현할 수 있을 것이다.

Ⅰ. 우리는 다른 사람을 위해 죽는 일이 거의 없지만, 그리스도는 경건치 못한 사람들을 위해 기약대로 죽으셨다(6-7절).
Ⅱ. 우리를 향한 하나님의 사랑의 확증은 우리가 아직 죄인되었을 때 우리를 위해 죽으신 그리스도의 죽으심 속에서 발견할 수 있다(8절).

본문의 구조를 문법적으로 살펴보는 것은 저자의 논증과 의도를 바르게 이해할 수 있는 믿을 만한 방법이다. 우리는 대지와 소지 사이에서 결정을 내릴 때, 문법적인 요소와 내용적인 요소를 모두 고려해야 한다. 어떻게 우선 순위를 결정할 것인가?

일반적으로, 문법적인 요소가 내용적인 것에 우선한다. 왜냐하면 전자가 항상 후자에 영향을 미치기 때문이다. 그러나 문법적인 요소와 내용적인 요소를 모두 고려한 본문 구조는 항상 우선순위를 갖는다.

8절을 보라. 여기에 문법적인 요소와 내용적인(문학적인) 요소를 모두 고려한 본문 구조에 대한 이해가 있다. 8절에 "우리가 아직 죄인되었을 때에 그리스도께서 우리를 위하여 죽으심"이라는 표현은 6절에 "우리가 아직 연약할 때에 기약대로 그리스도께서 경건하지 않은 자를 위하여 죽으셨도다"는 표현과 거의 동일한 표현이며, 아주 중요한 병행구를 이루고 있다는 점을 주목하게 된다. 문학적인 구조에 대한 나의 이해로는, 저자는 여기서 그리스도의 죽으심에 대한 시점의 적절성(기약대로, 즉 가장 적절한 시점에)을 강조하고 있을 뿐 아니라 그리스도가 죽으신 시점 자체(즉, 우리가 아직 연약할 때, 아직 죄인되었을 때)도 강조하고 있다. 그러므로 그리스도의 죽으심의 시점과 그 시점의 적절성이 우리를 향한 하나님의 사랑을 확증해주고 있다. 그리스도의 죽으심은 종종 벌어지는 순교나 다른 사람을 위한 어떤 용감한 사람의 죽음과는 대조되며 구별되어지는 사건이라는 뜻이다. 그리스도의 죽으심을 통해 확증된 우리를 향한 하나님의 사랑이 저자가 강조하는 있는 점이라는 사실을 이 병행구는 우리에게 보여준다. 그리스도가 우리를 대신하여 죽으셨을 때(1단계에서 본 바와 같이, 유익을 끼친다는 의미보다 더 깊은 차원의 대속의 의미로서) 그의 죽으심은 우리의 연약함과 사악함에도(6절과 8절에 반복되고 있는 표현) 불구하고 보여주신 하나님의 사랑을 확증해준다.

3단계. 본문의 중심 명제
하나의 문장으로 쓰라.

- 저자가 이 본문에서 무엇에 대해 말하고 있는가?(본문의 주제)
- 저자가 이 본문에서 말하고 있는 것에 대해서 무엇이라고 말하고 있는가?(본문의 술어)

그리스도의 죽으심이 우리를 향한 하나님의 사랑에 대한 확증으로 주목되었고 반복되었으며 충분히 설명되었기에, 로마서 5장 6-8절에 대한 저자의 주제와 술어를 다음과 같이 정리할 수 있다.

- 주제: 우리를 향한 하나님의 사랑에 대한 너무도 분명한 확증.
- 술어(는 주제에 대해 서술하거나 주제를 완성한다): …은 우리가 아직 연약하고 경건하지 못한 죄인의 상태에 있을 때, 가장 적절한 시점에 벌어진 그리스도의 대속의 죽으심에서 발견됨.

- 완성된 문장으로의 중심 명제(주제와 술어를 묶어 하나의 완성된 문장으로 만들면): 우리를 향한 하나님의 사랑에 대한 너무도 분명한 확증은 우리가 아직 연약하고 경건하지 못한 죄인의 상태에 있을 때, 가장 적절한 시점에 벌어진 그리스도의 대속의 죽으심에서 발견된다.

4단계. 설교의 목적
이 본문의 전도 목적에 관한 질문에 대해 답하라.

본문의 중심 명제에 근거해서 하나님은 주 예수 그리스도를 통해 주시는 영원한 구원에 대해 불신자들이 무엇을 듣고 이해하며 순종하기를 원하시는가?

이 목적의 다리를 건너며 설교 목적의 양립성에 관한 이슈들을 정립하기 위해 다음과 같은 질문을 해보아야 한다.
주석적이고 신학적인 측면의 양립성에 관한 질문: 설교의 목적이 저자의 목적과 본문의 기능과 양립할 수 있다는 증거들을 가지고 있는가?
심리학적이고 사회학적인 측면의 양립성에 관한 질문: 설교의 목적이 청중들의 전도적인 필요에 부합하고 있다는 증거들을 가지고 있는가?
여기 로마서 5장 6-8절을 본문으로 한 전도설교의 목적의 다리가 있다.

연약한 죄인들을 위해 가장 적절한 시점에 벌어진 그리스도의 대속의 죽으심을 통해 확증해주신 하나님의 엄청난 사랑을 명료하게 보여주는 것.

주석적이고 신학적인 측면에서의 양립성: 내가 작성한 설교의 목적은 본문에 나타난 바울의 목적을 아주 밀접하게 반영해주고 있기 때문에, 어느 누구도 내 설교의 목적이 본문의 목적을 반영해주고 있음을 의심할 수 없을 것이다.

심리학적이고 사회학적인 측면에서의 양립성: 나는 불신자들이 그들을 위한 그리스도의 놀라운 죽으심을 받아들일 수 있도록 모든 측면(영적이고 지적이며 감정적인)에서 설득력 있게 그리고 강력하게 복음을 증거해야 한다. 그러므로 나는 전도설교의 목적의 다리에서 "엄청난"과 "명료하게"라는 표현을 사용하고 있다. 나는 그리스도의 죽으심의 그 위대함을 청중들이 잘 이해할 수 있도록 최선을 다할 것이다.

5단계. 설교의 중심 명제
하나의 문장으로 쓰라.

- 내가 무엇에 대해 말하고 있는가?(설교의 주제)
- 내가 말하고 있는 것에 대해서 무엇이라고 말하고 있는가?(설교의 술어)

4단계에서 5단계로 넘어가는 과정에서 제시했던 힌트를 기억하고 있는가? 전도설교의 목적을 질문의 형태로 바꾸는 것이 초기 형태의 설교의 중심 명제를 발견하는 데 도움이 된다. 그리고 설교의 목적을 달성하기 위해서는 그 질문을 설교 가운데 던져야 한다. 창의성과 경험이 이 부분에서는 큰 역할을 하게 된다. 이 시점에서 청중들에 대해 우리가 알고 있는 다양한 차원의 정보들을 하나씩 활용하기 시작한다. 주제의 초기 형태는 우리가 무엇에 대해 말하려고 하는가를 명쾌하게 밝혀주는 데 큰 도움이 된다. 우리가 무엇에 대해 이야기할 것인가를 우리 자신이 명쾌하게 이해하고 있지 못하다면, 청중은 말로 다할 수 없는 혼돈 속에 빠지고 말 것이다.

내가 작성한 설교 주제의 초기 형태는 다음과 같다.

- 주제: 우리와 같이 정말 보잘것없는 죄인들을 향한 당신의 엄청난 사랑을 명료하게 보여주시기 위해 하나님은 무엇을 하셨나?

이 설교에 대한 술어는 주제에 대한 답변의 형태로 비교적 쉽게 흘러나온다.

- 술어: 그리스도의 적절한 시점의 대속의 죽으심.

이제 주제와 술어를 완성된 하나의 문장으로 묶으면, 설교의 중심 명제를 얻을 수 있다.

- 완성된 문장: 우리를 향한 하나님의 엄청난 사랑에 대한 명쾌한 증거는, 죄인들을 위해 가장 적절한 시점에 벌어진 그리스도의 대속의 죽으심이다.

이제 이 초기 형태를 전도의 목적에 초점을 맞추어서 좀 더 설교적인 표현으로 바꿔볼 수 있을 것이다. 불신자들에게 익숙하지 못할 표현(대속의 죽음)을 제거하고, 그들의 흥미를 돋구기 위해 평범하지 않은 표현들(치명적인 사랑)을 첨가한다. 또 두운법이나 각운을 맞추는 방법도 생각해볼 수 있다(여기서는 비참한(miserable), 매력적인(desirable)과 같은 표현을 사용했다).

하나님은 비참한 죄인들을 매력적인 사람들로 변화시키시기 위해 그리스도의 치명적인 사랑을 통해 대가를 지불하셨다.

나는 설교의 중심 명제를 그대로 두지 않을 것이다. 좀 더 세련된 표현으로 바꿔주고, 개인적으로도 소화하기 쉬운 의미 있는 표현으로 계속해서 이 명제를 다듬어나갈 것이다. 나는 청중 가운데 어떤 사람도 설교의 주제에 대해 의심을 품거나 중심 명제 전체에 대해 이해하지 못한 채로 자리를 떠나게 하고 싶은 생각이 추호도 없다.

6단계. 설교의 구성

끊임없는 기도와 함께 지속적으로 생각의 흐름을 유지해나가면서(최대한 생각이 흐트러지는 것은 피하면서 조용히 개인적인 연구와 기도에 집중해야 함), 서론, 본론 그리고 결론의 흐름으로 설교의 구조를 구상한다. 그러고는 교육적인 배경, 복음에 대한 이해 정도, 심지어 그리스도에 대한 반감의 정도까지 포함한 청중에 대한 폭넓은 연구 결과를 염두에 두고 설교의 영향력을 극대화하기 위한 전략을 세운다. 나는 기도하며 이 구조를 깊이 생각하는 가운데 설교의 내용을 "정렬"시킨다. 간단히 말해서 효과적인 설교 전략은 구조, 순서 그리고 전달에 의해 구성되고 그 목적이 달성된다.

효과적인 전략
1. 구조
2. 순서
3. 전달

로마서 5장 6-8절을 가지고 계속해서 예를 제시해본다.

서론. 서론은 설교의 목적(연약한 죄인들을 위해 가장 적절한 시점에 벌어진 그리스도의 대속의 죽으심을 통해 확증해주신 하나님의 엄청난 사랑을 명료하게 보여주는 것)에 근거해서 필요를 제기시키는 역할을 하게 된다. 그러므로 이 서론을 통해 청중의 관심을 유발시키며 나의 주제(하나님은 비참한 죄인들을 매력적인 사람들로 변화시키시기 위해 그리스도의 치명적인 사랑을 통해 대가를 지불하셨다. 저자는 여기서 Les Miserables 또는 Les Indesirables 그리고 Les Desirables라는 표현들을 사용하고 있다 – 역자 주)로 청중의 생각이 쏠리도록 하기 위해 전략을 세워야 한다.

나는 청중들의 관심을 끌기 위해 세상에서 가장 유명한 뮤지컬 가운데 하나인 '레 미제라블(Les Miserables)'의 제목을 빌려왔다.

그리고 다음과 같은 질문으로 청중의 관심을 집중시킨다. "여러분이 알고 있는 사람들 가운데 가장 진저리 나고, 가장 불쾌감을 주는 사람은 누구입니까? 혹은 가장 비참한 사람이 누구입니까?"

그리고 청중을 나의 주제로 이끌기 위해 질문을 던진다. "하나님께 가장 큰 불쾌감을 주는 사람은(Les Indesirables) 누구라고 생각합니까?"(같은 어원을 가진 불어의 표현을 사용해서 관심을 지속시키며, 이 단어는 설교 전체에 걸쳐 닻과 같은 역할을 하게 될 것이다.)

마지막으로, 나는 설교의 목적을 밝힌다. "나는 여러분에게 어떻게 하나님이 가장 큰 불쾌감을 주는 사람들(Les Indesirables)에게 사랑을 보여주시며, 그들을 가장 매력적인 사람들(Les Desirables)로 바꾸시는지 보여드리길 원합니다."

본론(2단계의 내용을 생각해보라). 나는 주제[어떻게 하나님이 우리를 가장 큰 불쾌감을 주는 사람들(Les Indesirables)에서 가장 매력적인 사람들로(Les Desirables) 바꾸시는가?]를 반복하거나, 주제를 다른 표현으로 서술한다("어떻게 하나님은 인류를 원수의 관계에서 깊은 친구의 관계로 바꾸시는가?").

문학적인 관찰을 통해, 두 개의 대지를 갖고 있는 설교의 구조를(2단계) 다음과 같이 정리해본다.

I. 하나님은 가장 큰 불쾌감을 주는 우리의 모습에도 불구하고 그리스도의 치명적인 사랑을 통해 당신의 사랑을 확증해 보여주신다. 우리는 어떠한 사람들인가?(6-7절)
   A. 우리는 연약하다 – 스스로를 구원할 능력이 전혀 없다.
   B. 우리는 경건하지 못하다 – 하나님의 인격과 교제할 능력이 전혀 없다.
   C. 우리는 죄인이다 – 하나님의 기준에 이르지 못한다(10절도 보라).

II. 하나님은 우리를 가장 매력적인 모습으로 만들어주시기 위해 그리스도의 치명적인 사랑을 통해 당신의 사랑을 확증해 보여주신다. 하나님은 우리를 위해 무엇을 행하셨는가?(8절)
   A. 그리스도의 죽음은 "가장 적절한 시점"에 벌어졌다(시간적인 측면에서의 적절성을 강조).
   B. 그리스도의 죽음은 "대신" 죽으신 죽음이다(대속의 성격을 강조).
   C. 그리스도의 죽음은 "오직 사랑" 때문이었다(구원의 '유일한 전제 조건'인 동시에 본문 전체에 흐르고 있는 하나님의 엄청난 사랑을 강조).

나는 결론에서 설교의 주제와 함께 "가장 적절한 시점" "대신" 그리고 "오직 사랑 때문"이라는 표현들을 설교의 술어로서 여러번 복습하며 또 반복할 것이다. 그래서 청중들이 전체 내용을 확실하게 이해하도록 도울 것이다.

결론. 여기서 시점, 대속 그리고 사랑의 주제를 선명하게 각인시키며, 구원의 초청으로 청중들을 이끌고갈 수 있는 강력한 예화를 하나 넣어야만 한다.

7단계. 설교 전달

- 설교 전문을 철저하게 글로 표현하라.
- 설교의 목적을 달성시킬 의도를 가지고 설교를 발전시켜라(4단계).
- (구성과 정렬과 같은) 설교의 전략을 원고에 반영시켜라(6단계).
- 적절한 예화들을 발견해서 중심 명제를 중심으로 접목시켜라(5단계).
- (설교 전략의 효과적인 전달 기술을 활용하며) 필요하면 적절한 제스처와 목소리를 활용하고 연습도 하면서 효과적으로 설교를 전달하라.
- 예수 그리스도를 죄인들을 구원하시는 유일한 하나님으로 받아들일 수 있도록 사람들을 초청하라.

지금까지 구원에 집중된 본문과 구원과 관련된 본문에 대해서 살펴보았다. 이제 본문에 근거한 전도설교의 세 번째 형태로 옮겨가도록 하자.

구원과 관련지을 수 있는 본문

전도적인 의도가 분명한 구원에 집중된 본문과 전도적인 내용을 담고 있는 구원과 관련된 본문 이외에, 전도의 목적을 달성하기 위해 원래의 의도를 조금 확장해서 전도설교로 변환이 가능한, 구원과 관련지을 수 있는 본문이 있다. 이러한 전략을 정확하게 전도설교라고 부르기에는 실상 어려움이 있지만, 그러한 확장은 신학적인 진리와 청중들의 현실을 잘 파악하고 있다(나 역시 오류인줄 알면서도 어떤 설교든 전도적인 내용으로 끝맺음하려는, 익숙해진 습관이 있는 것이 사실이다).

신학적인 진리는 간단하다. 불신자도 주 예수님을 자신의 구원의 주님으로 받아들이면, 신자들의 삶 속에 주어지는 좋은 선물과 복들이 그들에게도 똑같이 주어진다.

청중들의 현실은 분명하다. 신약 성경의 독자들은 크리스천으로서의 성장 과정 가운데 다양한 단계에 있었으며, 동시에 구원을 향한 여정의 다양한 지점에 있었다. 구원을 소유한 사람도 있었고, 단순히 입으로만 고백한 사람도 있었으며, 아직 구원받지 못한 사람들도 있었다. 그러나 신자들을 대상으로 쓰여진 성경 본문에도, 불신자들 속으로 파고들어갈 수 있는 진리가 담겨 있다. "이미 복음을 믿고 있는 사람들에게 주로 선포되는 설교지만, 그러나 동시에 '이 구원은 당신을 위한 것입니다. 당신이 하나님의 아들, 딸이라는 사실을 알기 전까지는 하나님의 집은 아직 완성된 것이 아닙니다. 당신도 여기에 속합니다' 라는 말씀을 엿듣게 되는 사람들을 향해서도 선포되는 설교"로[6] 전도설교를 이해한다면 구원과 관련지을 수 있는 본문은 전도설교 본문으로서의 타당성을 갖게 된다.

구원과 관련지을 수 있는 본문은 그리스도를 믿음으로 주어지는 구원의 은혜와 복을 경험할 수 있는 신자의 삶에서 한 걸음 떨어진 불신자들의 현실을 분명히 밝히는 본문이다. 만일 설교자가 어떤 본문을 자기가 원하는 대로 구원의 가능성과 연결을 짓기 위해 신학적인 측면에서 재주를 피우거나 본문에 없는 내용으로 사람들을 현혹시킨다면, 그 결과는 본문의 권위와 내적인 진지성을 실추시킬 것이다. 그런 식의 해석적 견강부회는 결국 불신자의 마음속에 성경에 대한 애매함과 불신을 심어줄 것이다.

그러나 해석학적인 경고와 구원과 관련지을 수 있는 본문의 신학적인 허용 범위 안에서 이 본문들을 활용한다면, 이 본문들은 권위 있고 효과적인 전도설교의 종결로 - "추신"과 같이 - 유용하게 사용될 수 있을 것이다. 실상 일반 설교의 끝 부분에서 미니 전도설교를 하게 되는 것이다.

구원과 관련지을 수 있는 본문은 복음 전파를 위한 신학적인 틀을 보여주지 않는다. 만약 신학적 틀을 보여준다면 그 본문은 구원과 관련된 본문일 것이다. 그러나 구원과 관련지을 수 있는 본문들은 본문의 중심 명제가 불신자들에게서 딱 한 걸음 떨어져 있기에 일반 설교에서 전도적인 추신으로 활용할 수 있다. 크리스천들이 듣고, 이해하고 순종하는 것들을 불신자들은 알 수도, 느낄 수도, 행할 수도 없는 이유는 한 가지다. 즉, 그들은 예수님을 모른다는 점이다.

전도의 목적에서 본다면, 그가 아직 소유하고 있지 않은 것을 사용해서 불신자를 예수님께 소개해드리는 것이다. 우리는 본문의 의미를 왜곡할 필요는 없다. 그러나 전도의 목적을 위해 중심 명제에 근거한 부연 설명을 설교의 끝 부분에 첨가할 필요는 있다. 기초 성경 공부 방법론에서 배웠던 예부터 내려오는 격언을 기억하는가? "하나의 해석, 여러 갈래의 적용." 본문에 근거한 전도설교의 마지막 전략에서(참 굉장한 전략이다!), 본문 자체는 전도적인 의미를 포함하고 있지 않지만 부연적인 의미에서 전도적인 적용은 갖고 있다고 볼 수 있다.

본문의 중심 명제를 전도설교에 부연적으로 사용할 때 조심해야 할 세 가지 주의사항에 귀를 기울여주길 바란다.

1. 해석학적인 경고: 구원이 가져다주는 좋은 선물과 복을 누리는 신자의 삶에서 한 걸음 떨어져 있는 것이 불신자들의 현실이다. 즉, 그들은 구원이 가져다주는 은택을 경험할 수 있는 방법이 없다. 그러나 예수 그리스도가 주시는 선물은 그들이 손만 뻗으면 닿을 수 있는 곳에 있고, 예수님을 받아들이면 그것들을 소유할 수 있다.

예를 들어, 예수님이 마태복음 18장 21-35절에서 말씀하고 계시는 용서에 대한 비유에 관해 설교하면서 "수직적인 용서는 수평적인 용서의 근거입니다"라고 얘기했다고 하자(「삶을 변화시키는 7단계 강해설교 준비」 163-167쪽을 참조하라). 이 비유는 그 의도나 내용에 있어서 전도설교에 부적합하다. 오직 확장을 통해서만 전도설교로 사용할 수 있다. 예를 들어 전도의 목적으로 설교를 마치면서, 불신자가 경험하고 있는 망가져버린 관계들을 치유할 수 있는 방법(수평적인 용서)을 알려주기 위해, 그리스도를 받아들일 때 주어지는 은택(수직적인 용서)에 대해 소개할 수 있다.

다시 정리해본다면: 만일 해석학적인 면에서 전도설교 본문과 상당히 거리감이 있거나 본문에 대해 정직하지 못하다면, 설교 준비에 어려움을 겪게 될 것이다. 만일 내면적인 갈등이 일어난다면, 깨끗하고 선명하게 구원에 대해 말씀하고 있지 않은 본문을 내가 억지로 전도적인 것으로 바꾸는 것이 아닐까라는 생각을 해봐야 한다. 여러분이나 나 자신이나, 우리 모두는 성경의 어느 부분을 가지고도 내가 주장하는 바를 어떻게든 합리화시킬 수 있는 사람들이기 때문에, 우리는 본문 앞에서 자신에 대해 정직해야만 한다. 하나님의 약속과 처방이 구원을 가져다주는 믿음으로부터 일정 거리 이상 떨어져 있다면, 그 본문은 전도를 위해 사용할 수 없다.

2. 영적인 결손 상태: 구원과 관련이 없는 본문을 전도적인 종결로 사용할 수 있는 것은 다음과 같은 전제를 근거로 한다. 불신자들에게는 하나님이 기대하시는 바나 본문의 중심 명제가 요구하는 바를 행할 수 있는 영적인 능력이 없으며, 또한 그러한 영적 현실 속에 들어와 있지 않다. 즉, 그들은 영적인 결손 상태에 놓여 있다. 예를 들면, 하나님은 죄에 대한 대가를 지불할 것을 기대하사지만, 불신자는 그러한 조건을 충족시킬 방법이 없다. 하나님은 거룩한 삶을 요구하시지만, 불신자는 하나님을 기쁘시게 해드릴 수가 없다. 하나님은 우리가 배우자에게 올바르게 대하기를 원하시지만, 예

수님의 도우심이 없이는 우리에게는 그렇게 할 능력이 없다.

다시 말하지만, 불신자들은 구원이 가져다주는 복들(해석학적인 경고)을 누리지 못하고, 크리스천들을 향한 하나님의 요구들(영적 결손)을 지금은 충족시킬 수 없다. 그러나 예수님을 믿고 받아들이면, 이런 것들을 모두 누릴 수 있는 거리에 있다는 사실을 그들에게 알려주어야 한다. 만일 청중들이 두 걸음 이상 떨어져 있다면, 구원과 관련이 없는 본문을 전도적인 종결을 위해 사용할 수 없다. 구원과 관련이 없는 본문을 전도설교에서 사용하려면 불신자들의 실패, 그들의 타락한 현실, 구원의 주님을 필요로 하는 그들의 죄 등을 강조해야 한다.

예를 들어 베드로전서 3장 7절을 가지고 남편의 역할에 대해 설교한다고 하자. 베드로는 남편들의 기도가 막히지 않으려면(벧전 3:7) 아내를 귀하게 여겨야 한다고 말한다. 막히지 않는 기도는 분명히 크리스천들에게 큰 은혜다. 그러나 이 본문에서 막히지 않는 기도를 얻기 위한 방편이 구원은 아니다. 여기서는 구원과는 별개로 자기 아내를 귀히 여기는 크리스천의 태도에 대해 말씀하고 있다. 실제로 불신자들은 예수님의 도우심이 없이 성경적인 의미에서 아내를 귀히 여기는 삶을 시작할 수도 없다. 그러기에 불신자는 먼저 (1) 예수님을 믿어야 하고 (2) 아내를 귀히 여기는 삶을 살아감으로써 그의 기도가 응답을 받는 경험을 할 수 있게 된다. 그런 면에서 불신자는 이 본문에서 두 걸음 뒤로 물러서 있다. 이런 식의 아웃라인이 가능할 것이다.

Ⅰ. 예수님을 믿으라. 그리하면 당신의 아내를 귀히 여길 수 있게 된다.
Ⅱ. 예수님을 믿으라. 그리하면 당신의 아내를 귀히 여길 수 있게 될 것이며, 그 결과 당신의 기도가 막히지 않게 될 것이다.

만일 첫 번째 포인트만을 설교한다면, 이 비전도적인 본문은 전도적인 내용으로 종결되고 말 것이다. 그러나 본문에 충실하기 위해서는 첫 번째 포인트를 두 번째 포인트로부터 분리시킬 수 없기 때문에, 본문에 충실하기 위해서는 전도적인 본문으로 사용할 수 없다. 이 시점에서 "추신"의 원리, 즉 믿음의 반응을 향해 한 걸음 전진하는 부연의 방법이 사용된다. 이 본문은 예수님이 고쳐주실 수 있는 불신자의 불행한 결혼 생활에 대해 말씀하고 있다. 여기서 우리는 불신자에게 기도의 응답을 약속해줄 수는 없다. 단지 구원의 길에 대한 약속만을 할 수 있다.

여기 설교의 결론에 삽입시킬 수 있는 별개의 미니 전도설교의 예를 제시한다.

a. 전도적 차원으로 전환하기 위한 서론: "주 예수 그리스도의 도우심 없이는 아내를 귀히 여길 수 없기 때문에, 먼저 당신의 아내를 귀히 여기지 않는다면 기도의 응답은 기대도 하지 마시기 바랍니다."

b. 하나님 – 인류의 전도적 틀: "여러분은 아내를 귀히 여기지 않았습니다. 이것은 하나님께 대항하는 여러분의 죄악된 모습을 다시 한 번 보여준 것입니다."

c. 예수님 – 믿음의 전도적 틀: "당신의 죄악된 반응에 대해 하나님이 행하신 일이 있습니다"(이제 복음을 제시하라).

d. 전도적인 종결: "아내를 귀히 여기지 않았던 죄를 포함해서 모든 죄로부터 당신을 깨끗하게 씻어주며 구원해주실 수 있는 유일한 하나님으로서 예수 그리스도를 받아들이기 바랍니다. 모든 죄를 회개하고, 당신의 죄를 대신 담당하시고 돌아가신 예수님을 믿으며, 예수 그리스도가 구원의 능력을 입증하시려고 부활하셨음을 믿는다고 예수님께 말씀드리기 바랍니다. 예수 그리스도를 당신의 유일한 하나님이시며 구원의 주님으로 받아들이기 바랍니다."

구원의 주님이 필요하다는 현실을 지적하기 위해 불신자들의 영적인 결손 상태, 즉 그들의 타락한 상태를 활용하는 것이다.

3. 신학적인 허용 범위: 불신자들이 예수님을 믿게 될 때, 성경에서 허용된 것들만 그들에게 약속하라. 예를 들어 시편 16편을 설교한다고 하자. 이 말씀은 크리스천들의 죽음 이후의 삶에 대한 강한 확신과 함께, 이 땅에서의 삶도 하나님이 살펴주신다는 메시지를 담고 있다. 이 본문은 전도설교의 본문으로 사용할 수 있는 구약 말씀의 기준을 갖추고 있는 본문이다. 메시아의 오심을 기대하고 있으며, 베드로는 신약에서 이 시편을 인용하며 예수님에 대해 말하고 있다. 그렇기 때문에 우리는 이 본문이 전도설교로 사용할 수 있는 든든한 기초 위에 있다고 말할 수 있다. 그러나 이 구약의 말씀이 저자의 전도적인 의도나 그 내용 면에서 전도를 목적으로 한 신약의 신학적인 틀과 쉽게 연결지을 수 있어 보이지는 않는다.

그렇기 때문에 불신자들을 염두에 두고 본문을 전도적으로 확장시키는 "한 걸음"의 전략을 사용해야 한다. 본문에 나온 약속들은 불신자들에게는 아직 주어진 것들이 아니기 때문에, 우리는 전도적인 발걸음을 내디디며 전도적인 초청으로 미끄러져 들어가야 한다. 불신자들의 마음이 강퍅하지 않고, 하나님의 음성을 들을 준비가 되어 있다면 그들은 구원으로부터 불과 한 걸음 떨어진 거리에 있는 것이다. 이 강력한 약속들은(시편 16편을 보라) 회심의 순간에 모든 불신자들의 삶에도 현실로 다가오게 된다. 더 나아가서, 이 시편 16편을 대했던 원래의 독자들 중에서도 여호와 하나님과 영적인 관계를 아직 맺지 못한 사람들이 포함되어 있었을 가능성은 아주 높다. 어떻든 간에, 시편 기자는 이 세상의 모든 문제들이 한꺼번에 해결될 것을 기대했지만, 나는 모든 문제가 해결될 것이라는 약속을 하지는 않을 것이다. 실상 시편 기자의 문제도 모두 해결된 것은 아니었다. 우리가 무조건적으로 보장할 수 있는 것은, 우리를 죄에서 구원해주시며 복음이 약속한 모든 좋은 선물과 복을 주시는 예수님과 불신자가 관계를 맺게 될 때, 그들이 즉각적으로 영원한 생명을 얻게 된다는 사실과 그 사실에 대한 확신이다.[7]

다시 말하지만, 설교의 초점이 불신자보다는 신자들에게 맞춰져 있기 때문에, 엄밀한 의미에서 "추신"의 방법이 전도설교를 만들어내지는 않는다.

그러나 본문의 주제와 술어가 신자들에게 약속하고 있는 좋은 선물과 특권과 유익들을 경험하기 위해서는 그리스도를 믿어야 한다는 불신자들의 필요를 일깨우는 데 영향을 미칠 수 있다. 설교를 통해 보여주고 있는 크리스천들의 현실을 어떻게 하면 불신자들도 경험하게 할 수 있을까에 대한 생각과 함께, 성경의 원래 독자들 중에서도 불신자가 섞여 있었다는 사실을 감안해, 불신자들이 예수님을 받아들일 수 있는 가능성을 추구해보는 것이다. 전도적 목적을 부연시키기는 과정에서 나는 이러한 표현을 사용한다. "주 예수님을 아직 구원의 주님으로 받아들이지 않았다면, 지금 제가 드리는 말씀이 여러분에게는 아무런 의미가 없습니다. 제가 드리는 모든 말씀이 여러분에게 유익이 되기 위해서는, 예수님을 유일한 하나님이시며 구원의 주님으로 받아들이는 마음의 결정을 내려야만 합니다. 만일 여러분에게 이러한 마음이 있다면, 제 말씀을 잘 들어주시기 바랍니다." 그리고 나는 다음과 같은 구원의 중요 내용을 설명한다. "하나님의 성품/ 인류의 상황, 예수님의 공급/ 구원을 얻게 하는 믿음의 반응."

에베소서 6장 10-12절

「삶을 변화시키는 7단계 강해설교 준비」에서 밝힌 성경으로 설교를 조각하는 방법론을 설명하는 과정에서 이미 이 본문을 사용했기 때문에, 여기서 다시 한 번 사용하기로 한다. 위의 책을 참조하면 과제의 많은 부분을 내가 이미 해놓았다는 것을 알게 될 것이다. 나는 여기서(원래 의도된 그리고 현대의) 신자들을 향해 했던 설교에 전도적 결론을 부연시키면서, 구원과 관련지을 수 있는 본문을 전도설교로 변환시켜볼 것이다.

3단계. 본문의 중심 명제: 하나님의 주권적인 능력의 전신갑주를 입어야 하는 이유는 마귀의 궤계를 대적하며 마귀의 세력들과 싸우기 위함이다.
4단계. 목적의 다리: 마귀와의 싸움에서 하나님의 주권적인 능력의 전신갑주를 입도록 동기를 부여하는 것을 목적으로 삼는다.
5단계. 설교의 중심 명제: 목적을 설교의 중심 명제의 주제로 변환시킨다.

• 주제: 왜 성도들은 하나님의 주권적인 능력의 전신갑주를 입어야만 하는가?
• 술어: 마귀의 궤계를 대적하며 마귀의 세력과 싸우기 위함.

이제 여기에 전도설교적인 색채를 가미해, 다음과 같이 변환시킬 수 있을 것이다.

a. 전도적 차원으로 전환하기 위한 서론: "사단을 대적할 수 있게 해주는 하나님의 능력은 오직 하나님의 아들을 아는 사람들에게만 주어집니다. 만일 여러분이 주 예수님을 모르고 살아간다면(여러분이 알든 모르든) 사단은 여러분의 삶 속에서 아주 중요한 역할을 담당하게 됩니다. 잘못된 일을 행할 때도 여러분의 양심이 괴롭지 않다면, 사단이 여러분 속에서 일을 잘하고 있는 것입니다. 여러분의 마음이 죄책감에 짓눌려 괴롭거나, 두렵거나, 잘못에 대해 합리화하려고 한다면 그것들은 모두 사단에게서 오는 것입니다. 하나님의 능력으로 보호하심을 받기 원한다면, 먼저 하나님과 올바른 관계를 맺어야만 합니다."

b. 하나님 – 인류의 전도적 틀: "그러나 여러분은 하나님으로부터 너무 멀리 떨어져 있기 때문에, 여러분의 힘만으로는 하나님과의 관계를 바로 정립시킬 수 없습니다."
c. 예수님 – 믿음의 전도적 틀: "하나님은 여러분과 하나님 사이에 막힌 담을 허무시고, 주 예수님을 통해 다리를 놓아 연결시켜주셨습니다"(이제 그리스도가 하신 일을 설명하라).
d. 전도적인 종결: "이제 예수 그리스도를 여러분을 죄에서 구원해주실 유일한 하나님으로 받아들이길 바랍니다. 왜냐하면 예수 그리스도만이 사단을 대적하실 수 있으며, 여러분을 영원한 죽음 속에 가두어놓기 위한 사단의 모든 계획을 부서뜨릴 수 있는, 하나님의 주권적인 능력을 주실 수 있는 유일한 분이시기 때문입니다. 예수님을 받아들임으로써 사단을 대적할 수 있는 예수님의 능력을 소유하시기 바랍니다. 죄악을 통해 사단이 여러분의 삶에 왕 노릇하게 했던 것을 회개하기를 바랍니다. 주 예수님을 여러분의 주권적인 구원의 주님으로 영접하기 바랍니다. 그분이 여러분의 주권적인 능력이 되어주실 것입니다. 주 예수님이 여러분의 죄의 대가를 이미 지불하셨고, 하나님과 여러분 사이에 다리가 되어주셨으며, 문을 활짝 열어놓으셨다는 사실을 믿으시기 바랍니다. 죄와 사단이 여러분 인생 주위에 세워놓은 궤계와 세력으로부터 여러분을 구원하실 수 있는 분은 오직 예수 그리스도밖에는 없습니다. 바로 이 사실을 입증해보여주시려고, 예수 그리스도는 죽음에서 부활하셨습니다. 이 사실을 믿고 감사드리며, 주 예수님을 여러분의 유일한 하나님이시며 구원의 주님으로 고백하기 바랍니다."

사단에 대한 승리의 보장이 불신자들의 삶 속에서 실현되기까지 아직 한 걸음의 차이가 있다는 사실은 우리가 그들을 향해 멋지고, 담대하게 그리고 긴박하게 구원 초청을 할 수 있도록 해준다. 다시 강조하지만, 본문과 설교의 중심 명제가 보여주는 예수님의 은혜와 은총이 불신자들에게는 한 걸음 떨어져 있음에 항상 주의해야 한다. 그 사실을 제대로 밝혀두지 않으면 해석학적으로나 신학적으로 본문이 허용하는 범위를 벗어나는 오류를 범하게 되된다. 그리고 상황적이고 실용주의적인 이유로 인해 본문의 권위가 실추될 수 있으므로, 설교의 진지성이 공허한 것으로 전락될 수 있다.

결론

본문에 근거한 전도설교의 방법론에 대한 내용을 이제 마감하려고 한다. 이 내용들을 단락 별로 천천히 읽어볼 것을 권한다. 주석적으로 전도적인 의도가 분명하거나 신학적으로 전도적인 내용을 담고 있는 본문들을 가지고 전도설교를 할 때, 본문에 근거한 전도설교는 더욱 강력해질 수 있다. 구원과 관련지을 수 있는 본문을 근거로 한 세 번째 본문은 예수님 당시 섞여 있던 청중의 현실을 감안해서 오늘날에 같은 특징을 가진 청중에게 활용할 수 있다. 마지막으로 어떤 본문은 전도적인 종결을 부연시킴으로 확장될 수도 있다.

그러나 복음을 전해야겠다고 하는 거룩한 강박관념 때문에, 우리가 본문에 충실하게 임하고 있다는 사실을 확인하는 데 필요한 내적인 신빙성을 희생시킬 수는 없다. 성경의 저자가 청중 가운데 섞여 있는 불신자들을 예수님께로 끌어당길 수 있었다면, 여러분도 불신자들은 예수님의 구원으로 이끌기 위해 비전도적인 본문을 가지고 설교할 수 있다. 그러나 본문의 내용을 보나 신학적 허용 범위로 보나 청중에 대한 이해의 측면으로 보나, 그 근거가 약한 본문을 가지고 목소리를 높이거나 흥미로운 전달 방법 등을 동원해 해석학적인 기교를 부려 원래 저자의 의도를 우회해나가지 않도록 특별히 조심해야 한다.

적용하기　　　　　　　　　　　　　　　　　　ACTION STEP

전도설교를 준비할 때, 위에서 열거한 본문에 근거한 전도설교의 다양한 방법을 사용해보길 권한다. 아래에 제시하는 본문을 가지고 메시지를 작성해보라. 그 메시지를 전한 후에 그 설교의 아웃라인을 proclamation@rreach.org로 보내주면, 서로의 발전을 위해 내 설교 원고를 보내주도록 하겠다. 그리고 좋은 예화가 있다면 함께 보내주길 바란다. 항상 예화가 필요하다. 이 장을 다시 읽으면서도 예화가 몇 개 필요하다는 생각을 또 하게 된다.

본문 자료	해석학적 고려 요소	과제 본문
구원에 집중된 본문: 본문의 의도	저자의 목적, 분명한 복음의 틀, 섞여 있는 청중	누가복음 15:4-7
구원과 관련된 본문: 본문의 내용	암시적인 복음의 틀, 섞여 있는 청중	디모데전서 2:4-6
구원과 관련지을 수 있는 본문: 본문의 확장	확장된 연결, 섞여 있는 청중	마태복음 7:24-27

7장 본문 중심의 주제 전도설교

"세상과 그들의 문화에 가장 결정적인 영향을 끼친 설교를 선정한 리스트를 살펴보면, 어떤 리스트든 거의 대부분 주제 설교들로 구성되어 있다."
– 데이빗 라슨(David Larsen), 「설교의 해부(The Anatomy of Preaching)」

나는 기독교 국가인 라이베리아의 수도 몬로비아에 있는 미영사관으로 안내를 받아 들어갔다. 영사는 미국 시민권을 소유한 시크 교도였으며, 인도에서 상품을 수입해 전쟁으로 황폐화된 라이베리아에 팔고 있었다. 그의 직원들은 거의 시크 교도와 힌두 교도였으며 기독교와 관계 맺는 것을 아무도 원치 않았다. 그들은 부족과 종교 간의 전쟁을 통해 서로를 죽이는 사람들이었다. 그러나 영사는 예수님을 '마음의 신'으로 예배하기 시작했고, 한 인도 동료에게 자신의 직원들과 친척들이 예수님을 믿을 수 있도록 도와줄 것을 요청했다. 그리고 내가 초대되었다.

그는 모든 일정을 마친 후에 사람들을 집으로 초대했다. 그러고는 나에게 "예수님에 대해 들려주세요"라고 청을 해왔다. 그는 자신의 동료와 친척들이 예수님에 대한 이야기를 듣기 원했다. 나는 두 시간에 걸쳐서 설교를 했다. 질문을 받고, 토론을 인도했으며, 그들의 질문에 답을 하고 마지막으로 주 예수님을 그들의 유일한 하나님이시며 구원의 주님으로 받아들이도록 초청했다. 나는 주님의 말씀을 자유롭게 인용했지만, 어떤 특정한 본문을 사용해 설교를 하지는 않았다. 또 성경의 특정한 책이나, 장이나, 절을 그들에게 언급하지도 않았다. 나는 주제 전도설교를 한 것이다.

주제 설교

'본문이냐 논제냐?'에 대한 선택은 칼빈주의와 알미니안주의의 선택만큼 신학적으로 중요한 것은 아니다. 그러나 전도설교를 하든 전도 후 단계 설교를 하든 전략적으로 그리고 실제적으로 계속해서 선택해야 하는 사항이다.[1] 일반적인 기준은 이렇다. 믿음을 갖고 있는 청중을 차근차근 하나님 말씀으로 양육하기 위해서는 본문에 근거한 설교를 하는 것이 바람직하다. 그러나 좀 더 작은 규모의 전도 행사에는 주제 설교를 하는 것이 바람직하다. 앞에서 우리가 다루었던 본문을 근거로 한 설교는 하나의 본문이 중심 명제와 설교의 발전을 지배하게 되어 있다. 그러나 주제 설교에서는 설교자가 중심 명제와 설교의 발전을 지배한다.

본문이냐 또는 논제냐의 선택에 영향을 미치는 또 다른 요소가 있다. 기독교적인 배경을 갖고 있는 사람들, 즉 인류의 영적 상태에 대한 성경의 가르침의 권위를 인정하고 성경에 어느 정도 익숙한 사람들에게는 본문 설교를 자유롭게 사용할 수 있다. 또한 일반적으로 찬송하고 기도하며 헌금도 드리는 교회 안에서 본문에 근거한 전도설교를 한다면, 하나의 본문을 근거로 더 강하게 구원을 선포할 수 있다. 거의 대부분 이러한 경우는 기독교적인 세계관을 전제로 하며, 특히 개인의 삶에서 성경의 권위가 어느 정도 인정된 분위기다.

그러나 성경에 대해 잘 모르거나 또는 거부감을 갖고 있는 사람들은 주제 전도설교에 의해 복음에 노출될 필요가 있다. 기독교에 대해 잘 모르는 청중들은 크리스천들이 당연한 것으로 전제하고 있는 것들에 대해 무지하며, 성경적인 진리에 대해 무관심한 상태다. 청중이 기독교적인 세계관에서 더 멀리 떨어져 있을수록(설교의 내용과 발전을 위해 성경의 여러 부분을 활용하게 되겠지만), 주제 전도설교를 더 많이 추구해야 한다. 그리고 일단 구원을 얻고 나면, 본문에 근거한 단단한 설교로 그들을 양육시켜야 한다.

주제 전도설교

주제 전도설교는 본문 중심의 설교나 청중 중심의 설교 가운데 하나를 선택하게 된다.

본문 중심의 설교	청중 중심의 설교
하나의 본문이 있는 설교	실존적이거나 영적인 논제
복수의 본문이 있는 설교	지적이거나 철학적인 논제

물론, 하나의 설교에는 하나의 주제만 있어야 한다.

주제 전도설교를 위해 다음과 같은 방법을 제시한다. 나는 복수의 본문이 있는 주제 설교에 대해 설명하며 예를 보여주려고 한다.

논제적인 강해

1. 논제를 선택하라.
2. 논제를 구체화하라.
3. 논제를 건축하라.
4. 논제를 설교하라.

성경으로 설교를 조각하는 방법론을 주제 전도설교를 작성하는 데 적용시켜보자.

3단계. 논제의 중심 명제

주제 전도설교는 성경으로 설교를 조각하는 방법론의 3단계, 즉 우리가 선택한 주제와 술어를 포함한 완성된 문장부터 시작하면 된다. 주제 설교의 장점은 성경에 신학적으로 많이 나타나는 단어나 개념을 우리가 선택해서 더 확장시키기 전에 그것을 완성된 문장, 즉 논제의 중심 명제로 변환시킬 수 있다.

논제는 제목이나 화제 이상의 것이다. 논제는 밝혀져 있든 그렇지 않든, 완성된 문장으로 표현될 수 있는 하나의 개념이며 명제다. 한 단어나 개념을 하나의 완성된 문장으로 표현하거나 발전시킬 수 없다면 그것은 논제가 될 수 없다. 예를 들어 "은혜"와 같은 하나의 단어나 개념을 논제로 택할 수는 없다. "은혜에 대해서 정확하게 무엇을 말하려고 하는가?"(주어) 그리고 "그 주어에 대해 무엇을 말하려고 하는가?"(술어)에 대한 명쾌한 이해가 없다면, 그것을 완성된 문장이나 명제로 표현할 수 없기 때문이다.

더 나아가서, 같은 화제에 대한 여러 편의 설교를 하게 될 때, 개념을 하나의 완성된 문장으로 표현해보면 하나의 주제 설교를 다른 주제 설교로부터 차별화 하는 데 도움을 준다. 예를 들어, 다음의 두 문장을 보라. (1) "기독교와 세상의 다른 종교들과의 차이는 은혜다." (2) "기독교와 세상이 주장하는 은혜의 차이는 십자가다." 이 두 개의 문장 모두 은혜라는 화제에 대해 말하고 있지만, 실상은 두 편의 설교를 요구하는 두 개의 다른 논제를 다루고 있다. 은혜는 하나의 논제다. 하지만 주제와 술어를 포함한 완성된 문장으로 만들어 논제를 구체화할 때, 발전시키고 설교할 수 있는 중심 명제를 얻을 수 있다. 위의 두 번째 명제를 예로 계속 설명해보도록 한다.

4단계. 목적의 다리

완성된 문장으로 표현된 논제의 명제를 이제 4단계인 목적의 다리로 가져가보자. "기독교와 세상이 주장하는 은혜의 차이를 보여주기 위해서" 우리가 염두에 두고 있는 목적이 논제를 더 구체화시키는 데 도움을 주기도 한다. 이미 본문의 중심 명제에서(3단계) 목적의 다리(4단계)를 거쳐 설교의 중심 명제(5단계)로 옮겨가는 과정에서 보여준 것과 같이, 설교의 중심 명제의 주제를 얻기 위해 목적을 질문으로 바꾸어보라.

5단계. 설교의 중심 명제

5단계에서는 우리가 무엇에 대해 말하려고 하는가? 즉, 주제(기독교와 세상이 주장하는 은혜의 차이가 무엇인가)와 우리가 그 주제에 대해 무엇을 말하려고 하는가? 즉, 술어(기독교의 은혜는 십자가에 근거하고 있다)를 밝혀준다. 나는 표현을 다듬고 향상시켜서 다음과 같은 질문으로 주제를 변환시켜보았다. "하나님이 우리로 하여금 죄의 삯을 완전히 지불하게 하지 않으시고 그저 죄를 간과해주시는 것, 이것이 과연 은혜인가?"

6단계. 설교의 구조

본문 중심의 설교는 성경이 주는 답변들을 중심으로, 청중 중심의 설교는 사람들이 갖고 있는 이슈들을 중심으로 논제를 건축해나가라. 주제 설교는 항상 복수의 술어를 취하게 된다. 시간이 허락한다면 설교의 목적을 달성하기 위해 필요에 따라 둘, 셋, 넷 또는 그 이상의 술어들을 가질 수 있다.

복수의 본문을 가진 주제 설교의 구조를 결정지을 때, 두 개의 구조가운데 하나를 취하면 된다.

1. (주제와 술어로 구성된 문장에서 발견되는) 설교의 논제인 설교의 중심 명제를 발전시키기 위한 성경 본문을 선택하라.
2. 선택한 성경 본문들에 따라 논제의 아웃라인을 결정하라.

혹은

1. (주제와 술어로 구성된 문장을 발전시키면서) 논제의 아웃라인을 결정하라.
2. 아웃라인의 대지에 해당하는 각 부분을 위한 성경 본문들을 찾아라.

여기서 주제 설교에 사용되는 본문의 권위와 진지성을 보호하기 위해 꼭 지적해야 할 중요한 점이 있다. 다음 문제를 세심하게 읽도록 하라. 복수의 본문이 있는(그래서 복수의 포인트를 갖고 있는) 주제 설교에서는 각 대지의 주제가 우리가 선택한 성경 본문의 중심 명제에 근거하도록 해야 한다. 이렇게 함으로써 우리가 주제 설교를 위해 그 본문들을 선택했을지라도 청중들에게 그 본문들이 의도했던 메시지를 전할 수 있게 된다. "설교는 성경 본문이(성경 본문을 지나치거나 통해서가 아니라[2]) 의도했던 메시지를 전하는 것이라는 사실을 잊지 말아야 한다. … 설교는 필히 본문의 메시지에 의해 그 권위

를 인정받아야 하며 그 꼴이 형성되어야 한다."³

그러므로 논제적인 목적을 위해 대지에서 사용하기 원하는 성경 본문의 중심 명제를 발견해야 한다(1-3단계의 과정은 연습할수록 더 빨라진다). 그리고 그것을 다시 대지와 비교해봐야 한다. 성경 본문의 중심 명제가 우리가 준비하는 설교의 대지와 부합하는 내용이면 안전하다. 그러나 한 단어나 한 절만을 발췌하고 그것에 근거해서 대지를 만들어내서는 안 된다. 종종 주제 설교가 본문을 근거로 한 설교보다 더 쉽다고(그리고 권위가 덜하다고)들 생각하지만, 하나님 말씀을 마치 아이들이 가지고 노는 찰흙과 같이 여기지 않고 신중하게 다룬다면, 주제 설교가 실상은 더 어려울 수도 있다. 구원과 관련된 본문이 전도의 목적을 갖고 있지 않다면, 우리는 그 하나님 말씀을 전도의 목적으로 바꿀 수 있다. 그리고 구원과 관련지을 수 있는 본문의 목적을 전도의 목적으로 활용할 수도 있다. 그러나 재미있게 설교해야 한다는 압박감을 갖고 시간에 쫓기면서 설교를 준비한다면, 우리가 선택한 성경 본문의 중심 명제와 부합하지 않는 설교를 하게 될 것이다. 그리고 이렇게 작성된 주제 설교는 본문을 왜곡하거나 본문의 숨통을 조이게 될 것이다. 이러한 내용을 7단계에서 내가 작성한 샘플 논제를 가지고 설명해보도록 하겠다.

7단계. 설교의 전달

주제 전도설교는 설교의 창조, 구성 그리고 전달의 좋은 요소들을 모두 보여준다(「삶을 변화시키는 7단계 강해설교 준비」의 6장을 참조하라).

서론
- 관심
- 필요
- 논제 또는 주제의 제시
- 목적 선언

서론 내의 요지: 배경, 맥락, 전환 등
- 연역적인 설교라면 설교의 구조가 여기 소개될 것이며, 귀납적인 설교의 경우에는 설교의 첫 번째 대지가 소개된다.
- 연역적인 설교라면 설교의 중심 명제 전체가 여기 소개될 것이며, 귀납적인 설교의 경우에는 논제만이 아니라 주제 전체가 소개된다.

첫 번째 대지로의 이동

본론(설교의 구조는 될 수 있는 대로 복잡하지 않고 기억하기 쉽게 구성하라. 간단한 구조, 창의적인 리듬, 적절한 단어의 선택 또는 두운법 등과 같은 다양한 학습법을 활용해서 청중들이 설교의 구조를 기억하는 데 도움을 주라.)

I. 첫 번째 대지. 본문이 주도하는 구조에서는 S.A.V.E. (a) Point 방법을 활용하라.
- 요지를 주장하라(State).
- 요지를 본문과 연결시켜라(Anchor).
- 요지를 본문을 통해 증명하라(Validate).
- 요지를 설명하라(Explain) – 전도설교의 목적을(3단계) 계속 염두에 두고 본문 설명이나 예화를 사용하라.

- 요지를 적용하라(apply) – 전도설교에 있어서 각 대지를 설명한 후에 곧바로 적용시켜야 한다는 사실은 의심할 나위가 없다.
  - 예수님 혹은 복음이 대지를 통해 말씀하시는 바를 보여주라.
  - 복음의 신학적인 틀(하나님 – 인류 사이의 거리/ 예수님 – 믿음의 다리) 가운데 적절한 부분을 강조하라.
  - 각 대지에 초청에 관한 민감한 문제를 던져주라.

Ⅱ. 두 번째 대지. 두 번째 대지는 첫 번째 대지와 같은 무게를 지녀야 하며 그렇기 때문에 따로 분리되어야 한다. 주제 설교는 항상 복수의 술어를 지닌 설교 구조를 따르기 때문에 적어도 두 개의 포인트가 있게 된다. 앞의 첫 번째 대지의 경우와 마찬가지로 포인트들을 발전시켜 나간다.

결론

- 마지막으로 한 번 더 설교의 중심 명제, 설교의 목적, 어떻게 그 목적이 예수님에 의해 완성되었는지를 복습하라.
- 복음의 신학적인 틀 가운데 어느 부분이든(하나님의 기대하시는 바, 인류의 실패, 예수님의 공급, 믿음의 조건) 강조되지 않은 부분이 있으면 설명하라.
- 주 예수님 또는 복음이 보여주는 주제로 설교를 종결지으며, 청중들이 예수님을 자신들의 유일한 하나님이시며 구원의 주님으로 받아들일 수 있도록 초청하라.
- 초청으로의 이동
  청중들이 주 예수님을 자신들의 유일한 하나님이시며 구원의 주님으로 믿을 수 있도록 초청하라(10장, "구원 초청"을 참조하라).

ACTION STEP

앞에서 소개했던 논제 "기독교와 세상이 주장하는 은혜의 차이"를 발전시켜보라. 이 논제를 발전시키기 위해서는 끈질긴 기도, 청중에 대한 이해, 신학적으로 정확한 지식 (특히 은혜에 대해 얘기하는 다른 종교들이 있다는 사실을 최근에 깨달았다면), 지적인 연구 등이 필요하다.

본문 중심의 주제 전도설교: 그 예와 구별점

하나의 본문이 있는 논제

보통 하나의 본문이 있는 설교, 즉 본문에 근거한 강해설교의 경우는 설교자가 본문의 중심 명제를 발견하고, 목적의 다리를 통과하며 설교의 중심 명제에 다다르게 된다. 그러고는 본문의 구조에 부합하는 설교의 구조를 발전시켜나간다. 그러나 하나의 본문이 있는 주제 전도설교에서는 설교자가 설교를 발전시켜나갈 주제와 구조를 결정한다. 설교의 주제와 구조가 본문의 주제와 구조를 반영한다면 그것은 본문에 근거한 강해가 된다. 만일 설교자가 자신의 주제를 축으로 해서 본문을 읽고 자신의 생각에 따라 본문을 발전시켜나가면 그것은 하나의 본문이 있는, 본문에 근거한 "주제 강해 설교"다. 그러나 이 방법은 본문에 근거한 강해로 변장된 논제적인 강해다. 논제는 성경적으로 건전하며 신학적으로 바른 기초 위에 세워져야 한다. 그러나 설교 자체는 본문의 중심 명제에 대한 강해도 아니며 본문의 구조에 의해 지배를 받고 있지도 않다. 설교자가 자신의 주제를 가지고 본문을 찾고, 그 주제를 축으로 해서 본문을 읽으며, 본문의 문법적인 구조와 관계없이 본문을 발전시켜나간다. 하나의 본문이 있는 주제 설교에 대한 설명을 모든 전도설교자들이 사랑하는 요한복음 3장 16절 말씀을 가지고 예시하도록 한다.

성경으로 설교를 조각하는 방법론에서 살펴본 2단계(본문의 구조)에 따르면 이 본문은 문법적으로 두 부분으로 구성된 구조를 보여준다.[4]

Ⅰ. 세상을 향하신 하나님의 사랑의 범위(또는 방법)는 당신의 아들, 즉 독생자의 희생적인 죽으심을 통해 볼 수 있다(16절 상).
Ⅱ. 당신의 아들을 통해 보여주신 하나님의 희생적인 사랑의 선물을 주신 동기는 그 아들을 믿는 모든 사람들에게 영원한 생명을 주시기 위해서다(16절 하).

그러나 본문의 논제는 오히려 분명하다.

세상을 향한 하나님의 놀라우신 사랑은
1. 하나님의 아들, 독생자의 선물 안에서 발견된다.
2. 그러므로 그를 믿는 사람들은 멸망하지 않고 곧 영생을 소유하게 된다.

나는 본문 자체에서 보여주는 구조 대신 본문의 중심 명제에 근거해서 나름대로의 주제를 소개하고 있다. 나는 배심원(청중)들로 하여금 세상을 사랑하시는 하나님의 적절하지 못한 사랑의 행각을 정죄하게 만들려는 각도에서 하나님의 위대하신 사랑의 윤곽을 탐험했다. 이것은 본문 속에 깔려 있는 주제에 대한 논제적인 강해다. 그러나 문법적인 구조와는 관계없이 본문으로부터 논제적으로 발전시켰다. 본문의 문법적인 구조에 근거하지 않고 중요한 각각의 개념의 흐름에 근거해서 배심원들이 고려해볼 다섯 개의 포인트를 발전시켜보았다.

 Ⅰ. 하나님이 궁극적인 사랑의 정의시다. - "하나님"
 Ⅱ. 하나님은 세상을 극도로⁵ 사랑하셨다. - "이처럼 사랑하사"
 Ⅲ. 하나님은 당신의 비할 데 없는 사랑을 드러내 보여주셨다. - "독생자를 주셨으니"
 Ⅳ. 하나님의 사랑은 우주적인 반응을 요구하신다. - "누구든지 저를 믿으면"
 Ⅴ. 하나님의 사랑은 모든 사람에게 독특한 운명을 제공해주신다. - "멸망하지 않고 영생을 얻으리로다."

이 본문을 전달하는 효과적인 방법에 대해 생각하고 그 생각대로 본문을 발전시켜나갈 수 있는 자유가 내게 주어져 있지만(앞 장의 구원과 관련지을 수 있는 본문에 대한 설명 가운데 언급했던 것과 같이), 해석학적인 경고와 신학적인 허용 범위를 범해서는 안 될 것이다. 그러나 그 범위 안에서 내가 주제를 선택했고, 내 판단대로 설교를 발전시켰다. 즉, 전도를 위한 논제적인 강해에 기초한 주제 설교가 되었다.

> **적용하기**   ACTION STEP
>
> 구원에 집중된 본문 또는 구원과 관련된 본문 가운데 하나를 택해서 본문의 주제와 구조와는 별도로 설교자 자신만의 설교적 주제와 구조를 발전시켜보라. 그리고 완성된 내용을 proclamation@rreach.org로 보내주기 바란다. 나는 지금도 계속해서 새로운 내용을 찾고 있다.

복수의 본문이 있는 논제

주제 전도설교는 주로 복수의 본문을 취한다.⁶ 본문 중심의 주제 전도설교에서는 설교자가 불신자들에게 필요한 논제를 선택하며 그 주제를 발전시키기 위해 필요한 본문을 선택하게 된다. 앞에서 말했던 바와 같이, 각 대지는 그것이 기초하고 있는 본문의 중심 명제에 부합되는 내용이어야 한다. 그래야만 본문을 해석적으로 조작하거나 본문을 악용하는 것을 방지할 수 있다.

성경적인 주제를 불신자들에게 적용해서 그들이 예수님을 바로 알고 구원을 얻을 수 있도록 하기 위한 목적으로, 나는 '목자이신 예수님'이라는 주제를 확장시켜본다.

    Ⅰ. 하나님은 목자가 양을 소유하고 있듯이 여러분을 소유하고 계십니다. – 여러분은 하나님 앞에서 책임을 져야 하는 사람들입니다(벧전 2:25).
    Ⅱ. 하나님은 목자가 양을 알고 있듯이 여러분을 아십니다. – 여러분은 하나님 앞에 노출되어 있습니다(요 10:14).
    Ⅲ. 하나님은 목자가 양을 보살펴주듯이 여러분을 보살펴주십니다. – 여러분은 하나님께 소중한 존재들입니다(마 9:36).
    Ⅳ. 하나님은 목자가 양을 찾듯이 여러분을 찾고 계십니다. – 여러분은 하나님께 발견되기를 원하십니까?(눅 15:4-7)

목자이신 예수님이라는 주제를 가지고 성도들의(안내자시며 인도자이신) 목자되시는 예수님께 초점을 맞춰서 또 다른 설교를 얼마든지 발전시킬 수 있으고, 구원과 관련된 본문의 경우와 같이, 불신자들이 예수님을 목자로 모실 때 얻을 수 있는 특권과 유익에 한 걸음 떨어져 있다는 사실을 강조하며 설교를 발전시킬 수도 있다. 하지만 내가 논제적인 은유를 불신자들에게 직접적으로 적용할 수 있는 범위 안에서만 적용하고 있음을 주목하라.

또한 각 대지는 그것이 기초하고 있는 본문의 중심 명제에 부합되고 있음을 주목하라. 예를 들면 Ⅳ번의 경우는 누가복음 15장 4-7절의 중심 명제에 부합하고 있다. "선한 목자와 같이 예수님은 잃어버린 한 마리의 양을 찾으시며 그 양을 구원해서 기뻐하며 집으로 돌아오신다." 나는 이 본문의 중심 명제 가운데 내 주제에 가장 적절한 일부를 발췌했으며, 그러기에 그 선택된 부분은 본문의 중심 명제 속에서 쉽게 발견할 수 있다.

목자에 대한 이 설교는 내가 작성한 설교다. 그러므로 청중의 상황에 대한 나의 이해뿐 아니라 이 논제에 관련한 본문에 대한 나의 이해를 근거로 설교를 발전시켰다. 이 설교를 준비하며 내가 고려했던 청중에 관한 요소들은 다음과 같다.

- 내 청중 가운데 인생의 소유주이신 하나님 앞에서 자신들의 인생에 대해 책임을 져야 할 필요가 있는 사람들이 있다. – 그래서 "예수님은 당신을 소유하고 계십니다."
- 어떤 사람들은 자신이 배우자를 속이듯이 하나님도 속일 수 있다고 생각한다. – 그래서 "예수님은 당신을 잘 아십니다."
- 어떤 사람들은 자신들이 길을 잃은 상태에 있다고 생각한다. – 그래서 "예수님은 당신을 보살펴주십니다."
- 어떤 사람들은 자신들이 구원을 받을 필요가 있다고 생각한다. – 그래서 "예수님은 당신을 구원해주십니다."

실제 상황에서는 주어진 시간과 여건과 필요에 따라 포인트를 추가하거나 제거할 수 있다(이것이 주제 설교의 장점인 동시에 단점이기도 하다). 많은 경험이 쌓이면, 논제의 주제와 대지 또는 그 밑에 있는 소지들을 어떻게 조절하는 것이 좋을지 알게 된다. 실상 주제 설교로 유명한 설교가들은 좋은 논제를 잘 선택하며, 그 주제 설교의 주제와 술어들을 구성하는 능력이 뛰어나다.

ACTION STEP

불신자들에게 필요한 성경적인 논제를 하나 선택해서 아웃라인을 작성해보라. 그리고 그것을 proclamation@rreach.org로 보내주기 바란다. 나는 독자들에게 배우는 것이 즐겁다.

혹은 글로 기록된 다른 설교자의 주제 전도설교를 찾아서 읽어보고 평가해보라. 설교 과정과 설교 구조를 위에서 열거한 원리에 근거해서 연구해보라. 그 설교자로부터 무엇을 배우게 되는가? 또 그 설교자가 어떤 부분을 더 향상시켜야 한다고 생각하는가?

8장
청중 중심의 주제 전도설교

"교회의 긴 의자에 앉아 있는 성도들의 권리? 다시 한 번 말해주겠나?"
"(소리나는 대로) rights"
"R-i-t-e-s? 예식?"
"아니, 인권과 같은 성도들의 권리 말이야."
"그런 것에 대해 들어본 적이 없는 걸. 그런 것이 정말 있단 말인가?"[1]

– 로져 E. 밴 한(Roger E. Van Harn)

21세기의 시작은 그리 평탄하지 못했다. 그 전조도 마찬가지였다. 테러리즘, 전쟁, 바이러스 그리고 쓰나미 등이 전 세계의 뉴스 헤드라인을 장식했다. 사람들은 악한 세상으로 인해 마음이 복잡해졌다. 그러던 중, 하나님은 텔레비전 시청률이 가장 높은 시간대에 전 세계의 리더들을 모아놓고 방송 집회를 마련하셨다. 그리고 나는 그 집회에서 강연을 하게 되었다. 그들에게 무슨 말을 할 수 있을까? 그들의 경험과 가지고 있는 질문들을 주 예수 그리스도에 대한 선포와 어떻게 연결지을 것인가? 본문을 근거로 한 접근을 시도할 것인가 아니면 논제적인 접근을 시도할 것인가? 이 고민은 그리 오래가지 않았다. 청중의 대부분은 성경의 권위를 인정하지 않을 것이며, 예수님을 구원의 주님으로 인정하는 사람 역시 거의 없을 것이기 때문이다. 그렇다면 논제의 선택에 있어서 본문 중심의 접근을 할 것인가 아니면 청중 중심의 접근을 할 것인가? 나는 후자를 선택했다. 그 이유는 청중의 다수가 기독교적인 세계관에 공감하고 있지 않기 때문이었다. 나는 예비 전도 단계의 주제를 가지고 예비 전도 단계의 전달 스타일을 활용해야 했다. 먼저 청중 중심의 주제를 소개하고 그 다음에 전도설교를 약간 변형시킨 예비 전도 단계의 설교를 보여주기로 했다.

청중 중심의 논제를 선택할 때는 청중들의 필요에서부터 출발한다. 그것은 현대인들도 예수님이 주시는 구원을 체험해야 한다는 필요다. 이 필요는 청중이 중심이지만, 그 해결책은 본문, 즉 주 예수 그리스도가 중심이다.

본문 또는 청중 중심의 논제

요소	본문 중심의 논제	청중 중심의 논제
필요	설교자와 청중이 공유하는 세계관.	설교자와 청중 사이의 세계관의 차이 및 불협화음.
자료	자료로서의 본문: 예수님을 받아들임으로써 불신자들에게도 적용되는 성경에 근거한 논제.	자료로서의 청중: 성경에서 다루고 있으며 예상하고 있는, 그러나 오직 예수님을 받아들임으로 해답을 줄 수 있는 청중 중심의 논제.
설교의 발전 - 하나의 주제를 위한 복수의 술어	특정한 논제에 관한 성경의 본문에 의해 결정되고 발전됨.	청중들의 이슈에 답을 주기 위한 구조 - 청중의 필요, 가치관, 신념, 경험과 습성을 염두에 두고 발전됨.

청중 중심의 주제 전도설교에는 분명한 특징이 있다. 설교자의 논제 선택과 설교의 발전(설교자가 생각하는 구조)이 본문에 의해 주도되지 않는다는 점

이다.

왜 그럴까? 논제와 구조가 본문에 기초하고 있지 않은 이유는 간단하다. 청중 가운데 어떤 사람들은 성경의 권위를 인정하지 않는다. 청중이 설교자와 같은 가치관을 공유하고 있다면, 포인트의 근거를 제시하거나 충격을 주기 위해 또는 청중의 반응을 불러일으키기 위해, 설교자는 "성경은 말씀하기를"과 같은 표현을 사용할 수 있을 것이다. 복수의 본문을 사용하는 주제 설교에서는 분명히 그렇게 할 수 있을 것이다.

그러나 청중이 설교자와 같은 가치관을 공유하고 있지 않다면, 설교자는 청중 중심의 논제를 선정해서 청중들의 부류와 경험을 염두에 두고 본문에 근거하지 않은 방법으로 설교를 발전시켜야 한다. 성경적인 개념들은 사용할 수 있을 것이다. 그러나 포인트를 강조하거나 증명하기 위해 "성경은 말씀하기를"과 같은 표현을 반복하지는 않는다. 이는 마치 모슬렘 전도자가 힌두교도나 기독교인을 향해 "코란, 수라 10은 말씀하기를"이라고 말하는 것과 같으며, 이것은 결국 아무런 도움이 되지 못한다.

세계관은 우리가 생각하는 것보다 훨씬 더 중요하다. 우리가 사는 세상은 진공 상태가 아니다. 사람들은 세계관에 근거해서 살아간다. 그것은 한 사람의 미덕과 가치, 신념과 행동 등 거의 모든 것을 다 조정하는 핸들과 같다. 한 개인의 세계관은 기원의 문제(내가 어디서부터 왔는가?), 정체성(나는 누구인가?), 의미(나는 왜 살고 있는가?), 종착역(나는 어디로 가고 있는가?) 그리고 도덕성(나는 무엇을 해야 하는가?) 등의 질문에 대한 답을 해준다. "분명하게 옳다고 확인할 수도 없고 틀리다고 단정지을 수도 없지만"[2] 세계관은 인생을 설명해주고, 인생에 대해 가치 판단을 내려주며, 인생을 정당화시켜주고, 인생을 하나로 묶어주며, 인생에 적응해나간다.[3]

현대의 문화 속에서는 한 세대 동안 세계관이 여러 번 바뀔 수 있다. 예를 들면, 20세기의 마지막 20여 년 동안 학계와 지식인들 사이에서는 포스트모더니즘이 유행했다. 그러나 2001년 9월 11일, 911 테러 사건이 발생한 이후부터 서방의 포스트모더니스트들은 모든 것이 다 보편적으로 악하다고 말하기 시작했다. 모더니즘에 대한 철학적인 지지는 이미 산산조각이 나고, 방치되었다. 그러나 일부 사람들은 덜 해체된 모더니즘을 철학적으로 지지하는 쪽으로 다시 되돌아갔다.

심지어 교회 안에서도 모두가 동질적인 세계관을 공유하고 있다고 전제하기가 더 이상 쉽지 않게 되어버렸다. 교회를 다니는 사람들은 대부분 유대·기독교적인 세계관에 동의하겠지만 그러나 세계관이 동질적이라고 단정지을 수는 없다. 유대·기독교적인 세계관에 동의하지 않는 사람도 설교자가 전하는 내용에 수긍할 수 있다(기독교적인 세계관을 거부하는 사람들은 소위 '똑똑한 사람들'이라고 하는 공식이 성립되어 있기 때문에).[4] 그들은 자신들이 거부하는 것이 무엇인지 잘 알고 있다. 그러나 유대·기독교적인 세계관에 동조하지 않는 사람들에게 말할 때는, 이해와 수용에 대한 그들의 개념과 그 범주를 염두에 두고 복음을 제시해야 한다. 설교자와 청중 사이의 세계관에 대한 거리감과 불협화음은 설교자에 대한 신뢰의 상실은 물론 메시지에 관한 오해도 초래하게 된다. 그러나 주제 전도설교에서는 이 오해의 문제를 잘 해결할 수 있다.

어떻게 해결할 수 있을까? 청중 중심의 논제들을 선택하고 청중들의 필요와 가치관과 신념과 경험과 습성 등을 고려해서 설교를 발전시킴으로써 해결할 수 있다. 선교사들은 오랜 시간을 두고 선교지의 세계관, 문화 그리고 종교를 뛰어넘어서 커뮤니케이션의 원리와 기술을 실천해오고 있다. 설교자들도 대중 앞에서 또는 공식적인 자리에서 세계관의 차이를 극복하기 위해 문화를 뛰어넘는 선교의 원리들을 사용하기도 한다.

청중들의 필요가 중심인 주제 설교는 그 형태나 자세나 본질에 있어서 전도적인 설교가 될 수도 있고, 예비 전도 단계의 설교가 될 수도 있다(청중들의 필요를 근거로 본문에 근거한 설교를 할 수도 있다).

어디서 청중이 중심인 논제들을 찾을 수 있을까? 즉, 성경에서도 다루고 있으며 예상하고 있는, 그러나 오직 예수님을 받아들임으로만 해답을 얻을 수 있는 논제들을 어디서 찾을 수 있는가? 그것은 청중들의 필요와 가치관과 신념과 경험과 습성 등을 공유한 사람들의 폭넓은 경험에서 찾을 수 있다. 사실, 주제 전도설교에서 그 시작 포인트는 아무런 제한이 없다. 하나님이 각 인생과 문화 속에 오직 예수 그리스도만이 해결해주실 수 있는 이유와 문제들을 집어넣으셨다. 살펴보면 쉽게 발견할 수 있다. 더 나아가서 아직 제기되지 않은 이슈들, 아직 물어보지 않은 질문들, 아직 벌어지지 않은 경험들에 대해 적절한 답을 갖고 있는 성경의 본질은 우리로 하여금 주제 설교의 마지막 부분에서 그들을 구원해주실 예수님을 소개하며 종결지을 수 있게 해준다.

이 모든 것이 복잡하게 들릴 수 있다. 나도 그저 몇 개의 성경 구절을 인용하기만 하면 사람들이 즉시 진리를 발견할 수 있었으면 좋겠다. 그러나 보이는 것만큼 복잡하지도 않고, 또 전혀 다른 세계관을 가지고 있는 사람에게 성경을 인용하는 것으로 해결될 만큼 간단하지도 않다. 어떤 설교를 하든 많은 노력이 필요하듯이, 불신자들을 위해 말씀을 준비할 때 역시 깊이 생각하고 기도하며, 청중이라는 요소를 추가적으로 고려해야만 한다. 설교를 준비하고 전달하는 일에 우리만 외롭게 홀로 있는 것이 아님을 기억하라. 이미 성경을 감동으로 기록하셨을 뿐 아니라, 우리보다 앞서서 먼저 청중 속으로 들어가셨던 분이 계심을 기억하라. 그분은 우리와 같은 세계관을 갖고 있지 않은 사람들에게 우리를 통해 구원의 메시지를 전달하시기를 간절히 원하고 계신다. 그러므로 우리는 그분을 의지하고, 청중을 연구하며,5 주어진 설교를 준비해야 한다. "교회의 긴 의자에 앉아 있는 성도들의 권리"를 존중하며, 영혼을 주님께로 인도할 수 있는 명확한 복음을 그들에게 전해야 할 것이다.

예비 전도 단계의 설교

예비 전도 단계의 설교는 앞에서 언급한 이유와 같은 맥락에서 항상 논제적인 성격을 갖는다. 예비 전도 단계의 설교는 단순한 기독교적인 도덕주의에 대한 강의가 아니기 때문에 예수님의 이름을 부르게 될 것이다. 인생의 어려움에 대한 기독교적인 원리들을 드러내지 않고 말로 표현한 기독교적인 도덕주의는, 기독교의 미덕과 가치관이 비크리스천들에게도 도움이 될 것이라고 가정한다. 나는 이 은밀한 작전을 예비 전도 단계의 설교가 아닌, 예비 전도 단계의 증거의 범주 속에 넣기를 원한다. 여기서 우리는 사람들에게 기독교적으로 살아가는 법을 알려주게 된다. 그리고 그들이 그렇게 살아가기를 바란다. 이러한 우리의 동기에 근거해서 예비 전도 단계의 증거를 전도에 포함시킬 수 있을 것이다. 삶과 리더십과 사랑에 있어서 그들이 사용해야 할 바른 표현들을 알려줄 수도 있다. 그리스도를 구원의 주님으로 소개하지는 않더라도 예수님을 스승으로 소개할 수 있다. 예를 들면, 사업가나 운동 선수에게(분명한 기독교적인 가치인) 팀워크의 중요성에 대해 알려주거나, (기독교의 핵심적인 미덕인) 진실성에 대해 얘기해줄 수도 있을 것이다.

예비 전도는 더 이상 교회 밖에서 벌어지는 이국적인 행사도 아니며, 생각이 복잡하고 적대적인 청중들만을 대상으로 이루어지는 것도 아니다. 아마도 친구의 초청을 받아 전도 집회에 앉아 있는 사람들은 학문과 미디어 그리고 여러 관계의 영향을 받아 다양한 세계관을 지니고 있을 가능성이 크다.

이제, 예비 전도 단계의 설교와 전도설교의 차이점을 알아보자. 이 둘의 차이점은 무엇인가? 이 둘 모두 전도라고 하는 큰 우산 아래 있으며, 바울에 의해 사용된 방법들이다. 바울은 자신과 다른 세계관을 갖고 있는 청중들에게 복음을 전하면서 성경을 전혀 인용하지 않았다(행 14장, 17장). 바울은 헬라인들에게는 헬라인이 되었다. 한편 유대인의 청중을 향해서는 곰국에 후추를 잔뜩 치듯 구약 성경을 많이 인용하며 그리스도를 전했다. 사실 사람들은 믿음의 전 단계, 그리스도를 알기 전 단계, 하나님을 알기 전 단계 등 다양한 영적이고 지적인 범주에 속해 있다.[6] 믿음의 전 단계에 있는 사람들에게는 전도설교를 전해야 한다. 그리고 그리스도 전(또는 하나님 전) 단계에 있는 사람들에게는 예비 전도 단계의 커뮤니케이션이 필요하다.

나는 부록 3에서 다양한 전도 사역의 형태와 다양한 전도 접근 방법, 특별히 예비 전도 단계의 설교, 전도설교, 전도 후 단계 설교를 구별하며 설명해놓았다. 지금 그 도표를 봐두는 것이 도움이 될 것이다. 나머지 부록은 후에 읽어도 좋다.

예비 전도 단계의 설교는, 항상 청중이 중심이 되며, 구원과 관련지을 수 있는 논제를 택한다. 구원과 관련지을 수 있는 논제는, 구원과 관련지을 수 있는 본문과 마찬가지로 크리스천들이 경험하는 복된 삶으로부터 불신자들이 한 걸음 떨어져 있다는 사실을 다룬다. 우리는 이 논제를 성경 본문이나 신학적인 근거들과 함께 묶어줌으로써 전도의 목적으로 활용할 수 있다. 예비 전도 단계의 설교는 종종 사람들의 실존적이고 근본적인 문제와 삶의 문제들로 시작된다. 그리고 예수님은 모든 문제의 뿌리인 죄의 문제를 해결해 주시면서 친히 이러한 문제들의 해결책이 되어주신다. 성경은 본문의 가르침이나 신학적인 암시를 통해 사람들이 고민하는 문제들에 대해 말씀하고 있다. 이 문제들은 인간의 경험 속에서 스스로 사라질 문제가 아니다.

청중이 중심인 어떤 화제들은 학문적인 변증학에 속하지만, 대부분의 청중들은 제일 먼저 '하나님이 존재하시는가?' '예수님이 정말로 부활하셨는가?'와 같은 이론적인 질문들을 하지 않기 때문에 나는 실존적인 변증학을 선호한다. 사람들은 삶의 질서와 의미 그리고 해결책을 찾기 위해 '내 속에 있는 영적인 공허함을 어떻게 채울 수 있는가?'와 같은 실존적인 질문들을 한다. 대화를 실존적인 차원에서 철학적인 차원으로 옮겨가는 것은 언제라도 가능하기 때문이다.

여기에 사람들이 보편적으로 갖고 있는 영적인 필요들을 열거해본다. 이 필요들은 청중 중심의 설교로 발전되며 결국 주 예수님이 해결책이시라는 결론으로 매듭짓게 된다. 왜냐하면 이 모든 필요는 죄와 하나님으로부터 분리되어 있다는 사실에 그 뿌리가 있기 때문이다.

용서

평강

안정감

소망

죽음 이후의 삶

사랑

생존

지혜

목적

영적인 추구

사단의 억압(초자연적인 악한 세력)

　아래에 열거된 지적인 질문들은 보편적으로 널리 퍼져 있는 것들이며 사람들을 구원에 이르게 하는 데 사용할 수 있다. 이 질문들은 역사를 두고 비교적 큰 변동이 없었으며, 기독교 철학자들이나 변증학자들이 저술한 이론적인 변증학에 관한 서적을 통해 더 많은 주제들을 발견할 수 있을 것이다.

철학적인 질문들
- 진리의 본질은 무엇이며 진리는 실존하는가?
- 하나님은 존재하시는가?
- 하나님은 어떤 분이신가?
- 악의 문제는 무엇인가?
- 종교는 과연 의미가 있는가?

과학적인 질문들
- 기적은 가능한가?
- 종교와 과학의 문제를 어떻게 조화시킬 것인가?

예수님과 관련된 질문들
- 왜 예수님이 하나님이신가?
- 왜 예수님이 독특하신가?
- 왜 예수님은 배타적이신가?
- 예수님은 정말 죽음에서 부활하셨는가?
- 예수님에 대해 듣지 못한 사람들에게는 어떠한 운명이 기다리고 있는가?

성경에 관련된 질문들
- 성경은 믿을 만한가?
- 성경과 과학은 상충하지 않는가?

다음은 사람들이 자주 언급하는 실존적인 쟁점들이다. 설교의 진행 과정 마지막 부분에서 이 질문들을 잘 활용함으로써 영혼들을 구원에 이르게 할 수 있다.

걱정

두려움

내면적 갈등

행복

자유

만족

의미

망가진 관계

외로움

불안감

상실감

자아 관념

희생

변화에 대한 무능력한 대처

모험

한계감

삶의 방향

이러한 아이디어와 질문 그리고 쟁점들 속에서 우리는 청중들이 영혼 저변에 갖고 있는 영적인 필요들을 그리스도 없이 해결하기 위해 어떻게 노력하고 있는가를 볼 수 있게 된다. 그들의 필요와 이를 위해 노력하는 그들의 모습은 전도설교자에게 논제와 예화거리를 제공해준다(보조 자료에 대한 다음 장을 참조하라). 성경의 포괄적인 본질은, 불신자들이 갖고 있는 쟁점들과 필요들을 파고들어갈 수 있는 수천 개의 입구를 제공하며, 모든 문제의 근본적인 해결책이신 그리스도를 제시해주고 있다. 만일 예수 그리스도가 사람들에게 말씀하신다면, 그분은 셀 수 없는 방법으로 사람들의 마음을 파고들어가실 것이다. 몇몇 사람들에게 어떻게 구원을 받게 되었는지 물어보라. 그들에게 그리스도가 필요하다는 사실을 하나님은 아주 다양한 방법으로 보여주셨음을 알게 될 것이다. 죄로 인한 아픔부터 관계로 인한 아픔에 이르기까지 하나님은 사람들의 모든 경험을 다 사용하시며, 그들로 하여금 자신들의 영적인 필요를 깨닫게 하시고, 우리가 전하는 복음을 통해 구원에 참여하게 하신다.

현대인들이 믿고 있는 바와 겪고 있는 사건들을 통해 우리는 논제와 예화를 선택하는 데 많은 도움을 얻을 수 있다. 바로 그런 것들이 청중들이 생각하는 것이며, 그들이 주고받는 대화의 내용이기 때문이다. 그러므로 현대인들이 믿는 바와 겪고 있는 사건들은 청중 중심의 논제, 또는 본문을 근거로 하거나 신학적인 근거를 지닌 논제적인 예비 전도 단계의 설교에 일종의 소재가 된다.

오늘 아침 신문의 헤드라인을 보면서 다음과 같은 논제들을 끄집어낼 수 있었다.

"의사들은 우울증을 무시해버린다, 심지어 자신들의 우울증까지도."
"외계의 생명체 탐사에 관심이 끌리기 시작했다, 조금씩 조금씩."
"인내한다는 것, 꽤 급히 필요한 미덕이다."[8]

만약 내가 이러한 화제들을 이용해 설교한다면, 먼저 청중 중심의 논제들을 성경 본문이나 신학적인 근거들과 연결시켜 전도설교의 마지막을 장식할 수 있는지 생각해볼 것이다. 그리고 경험과 관찰력을 통해 전도적인 잠재력을 지니고 있는 논제들을 발견할 것이다. 예를 들면, 하나의 논제로서 "우울증"은 그 근거를 성경 본문과 연결시킬 수 있다. 예수님은 우울한 인생이 아니라 기쁨이 넘치는 인생을 주기 위해 오셨다고 주장하셨다(요 10:10).

또한 "외계의 생명체 탐사"라는 논제는 신학적인 근거와 연결을 지어볼 수 있다. 외계에 존재하는 지적인 존재와 접촉하려는 갈망은 하나님을 찾는 노력의 일부거나 또는 하나님의 존재를 다른 무엇으로 대치하려는 노력이 될 수 있다. 우리는 어떻게 예수님이 "외계로부터" "이 곳까지" 하나님을 모시고 오셨는지에 대한 그 신학적인 근거를 요한복음 1장 1-18절에 연결시켜서 설명해줄 수 있을 것이다. 이와 같은 신문의 내용은 시작이나 결말 부분에 예화로 사용할 수 있다. 아니면 설교의 포인트들을 발전시켜나가는 데 도움을 줄 수도 있다.

청중의 필요에 연결시킬 수 있는 성경 본문을 택하게 될 경우, 그 성경 본문에서 얻어낸 논제가 그 본문의 중심 명제와 부합되는지를 확인해야만 한다. 이렇게 해야 본문의 분명치 않은 부분을 근거로 포인트를 만들어 청중들에게 제시하는 실수를 범하지 않게 된다. 본문의 구조로부터(2단계) 본문의 중심 명제(3단계)를 발췌해야만 한다. 그래야 본문을 이용해 우리가 하고 싶은 말을 하려는 경향에 제동을 걸 수 있다는 사실을 항상 기억하도록 하자.

예비 전도 단계의 설교는 주 예수님의 이름을 언급하며, 인류의 상황을 향해 그분이 주시는 구원을 제시하게 된다. 본문을 근거로 한 설교의 "추신" 방법론이나 구원의 목적을 위해 확장된 본문과 설교는 결론의 끝부분에서 전도의 목적을 위해 약간의 변형을 가미한다. 그리고 예비 전도 단계의 설교에서는 항상 설교 본론의 마지막 부분에서 이러한 변형을 가미한다.

신학적인 근거들과의 연결 문제에 대해 조금 전에 언급했지만 청중의 필요에 대한 적절한 성경 본문을 찾지 못할 경우가 있다. 그러나 신학적인 근거들은 찾을 수 있을 것이다. 이러한 신학적인 근거들은 건전한 해석학적인 방법과 신학적인 방법론을 사용하여 더욱 확실한 신학적인 결론들을 도출하게 해주는 성경 본문 위에 세워져 있다.[9] 많은 신학적인 문제들이 심도 있게 토의되고 있지만, 오직 믿음으로만 얻게 되는 인류의 구원을 위한 예수 그리스도의 대속의 죽으심과 부활은, 넓은 범주의 복음주의 크리스천들을 분열시키는 문제가 아니다. 그러므로 사람들이 직면하고 있는 쟁점과 그들의 필요를 발견하고, 그것들을 신학적인 근거를 통해 구원과 연결시킬 수 있다면, 전도의 목적을 가지고 설교할 수 있는 버팀돌을 발견하는 것은 그리 어려운 일이 아닐 것이다.

예를 들면, 청중을 중심으로 하는 '자유'라는 논제를 가지고, 라디오에서 방송할 시리즈 강의를 준비한다고 하자. 자유는 인간의 권리며, 또한 정치적, 경제적 그리고 종교적인 자유와 함께 개인적인 선호의 문제기도 하다. 물론 이러한 자유라는 논제는 수많은 성경 본문의 기초나 신학적인 근거들과 연결시킬 수 있다.

여기 인생을 감옥에 견주는 논제들의 예를 들어본다(www.rameshrichard. com를 방문해서 주제와 술어를 구별하는 법에 대한 대담을 들어보도록 하라). 나는 사람들을 자유롭게 해주시는 하나님의 아들에 대해 얘기한다. 변증학적으로 치우친 예비 전도에서와 같이, 나는 그들의 필요를 채워주시고, 잘못된 전제들을 규명해주시며, 의심을 제거해주시고, 구체적인 응답을 공급해주시겠다고 말씀하신 예수님의 주장을 명쾌하게 설명해 준다. 다음은 짧은 설교 시리즈를 위한 아웃라인이다. 이것은 모두 성경 본문에 기초하고 있으며, 신학적인 요지는 괄호 속에 들어 있다. 그리고 번호가 있는 것은 각각의 강의 명이다.

1. 감옥과 같은 인생 – 서론

〈미니시리즈: 속박 그 자체인 인류의 존재〉

2. 육체의 감옥

3. 혼의 감옥

4. 영의 감옥

5. 마음의 감옥

6. 의지의 감옥

7. 가슴의 감옥

8. 시리즈의 결론

〈미니시리즈: 감옥 생활과 같은 죄로 가득찬 인류의 상태〉

9. 죄의 감옥 – 서론

10. 물려받은 죄

11. 개인적인 죄

12. 전가된 죄

13. 죄의 왕국

〈미니시리즈: 교도 소장 사단〉

14. 사단의 감옥

〈미니시리즈: 율법과 선행이라는 영적인 자물쇠〉

15. 율법의 감옥 1

16. 율법의 감옥 2

17. 율법의 감옥 3

18. 선행의 감옥

〈미니시리즈: 죽음의 무기징역〉

19. 죽음의 감옥 1

20. 죽음의 감옥 2

21. 죽음의 감옥 3

22. 죽음의 감옥 4

〈미니시리즈: 미신의 감금 상태〉

23. 미신의 감옥 1

24. 미신의 감옥 2

25. 미신의 감옥 3

〈미니시리즈: 두려움의 속박〉

26. 두려움의 감옥 1

27. 두려움의 감옥 2

〈미니시리즈: 염려의 강제 노동소〉

28. 염려의 감옥 1

29. 염려의 감옥 2

30. 염려의 감옥 3

31. 염려의 감옥 4

〈미니시리즈: 무의미의 교도소〉

32. 무의미의 감옥 1

33. 무의미의 감옥 2

34. 무의미의 감옥 3

35. 무의미의 감옥 4

36. 무의미의 감옥 5

〈미니시리즈: 개개의 쇠고랑〉

37. 절망의 감옥

38. 의심의 감옥

39. 나쁜 습관의 감옥

40. 부의 감옥

41. 무료함의 감옥

42. 성공의 감옥

43. 괴로움의 감옥

44. 천박함의 감옥

〈미니시리즈: 죄책감의 투옥〉

45. 죄책감의 감옥 1

46. 죄책감의 감옥 2

〈미니시리즈: 복습과 피날레〉

47. 자유의 개념

48. 자유 – 피날레

이 장의 서두에서 전 세계의 리더들로 구성된 청중에 관해 언급했었다. 그들은 지식적으로 그리고 개인의 경험과 주위 사람들의 경험을 통해 악의 문제에 대해 좌절감을 느끼고 있었다. 나는 "가면 벗기기: 악의 비밀과 직면하다"라는 제목으로 설교를 작성했다. 청중 중심의 주제 전도설교에서는 설교자가 연구하는(성경으로 설교를 조각하는 방법론의 1-3단계에 해당하는) 본문은 사람들이 처해 있는 상황 그 자체다. 다시 말하면 청중 중심의 주제 전도설교에서는 현재 실존하는 문제를 본문과 맥락으로 삼아야 한다. 전도의 목적을 위해 문화를 관찰하고 해석하고, 적용함으로써 문화에 대한 주석을 완성하게 된다. 즉, 청중 중심의 주제 전도설교는 성경 본문으로 시작하는 대신(그러나 항상 성경적인 세계관으로 시작해야 한다), 인간이라고 하는 '본문'을 가지고 시작한다. 그 본문은 사람들의 질문, 사람들이 직면하고 있는 쟁점, 사람들이 갖고 있는 전제, 사람들이 무시하고 있는 양심 등의 자료를 공급해주며, 설교자들은 이러한 것들을 주제와 술어로(논제의 중심 명제) 변환시켜야 한다. 청중이 주도하는 분위기 속에서(1-2단계) 시작된 청중 중심의 논제는(3단계) 청중 중심의 중심 명제로 이어지게 되며(5단계), 청중 중심의 구조로 골격을 갖추게 된다(6단계). 그러나 결론은, 청중이 아닌 모든 문제의 해결책이신 주 예수님으로 맺게 된다.

 나의 설교에는 분명한 목적이(4단계) 있다. 사람들의 고통을 철저하게 체험하심으로, 사람들에게 고통이 없는 영원한 삶에 대한 소망을 주신 하나님으로서의 예수님을 보여주는 것이다. 그리고 나는 전 세계 곳곳에서 극심한 고통을 경험하고 있는 인류라는 맥락을 기초로 주제와 술어를 작성했다. 여기 소개한다.

5단계. 설교의 중심 명제

- 주제: 각종 고통으로 가득 차 있는 이 땅에서의 삶 속에서 어떻게 소망을 가질 수 있는가?
- 술어: 우리에게 영원한 생명을 주시기 위해 고통의 근본 원인들을 정복하신 하

나님이신 예수님을 받아들임으로써.

여기 아웃라인이 있다(6단계).

서론

본론

첫 번째 악장

I. 악은 우리의 실체를 드러내 보여준다.
    A. 우리는 동물이 아니다. – 우리는 지적인 고통을 경험한다.
    B. 우리는 기계가 아니다. – 우리는 도덕적인 고통을 경험한다.
    C. 우리는 귀신이 아니다. – 우리는 감정적인 고통을 경험한다.
    D. 우리는 천사가 아니다. – 우리는 육체적인 고통을 경험한다.
    E. 우리는 하나님이 아니다. – 고통을 경험해보지 않은 사람이 어디 있단 말인가!

두 번째 악장(이미 앞에서 얘기했듯이, 설교의 본론의 마지막은 항상 해결책이신 예수님으로 매듭짓게 되어 있다. 예수님은 계속해서 결론과 초청에서 지배적인 위치에 놓이신다. 이 강의 중에 나는 실제로 복수의 본문이 있는 논제적인 미니 설교로 옮겨갔다. 설교자는 복음과 직접적인 관계를 갖고 있는 예수님에 관한 하나의 측면에 초점을 맞추고 설교에서 그 부분을 최대한 활용할 수 있다.)

II. 악은 누가 하나님이신지 드러내 보여준다. – "주 예수님"
    A. 예수님은 지적인 고통을 체험하셨다(성경적으로 입증할 수 있는 사실이지만, 인증하거나 인용하지는 않는다).

B. 예수님은 도덕적인 고통을 체험하셨다(성경적으로 입증할 수 있는 사실이지만, 인증하거나 인용하지는 않는다).
C. 예수님은 감정적인 고통을 체험하셨다(성경적으로 입증할 수 있는 사실이지만, 인증하거나 인용하지는 않는다).
D. 예수님은 육체적인 고통을 체험하셨다(성경적으로 입증할 수 있는 사실이지만, 인증하거나 인용하지는 않는다).
E. 그러나 예수님은 고통을 정복하시고 우리에게 고통이 없는 영원한 삶에 대한 소망을 주셨다(성경적으로 입증할 수 있는 사실이지만, 인증하거나 인용하지는 않는다).

결론

추천 또는 초청(청중이 중심이 되는 이 설교의 결론은 청중에 따라 달라질 수 있다. 예비 전도 단계의 상황이라면 나는 예수님을 추천하는 방법을 택할 것이다. 전도설교적인 분위기라면 주 예수님을 받아들이도록 초청할 것이다.)

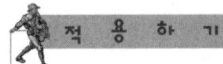 **적용하기**

ACTION STEP

1. 이 장의 앞부분(194쪽)에서 예로 들었던 신문 기사 헤드라인을 기억하는가? 나는 그 가운데 세 번째 "인내"에 관한 화제를 충분히 발전시키지 않았다. 인내의 개념을 활용해서 청중의 필요를 본문이나 신학적인 근거와 어떻게 연결지을 수 있겠는가 생각해보라.

2. (신문, 인터넷 또는 텔레비전 등에서 다루는) 이번 주의 뉴스 가운데 열 개의 논제를 발견해보도록 하라. 먼저 그 내용을 기록하라(나는 주로 스크랩을 해둔다). 그리고 관련된 논제를 그 위에 적은 후에, 어떻게 이 내용을 전도설교에 활용할 수 있을 것인가에 대해 떠오르는 생각들을 적어둔다. 예를 들면, 나는 어제 한 죄수가 서른아홉 살의 나이로 감옥에서 죽었다는 신문 기사를 읽었다. 그는 자신이 지식인인 것처럼 속여 뉴욕의 지식층 사람들에게 사기를 친 사람이었다. 나는 그 기사 옆에 이렇게 적어두었다. "죽음 - 그가 사기 칠 수 없었던 단 한 가지!"

3. "전도적인 논제" 파일을 만들어서 눈에 띄는 모든 내용을 보관하라. 나중에 전도에 관한 주제 설교를 준비할 필요가 있을 때나 이런 종류의 책을 쓰게 될 때 큰 도움이 될 것이다.

전도설교의 특별한 이슈들

Preparing Evangelistic Sermons

9장 보조 자료

전도설교 예화

"세상에 재미없는 것은 하나도 없다.
단지 세상에 관심이 없는 사람이 있을 뿐이다".
- G. K. 체스터튼(G. K. Chesterton)

조명이 아주 어둡고 사람들이 복작거리는 공간에서 빠져나오고 싶었던 경험이 있는가? 대중 앞에서의 연설, 특별히 전도설교의 경우 적당한 보조 자료나 적절한 예화가 없으면 청중들은 바로 그와 같은 초조함을 느낀다. 청중들도 숨 쉴 여지가 필요하다. 필요에 따라 나갔다가 다시 들어올 수 있는 회전문과 같은 장치가 필요하다. 바깥에 있는 빛을 볼 수는 있지만 회전문이 망가져서 하는 수 없이 안쪽에 갇혀 꼼짝 못하고 있는 형국이 될 수도 있다. 또는 안쪽에서 재미있는 일이 벌어지고 있어서 들어가 참여하고 싶지만 문이 열리지 않는 경우도 있다. 그러나 회전문이 부드럽게 작동을 한다면, 사람들은 원하는 대로 들어오고 나갈 수 있을 것이다. 원하는 대로 들어오고 나갈 수 있는 자유가 주어지고 흥미있는 일이 계속 진행되고 있다면, 사람들은 그 문을 쳐다보지도 않을 것이다.

전도설교에서 사용되는 효과적인 예화는 기름이 알맞게 칠해져 잘 열리고 닫히는 회전문과 같다. 우리가 전하려는 정보가 청중들에게 부드럽게 전달되지 않을 때, 우리는 회전문이 제대로 작동하고 있지 않다는 걸 느낀다. 청중들이 야릇한 표정을 짓게 될 때, 불안감을 느낀다. 또한 청중들은 말이 아닌 행동으로 우리가 그들과 전혀 다른, 심지어 반대 쪽으로 달려가고 있음을 알려주기도 한다. 이쯤 되면 어떻게든 빨리 설교를 끝내고 싶다는 생각만 든다. 사람들도 될 수 있는 대로 빨리 자리를 뜨고 싶어 한다.

우리는 그들이 빛을 향해 접근할 수 있도록 신선한 공기를 충분히 공급해 주지 못했고, 흥미로운 일에 참여할 수 있도록 양질의 보조 자료들을 활용하지 못했다. 그 결과 추상적인 개념들과 고상한 진리만 열거하고, 구원의 주님을 오히려 적으로 만들고 말았다. 특별히 전도설교에서는 훌륭한 커뮤니케이션을 위해 양질의 그리고 적절한 수의 보조 자료가 필요하다. 좋은 예화는 우리의 메시지를 청중들의 가슴속까지 끌고 가며, 그들이 복음에 대해 진지하게 생각해볼 수 있도록 도와준다.[1] 예화는 머리와 감정과 영혼을 서로 연결시켜주며, 더 나아가서 청중의 가슴을 움직여 그들이 구원에 대한 결정을 내릴 수 있도록 영향을 미친다.[2]

예화를 찾습니다!

전도설교는 전도 후 단계의 설교보다 더 많은 수의 그리고 더 좋은 양질의 예화가 필요하다. 우리 주님은 말씀을 전하실 때 이야기, 사건, 유머, 질문 또는 격언, 교훈 등 심오한 예화들을 아낌없이 사용하셨다. 우리도 예화를 사용함으로써 우리가 전하려는 내용에 대해 청중들이 오해하거나, 열심히 듣기는 하지만 지루해하거나, 심오하고 낯설은 내용 때문에 진리를 쉽게 포기해버리는 것을 방지해야 한다.³ (믿는 사람들도 마찬가지겠으나) 소금과 후추로 간을 맞추듯이 예화를 섞어가며 말씀을 전하는 설교자의 메시지를 불신자들은 훨씬 더 잘 기억하며, 예화를 통해 더 많은 유익을 얻게 된다. 내용을 선명하게 이해했는가의 여부에 따라 복음은 받아들여지기도 하고 거부되기도 한다. 전하는 메시지를 바로 이해한 후에 거부하는 것이, 잘못 오해하고 받아들이는 것보다 낫다.

좋은 예화는 하나님의 거룩하심, 한 개인의 죄, 예수님의 독특성 그리고 배타적인 조건으로서의 믿음과 같은 중요한 주제들을 오래 기억할 수 있도록 도움을 준다. 또한 강도 높은 선포의 분위기에서 설교자와 청중들에게 숨을 돌릴 수 있는 여지를 제공해준다.

특별히 개인적인 경험에서 나온 예화는, 설교자의 인간적인 모습을 드러내준다. 인간적인 설교자가 믿을 만한 설교자다.

진리에 대한 이해를 돕고, 그것을 개인적으로 잘 소화할 수 있도록 예화로 전도설교를 촉촉하게 적셔주면 청중들에게 큰 도움이 될 것이다. 그저 말로만 배우는 사람과, 보다 생생한 교수 방법을 통해 배우는 사람 사이에는 큰 차이가 있다. 어떤 사람들은 여러 학습 스타일을 동시에 활용하기도 한다.⁴

예화의 종류는 아주 다양하다. 설교나 수사학 또는 커뮤니케이션에 관한 대부분의 책들은 이 문제를 다루고 있다. 그 가운데 거의 모든 예화의 종류를 열거해주고 있는 오래된 책에서 발췌한 자료를 소개한다.⁵

예화의 종류

비유

유추

알레고리

우화

비교

역사적인 암시

위대한 사람들의 이야기

개인적인 경험

일화

여러 종류의 예화들이 설교에 다양성을 가미시켜주지만, 모든 예화는 두 가지 특성을 지니고 있어야만 한다.

먼저 예화는 선명해야 한다. 예화는 설교에 대한 추가적인 설명이기 때문에, 예화 자체가 추가적인 설명을 또 요구해서는 안 된다. 예화로 인해 청중을 혼동시키지 말아야 한다. 이해가 되지 않는 것을 억지로 이해시킬 수는 없다. 선명성은 구체성을 의미하기도 한다. 그러기에 아이디어로 아이디어를, 추상적인 것으로 추상적인 것을, 개념으로 개념을 설명하지 않는다. 예화는 아이디어나 개념을 구체적으로 만들어준다. 청중의 감각과 상상력을 자극해 그들이 예화의 내용을 대신 경험하게 만들라.

예화는 또한 간략해야 한다. 포인트를 설명하기 위해, 의도를 선명하게 하기 위해, 목적을 달성하기 위해, 예화는 될 수 있는 대로 짧은 것을 선택하라.

그리고 예화는 정확한 근거가 있는 최근의 것일수록 좋다. 예화는 신학적으로 정확해야 한다. 예화는 청중들이 생각하는 그곳으로 같이 내려가는 것이기에, 우리가 전하고자 하는 포인트를 정확하게 마음 판에 새겨줌으로써 신학적인 오해의 여지가 생기지 않도록 해야 한다.

또한 예화는 역사적으로도 정확해야 한다. 나는 역사적 사실을 제대로 조사하지 않아서, 한번은 두 명의 루즈벨트(두 명 모두 미국 대통령임)를 혼동해서 사용한 적이 있다. 실화를 예화로 사용할 때 정확한 정보를 갖고 있어야 하며, 사실을 부풀리거나, 포인트와 억지로 연관시키려고 애를 써서는 안 된다. 실화를 있는 그대로 소개하고 실화와 포인트 사이에 구별할 것은 구별하고, 연결시킬 필요가 있는 것만을 연결시키도록 하라.

전도설교에서는 될 수 있는 대로 최근의 이슈, 최근의 이야기, 최근의 문제, 최근의 언어 표현, 최근의 가치관 등을 예화로 사용하라. 불신자들은 우리가 사용하는 예화들을 유신론적이고 성경적인 틀 안에서 소화하고 이해하지 않는다는 사실을 기억하라. 최근에 벌어진 사건들은 청중과 설교자 사이에 놓여 있는 소통의 장벽을 제거해주고, 현실 세계의 예화들을 통해 설교가 현실과 밀접한 관계를 맺고 있으며, 현실의 삶에 직접적인 의미가 있다는 사실에 공감하게 해줄 것이다.

그러므로 예화는 항상 선명하고 정확하며, 간략하고 될 수 있는 대로 최근의 것을 사용해야 한다.

 ACTION STEP

앞에서 언급한 예화의 종류를 사전에서 찾아보고 그 정의를 기록해보라. 예화의 개념을 정리하는 동안 그 각각의 예화를 설교의 어느 부분에 사용하면 효과적일지 알게 될 것이다.

예화 설명하기!

　예화는 설교를 길게 늘리기 위한 군더더기도 아니며, 청중을 그저 재미있게 해주기 위한 기분 전환용 얘깃거리도 아니라는 사실을 나는 다시 한 번 강조한다. 예화는 진리를 설명해주고 진리를 일깨워주며, 진리에 대해 조명해줌으로써, 청중들이 진리를 구별하고 이해하며 그 진리를 받아들일 수 있게 하는 데 그 목적이 있다. 또한 예화는 충격적인 방법으로 전도설교의 목적을(4단계) 달성할 수 있도록 도움을 준다. 예화가 이러한 목적을 달성하는 데 도움을 주지 못한다면, 우리는 예화를 사람들을 재미있게 하거나 설교 시간을 메우는 것과 같은 엉뚱한 목적으로 사용하고 있는 것이다.

　예화는 가장 많이 추천되고 사용되는 보조 자료지만, 이 외에도 많은 설교 보조 자료가 있다. 다른 보조 자료로는 우리의 설교를 보다 객관적으로 뒷받침해주는 통계가 있고, 포인트의 신빙성을 더해주는 개인적인 간증이 있다. 또한 우리는 보편적으로 적용할 수 있는 비유나 격언을 사용함으로써 문화적인 장벽도 뛰어넘을 수 있다. 그러나 현대의 청중을 비롯한 지금까지의 모든 청중들은 자신의 경험과 그 시대에 일어난 사건들을 통해 직간접적으로 배우기도 하고 깨닫기도 한다.[6] 현대의 청중들은 언어를 통한 교훈뿐 아니라 시청각적인 효과를 곁들인 이야기에 익숙해져 있으며, 연사나 설교자에게 다양한 커뮤니케이션 방법을 기대하고 있다. 다양한 예화는 보다 쉽게 청중들을 설교 속으로 끌어들인다.[7] 전도설교에 있어서 예화나 다른 보조 자료들은 유머를 포함하며, 필요에 따라서는 다른 시각적인 자료들을 사용하기도 한다.

　유머는 청중들의 방어적 태도를 버리게 해주며, 벽돌 담을 회전문으로 바꿔줌으로써 설교자와 설교자의 생각이 청중들의 마음과 머릿속으로 파고들어갈 수 있도록 문을 활짝 열어준다. 유머는 설교자와 청중을 더 잘 연결시켜주며, 청중들이 설교자의 포인트를 잘 기억할 수 있게 해준다.[8] 또한 유머의 종류는 다양한데, 어떤 유머 속에는 교묘한 논리가 숨겨져 있기도 하다 (검색 엔진에서 유머에 관한 정보를 찾아보거나 유머에 관한 진지한 연구 내용을 공부해보는 것도 재미있는 과제가 될 것이다). 나는 죽음과 죽음 이후의 삶에 대한 설교를 준비하던 중, 한 사람에 대한 이야기를 접하게 되었다. 이 사람은 사후의 세계가 없기를 바랐으며 그렇게 되기를 기도했던 사람이다. 그러다가 자신의 모습 속에 모순이 있는 것을 발견하고는, 이제는 기도는 관두고 사후의 세계가 없기만을 바라기로 했다.

커뮤니케이션의 효과를 증진시키기 위한 시각적인 보조 자료는 적절한 제스처와 같은 자연스러운 요소가 될 수도 있으며, 영화와 같은 좀 더 정교한 영상이 될 수도 있다. 나는 한번은 최고급 품질의 종이를 찢어 한 가운데 구멍을 만들었다. 그리고 이것을 가지고 기생충과 같은 악의 존재론적인 신분에 대해 설명을 한 적이 있다. 후에 많은 사람들이, 악은 스스로 독립적으로 존재할 수 없으며, 그 자체로서는 어떤 것으로도 불릴 수 없다는 사실을 이해하는 데 그 시각적인 자료가 아주 큰 도움이 되었다고 얘기해주었다.

그리고 사후의 삶에 대해 좀 더 극적인 시각적인 효과를 위해 다음과 같은 방법을 취해볼 수도 있다. 납골 단지 비슷하게 생긴 자그마한 항아리를 들고는 요즈음 일본 사람들이 사랑하는 사람이 죽었을 때, 비석 밑이나 외떨어진 산골이나 바다에 유골을 뿌리던 풍습을 기피하고 있다는 사실을 설명해준다. 그리고 가족을 잃은 사람들이 다른 방법을 찾고 있다고 말하며 다음과 같은 신문 기사를 읽어준다.

1999년 12월 20일, 사람들의 유골을 실은 토로스라는 3단계 로켓이 발사되었다.

그 가운데 열 개의 유골은 일본인의 것이었다. 7그램의 유골을 립스틱처럼 생긴 용기에 담아 로켓의 머리 부분에 실었다.

이 로켓은 상공 250킬로미터의 궤도를 짧게는 1년, 길게는 10년 남짓 돌게 되어 있었다. 시간이 흐르면 그 위성은 다시 지구로 되돌아올 것이며, 사람들의 눈에는 빛을 발하며 떨어지는 유성과 같이 보이게 될 것이다.

죽은 사람들의 가족과 친지를 포함한 아홉 명의 사람들이 발사식에 참석했다.

그 가운데 한 캡슐은 교통 정리의 공무를 집행하다가 차에 치여 목숨을 잃은 홋카이도의 한 경찰관의 유골을 담고 있었다. 그의 가족들은 그 경찰관을 우주에 묻음으로써 그 경찰관이 그의 하얀색 오토바이를 타고 하늘을 순회하다가 유성으로 바뀔 것이라고 생각했다.

또 한 사람은 자기의 아내의 유골을 실어 보냈는데, 그 두 사람은 41개국을 방문했으며, 다음 목적지는 우주 여행이었다고 한다.[9]

사후의 삶에 대처해보려는 노력을 담고 있는 이 슬픈 유머는 실제로 유골을 담을 수 있는 납골 단지가 가져다주는 진지한 분위기와 잘 조화를 이루어 설교의 효과를 더하게 될 것이다.

적용하기　　　　　　　　　　　　　　　ACTION STEP

인터넷이나 〈리더스 다이제스트〉 등을 통해 재미있는 자료들을 찾으라. 그러나 청중 가운데 이 잡지를 구독하는 사람들이 있을 수 있으니, 1년 정도 전의 것을 찾아보라. 그리고 다음번에 전도설교를 할 때 창의적인 시각 보조 자료를 사용하라. 이것은 설교 아웃라인을 위한 간단한 그림이 될 수도 있고, 청중들이 채워넣을 수 있도록 빈칸이 있는 도표나 그림일 수도 있고, 혹은 케뮤니케이션의 시각인 효과를 위한 소품이 될 수도 있을 것이다.

「삶을 변화시키는 7단계 강해설교 준비」에서 예화의 필요성을 상기시켜 주기 위해 나는 세 개의 질문을 던졌다.¹⁰ 여기서도 마찬가지다. 설교 원고를 작성하며 그 내용을 숙지해나갈 때, 다음 세 개의 질문을 던져보도록 하라.

- 연관의 질문: (이해하는 데 도움을 주기 위해) 어느 특정한 부분에 어떠한 예화를 사용하면 더욱더 잘 설명할 수 있겠는가?
- 신빙성의 질문: (믿는 데 도움을 주기 위해) 어떠한 예화가(또는 예화의 어느 부분이) 성도들이 요지의 진리됨을 찾고 믿으며, 받아들이도록 도울 수 있겠는가?
- 주장에 대한 질문: (성장에 도움을 주기 위해) 어떠한 예화가 성도들로 하여금 요지가 의미하는 바를 깨닫고, 생활에 적용할 수 있도록 도울 수 있겠는가?

예를 들어, 설교의 마지막 부분에 와 있다고 하자. 이제 결론을 제시하고 초청으로 들어가려는 상황이다. 이러한 상황에서는 아래에 예시된 널리 알려진 예화가, 위에서 열거한 세 개의 질문이 제시하는 기준에 아주 잘 부합된다고 볼 수 있다.

한 부자가 있었다. 그 부자와 그의 아들은 미술 작품을 모으는 취미를 갖고 있었다. 그들은 피카소에서부터 라파엘과 렘브란트에 이르기까지 유명한 작가의 작품들을 소장하고 있었다. 그때 월남전이 발발했으며, 아들은 전쟁에 참전하게 되었다. 그는 아주 용감한 청년이었지만 전쟁에서 목숨을 잃고 말았다. 아버지는 깊은 슬픔에 빠졌다.

약 한 달쯤 지나서, 한 젊은이가 그 부자의 집을 찾아왔다. 그러고는 이렇게 말했다. "어르신은 저를 모르시겠지만, 바로 어르신의 아드님이 그 운명의 날 저를 살리기 위해 대신 목숨을 내어버렸습니다. 어르신의 아드님은 저를 업고 가다가 심장에 총탄을 맞고는 그 자리에서 목숨을 잃고 말았습니다. 아드님이 어르신에 대해 얘기할 때면, 종종 어르신이 미술 작품을 좋아하신다는 얘기를 하곤 했습니다. 여기 제가 드릴 것이 하나 있습니다." 그리고 그 젊은이는 꾸러미 하나를 건내주었다. "이것은 제가 그린 그림입니다. 저는 그림을 잘 그리는 사람은 아닙니다. 그러나 추억과 감사의 자그마한 표시로 받아주시기 바랍니다."

그 그림은 젊은이가 그린 아들의 초상화였다. 그 그림은 아들의 인격을 담고 있었다. 아버지의 눈에는 눈물이 고였다. 아버지는 그림에 대한 대가를 지불하려고 했지만, 젊은이는 "어르신, 아닙니다. 저는 아드님이 저를 위해 해준 일을 갚을 길이 없습니다. 이것은 어르신께 드리는 제 선물입니다"라고 답했다.

부자는 아들의 초상화를 벽난로 선반 위에 걸어놓고는 그가 소장하고 있던 위대한 작품들과 함께 오는 사람들 모두에게 보여주었다. 얼마의 시간이 흐른 후, 그 아버지가 죽었으며 유언에 따라 소장했던 모든 그림들을 경매에 붙이게 되었다. 그 자리에 있던 많은 영향력 있는 재력가들은 걸작품을 얻게 될 것을 기대하며 흥분해 있었다.

단상에는 물론 그 아들의 초상화도 걸려 있었다.

경매인은 의사봉을 내리치며 소리쳤다. "이 아들의 초상화부터 입찰을 시작하겠습니다. 이 그림에 입찰하실 분이 있습니까?"

그러자 뒤에서 누군가가 소리쳤다. "그 그림은 건너뛰고 유명한 걸작품부터 시작합시다."

그러나 경매인은 경매를 계속 진행했다. "10불, 20불, 원하는 분이 있습니까?"

또 다른 사람이 뒤에서 성난 목소리로 소리쳤다. "우리는 그런 그림을 사기 위해 여기까지 오지 않았소. 피카소나 마티스나 반 고흐 같은 화가들의 그림을 경매에 붙이시오."

그러나 경매인은 아랑곳하지 않았다. "아들의 초상화, 이 아들의 초상화를 원하시는 분이 있습니까?"

드디어 뒤에서 떨리는 목소리가 들려왔다. 그 집에서 오랫동안 정원사로 일해왔던 사람이었다. "내가 10불에 그 초상화를 사겠소, 10불이 내가 가진 돈의 전부요."

"10불 나왔습니다. 다른 분 없습니까? 10불에 팔렸습니다."

"자, 이제 진짜 경매를 해봅시다" 하며 맨 앞줄에 앉아 있던 그림 애호가가 말했다. 경매인은 의사봉을 내려놓으며 말했다. "미안하지만, 경매는 이제 끝이 났소."

"다른 걸작품들은 어떻게 하고 경매가 끝이 나다니요?"

"경매는 끝이 났다니까요." 경매인은 계속해서 말했다. "나는 경매를 하기 전에 비밀 규칙을 전해 들었습니다. 그것은 아들의 초상화만을 경매에 붙이는 것이었습니다. 그리고 그 초상화를 사게 되는 사람이 그 주인의 걸작품들을 포함한 모든 유산을 상속받도록 되어 있었습니다. 그 아들을 소유하게 되는 사람이 모든 것을 다 갖도록 되어 있었습니다."

연관의 질문은, 구원을 얻기 위해서는 아들이신 예수님을 받아들여야만 한다는 사실을 이해하는 데 도움을 준다. 신빙성의 질문은, 유일한 조건을 설정한 사람은 내가 아니라 하나님 아버지시라는 사실을 믿을 수 있도록 도움을 준다. 주장에 대한 질문은, '그 아들을 받아들일 것인가?' 라는 질문에 대해 반응할 수 있도록 도움을 준다. 정원사는 초상화를 사기 위해 10불을 지불해야만 했다. 이 시점에서 주장하는 바를 보다 선명하게 할 필요가 있다. 예화에 등장하는 정원사는 10불을 지불하고 초상화를 샀다. 그러나 구원은 돈을 주고 살 수 있는 것이 아니다. 심지어 우리에게는 10불조차도 없다. 그러나 우리는 오직 하나님의 아들을 받아들이기만 하면 된다. 그분의 아들이 우리가 구원을 받기에 필요한 모든 일들을 다 해놓으셨다. 여기서 그 예화를 조금 변형시키고 싶다. 경매인이 그 초상화를 무료로 주겠다고 하는 것이다. 많은 돈을 내고 걸작품을 사려고 하는 사람들은 많이 있지만, 공짜임에도 불구하고 그 초상화를 원하는 사람은 하나도 없는 것이다. 우리들의 경우 아무것도 없는 빈털터리지만, 그분을 받아들일 용의만 있다면 그 아들은 우리에게 거저 주어진다. 그 아들을 받아들이는 자가 모든 유산을 동시에 받게 됨은 물론이다.

예화 포착하기!

하나님이 우리의 전도설교 속에 관여하고 계신다는 또 하나의 증거는 바로 하나님이 설교에 필요한 예화를 우리에게 공급해주신다는 사실이다. 실상 이 복음을 더 효과적으로 전하는 일에 우리 자신보다 하나님이 더 큰 관심을 갖고 계시며, 또한 우리가 그 진리를 효과적으로 전달하는 일에 얼마나 부족한 사람들인가를 잘 알고 계시기 때문에, 우리가 기도하며 예화들을 찾으려 애를 쓸 때 하나님은 적절한 예화들을 공급해주신다. 사실 나는 오늘 아침 기도 일지에 이 책의 이 장을 쓰는 데 필요한 예화를 공급해주심으로, 이 책을 쓰는 일을 하나님이 지지하고 계심을 보여주실 것을 간구했다. 어쨌든 이 책을 쓰는 데 필요한 예화가 없다면 어떻게 되겠는가? 설교를 준비하면서, 예화를 통해 힘을 실어줄 필요가 있는 주제나 주어나 논제들에 대해 더욱 민감하게 신경쓰게 될 것이다. 안심해도 된다. 하나님은 우리가 발견하고 사용할 수 있도록 우리가 걸어가는 길에 예화를 준비해놓으실 것이다. 이 장의 첫머리에 인용했던 글과 같이, 관심을 갖고 있는 사람들은 재미있는 것들을 발견하고 사용하며, 설령 별 볼일 없는 것일지라도, 그것들을 재미있게 만든다. 예화는 우리가 찾으려고만 한다면 어디서나 포착할 수 있다. 최근에 나는 교통 사고를 당했다. 그래서 거의 3주 동안 차를 정비소에 맡겨야만 했다. 렌트카 회사에서 내게 니산 맥시마 SE를 빌려주었다. 그 차를 타고 다니다보니 어디를 가든지 수많은 니산 맥시마(Nissan Maxima), 니산 맥시마 SE가 내 눈에 들어오기 시작했다. 우리에게는 예화를 포착할 필요와 또 포착하기를 갈망하는 자세가 필요하다. 그렇게 특정한 종류의 예화들을 염두에 두고 있을 때 그것들을 찾을 확률이 더욱 커지게 될 것이다. 처하게 되는 환경이나 대화나 (뉴스, 연예, 여러 사건을 다루는) 미디어 등등 어디서라도 예화를 발견할 수 있다. 예를 들면(이 표현은 문장의 전환에 아주 유용한 표현이다), 대속에 대한 새롭고 선명하며 강력한 예화가 내게 필요하다는 사실을 아시고는 하나님이 어젯밤에 한 잡지를 통해 예화를 공급해주셨다. 나는 그 페이지를 찢어내고는 일단 떠오르는 생각들을 여백에 적었다. 그러고는 전도설교 폴더에 저장하고 이 장의 뒷부분에서 내가 사용하게 되길 바라고 있다.

ACTION STEP

예화는 나 자신의 개인적인 삶이나 다른 사람의 삶을 통해 얻을 수도 있고, 심지어는 가공의 인물의 삶을 통해서도 얻을 수 있다. 전도설교든 아니든 여러분의 설교 원고를 다시 보면서 지금껏 사용했던 예화들을 분류해보기 바란다. 어떤 출처에서 그 예화들을 얻어냈는가? 다양한 예화를 사용했는가 아니면 자신의 개인적인 생활에 관한 예화가 주류를 이루고 있었는가? 혹시 청중들과 별 상관이 없어서 크게 공감하기 어려운 문화적이거나 민족적인 역사를(또는 다른 사람의 삶을) 내용으로 하는 예화들을 너무 많이 사용한 것은 아닌가? 다음번 전도설교에서는 의도적으로 위에 언급한 네 부류의 예화를 모두 사용하도록 하라. 인터넷을 잘 살펴보고 좋은 예화거리를 찾아보도록 하라. 설교의 중심 명제나 대지의 표현을 그저 검색창에 치기만 하면 엄청난 양의 정보를 얻을 수 있을 것이다.

예화 구원하기!

　지금까지 구원이란 표현을 전도설교에만 나오는 단어로 이해하고 있었을 것이다. 그러나 우리는 예화도 잃어버리지 않도록 방법을 강구해야 한다. 예화를 기록하고 필요할 때 잘 활용하는 것은 노력과 훈련을 요구한다. 중국 격언에 이런 표현이 있다. "뛰어난 기억도 흐릿한 기록보다는 약하다." 나는 한밤중에, 샤워 중에, 또는 운전 중에 떠오르는 좋은 예화를 기록해두지 않아서 결국 잃어버린 것이 수백 개나 된다. 그 결과 나는 예화를 찾고 저장할 수 있는 의욕과 방법을 개발해야만 했다.

　예화를 찾고자 하는 의욕을 발동시키는 것이, 일단 기록을 하고 난 후에 그것들을 유용하게 사용할 수 있는 시스템을 개발하는 것보다 더 쉬웠다. 나는 메모지에 기록하거나, 냅킨에 끄적끄적 쓰거나, 신문의 기사를 스크랩하거나, 전자 수첩에 기록하거나 모든 방법들을 다 동원해서 예화로 사용할 수 있는 것들을 기록으로 남긴다. 나는 전도설교의 예화나 그 예화로부터 시작된 모든 생각들을(한 예화는 연상 방법을 통해 다른 예화를 낳는다) "전도설교 예화"라는 파일 속에 알파벳 순으로 넣어둔다. 부르심에 합당한 선한 청기지로서의 사명을 잘 감당하려면 좋은 예화가 많이 필요하다. 그러므로 우리는 자신만의 방법을 개발해 예화를 기록하고 활용하기 쉽게 분류할 수 있어야 한다.

ACTION STEP

예화를 기록하고 활용할 수 있는 시스템을 개발하라. 일단 파일이나 서류철, 아니면 워드 프로세서의 폴더 명(설교/ 전도설교/ 예화)을 지정해 세분화하고 그곳에 저장해 둘 것을 권한다. 더 세분화될 수 있다는 것을 염두에 두고 일단 오늘 하나를 시작해보라. 발견하고 저장한 예화를 다시 보지 않게 될지, 언젠가 그 예화가 필요하게 될지 우리는 모른다. 예화를 저장하고 활용하는 창의적인 방법을 발견하게 되면 내게 알려주기를 바란다. 그 방법은 내게도 도움이 되겠지만, 후에 이 책의 개정판을 내게 될 때 많은 사람들에게 그 방법을 소개하고 또 제출자의 이름을 밝히도록 하겠다. 더 고무적인 것은 그 방법을 네트워크를 통해 전 세계의 목회자들과 함께 나눌 수 있다는 사실이다. 예화를 저장하고 활용하는 것은 영적인 훈련으로도 이해할 수 있다. 설교를 준비하는 과정은 설교자에게는 영적인 훈련이기 때문이다.

예화 활용하기!

전도설교의 청중은 불신자들이므로 그들의 이해를 돕기 위해 설교자들은 예화를 최대로 활용해야 한다. 설교의 각 포인트마다 설교의 내용을 소개하고, 포인트를 선명하게 해주며 강조하기 위해 특별히 불신자들은 스토리의 도움을 받아야 할 필요가 있다. 설교자는 예화를 통해 청중들에게 호소하고 대화를 나누며 그 안에 어느 정도 머물다가, 진리를 강조하며 다시 밖으로 나오게 된다. 예화를 사용할 때는 일반적으로 이러한 순서를 밟는다.

예화의 정렬

예화의 도움이 필요한 포인트를 제시한다.

　　(앞으로의 전환 - 회전문으로 들어감 - 예화로 진행.)

예화를 사용한다.

(되돌아오는 전환 - 회전문으로 다시 되돌아 들어옴 - 예화의 도움을 필요로 했던 포인트로 되돌아옴.)
포인트를 다시 강조 또는 반복한다.

포인트 대신 예화로 시작하는 경우도 있으나, 대부분의 경우 이러한 정렬 방법에는 거의 변화가 없다. 예를 들어 구원이 집중된 본문인 요한복음 4장을 중심으로 설교를 준비한다고 하자. 예수님이 생수의 근원이시라는 사실을 말씀하시는(10절) 설교 본론의 세 번째 포인트를 생각해본다.

Ⅲ. 예수님은 당신의 갈증을 해소시켜줄 생수로 예수님 자신을 제시하십니다
 (육체의 갈증을 해소하기 위해 물이 필요한 것처럼, 영적인 갈증을 해소하기 위한 생수가 우리에게 얼마나 필요한지에 대한 예화를 사용해야 한다).
 A. 예수님의 생수는 풍부하다(이 포인트를 설명하기 위해 예화를 사용해야 할 필요가 있으며, 경제적으로 어려운 나라에서 20억의 인구가 식수 부족으로 커다란 어려움을 겪고 있는 현실을 예로 들어 설명할 수 있을 것이다).
 B. 예수님의 생수는 순수하다(이 포인트 역시 예화를 사용해서 설명할 필요가 있다. 나는 다음과 같은 예화를 사용해본다).

포인트: 아무리 물이 풍부하더라도 순수하지 못하다면, 아무 소용이 없다.
앞으로의 전환: 경제적으로 어려운 나라에는 물은 풍부할지 모르지만, 마실 수 있는 순수한 물은 많지 않다.
예화: 디팬커 차크라보티(Dipankar Chakraboti)는 비소 독으로 엉망이 된 마을 사람들의 사진과 함께 명절 카드를 동료 과학자들에게 보낸다. 그들의 피부는 썩어서 상처와 반점으로 덮여 있었으며, 카드에는 다음과 같은 글귀가 적혀 있다.

"과학자들이여, 이 사람들을 위해 당신들이 해야 할 일은 없는가?" 방글라데시와 인도의 서부 벵골 지역에 사는 2천만 명 이상의 사람들은 수도관을 연결해서 만든 우물을 식수원으로 사용하고 있는데, 그 수도관이 비소로 오염된 대수층으로 연결되는 바람에 사람들이 비소 중독으로 피부병을 앓게 되었다. 이 지역의 4백만 개에 달하는 모든 우물은 방글라데시 정부와 여러 자선 단체들, 특히 유니세프의 재정적인 지원으로 만들어진 안전 상수도 프로그램에 의해 지어졌다. 그러나 수도관을 땅속으로 집어넣으면서 누구도 비소 오염 여부에 대한 검사를 하지 않았다. 그 프로젝트가 박테리아로 감염된 지표수를 마시는 많은 사람들의 생명은 구했을지 모르지만, 그로 인해 또 다른 많은 사람들이 비소 중독으로 죽고 말았다.[11]

되돌아오는 전환: 풍부한 물이 있을지라도 그 물로 인해 당신이 오염된다면 무슨 소용이 있겠는가?

포인트: 예수님의 생수는 우리에게 풍부하게 주어집니다. 그러나 그 물은 우리를 오염시키지 않습니다. 예수님의 생수는 결코 마르지 않는 순수한 물로서 코스타리카 사람들이 얘기하듯이 우리에게 푸라 비다(Pura Vida, 순수한 생명)를 줍니다.

주제 전도설교에서는 예화가 설교의 대지를 발전시켜나가는 데 영향을 미치는 것이 가능하다. 예화가 가리키는 진리가 마지막 역할을 담당하며 마지막 포인트가 되기도 한다.

이미 선택된 예화의 포인트.
    (예화로 진행하는 앞으로의 전환.)
예화를 사용한다.
    (예화의 도움을 필요로 했던 포인트로 되돌아오는 전환.)
포인트를 다시 강조 또는 반복한다.

나는 "인생의 미로"라는 논제적인 예비 전도 단계의 강의를 준비한 적이 있다. 네 번째 포인트에서 예수님을 소개하며 제시하기 전에 먼저 세 개의 포인트를 발전시켰다.

  I. 인생은 수수께끼입니다. - 우리는 인생을 이해할 수 없습니다.
  II. 인생은 신비입니다. - 우리는 인생을 설명할 수 없습니다.
  III. 인생은 난제입니다. - 우리는 인생을 풀 수 없습니다.
  IV. 인생의 수수께끼를 이해할 수 있도록, 인생의 신비를 설명할 수 있도록, 인생의 난제를 영원히 풀 수 있도록 도와주시는 분이 계십니다.

나는 각 포인트의 필요를 창조하고, 각각의 유효성을 정당화시키며, 설교 진행 과정 가운데 포인트를 확인하기 위해 이미 선택된 예화의 포인트를 발전시켜나갔다. 예를 들면("예를 들면"이란 표현은 문장의 전환에 아주 유용한 표현이다. 하지만 "그런데"라는 표현은 그리 좋은 표현은 아닌 듯 싶다), 이렇게 예화를 사용해보자.

I. 인생은 수수께끼입니다 - 우리는 인생을 이해할 수 없습니다.

이미 선택된 예화의 포인트: 인생은 우리에게 수수께끼가 될 수 있다.
예화로 진행하는 앞으로의 전환: 저는 식구들과 함께 수수께끼와 같은 인생의 흔적을 관광했습니다. 우리는 오래 동안 줄을 서서 기다렸습니다. 그리고 마침내 조약돌이 깔린 보도를 아주 천천히 걸어서 남부 독일의 한 성에 있는 가파르고 좁은 계단을 걸어 올라갔습니다.
예화: 바이에른 왕국의 루트비히 2세(King Ludwig II)는 고독을 즐기는 낭만주

의자였습니다. 1845년 8월 15일에 태어난 그는, 지금도 사랑받는 "미친 왕"으로 기억됩니다. 이 왕에 대한 희곡과 영화와 시와 가무가 약 5천 권 이상의 책으로 쓰여졌습니다. 그는 그의 엉뚱한 비전을 보여주는 노이슈반슈타인이라는 성을 지었습니다. 이 성은 정말 동화에 나오는 성과 같아서 실제로 월트 디즈니가 디즈니랜드의 매직 킹덤을 짓는 데 모델이 되기도 했습니다. 뾰족한 첨탑과 성탑이 특징인 이 성은 계획했던 80개의 방 가운데 15개만 완성되었습니다. 그러나 여전히 매일 만 명의 관광객이 노이반슈타인 성을 방문할 정도로 전 세계인의 사랑을 받고 있습니다.

루트비히의 150번째 생일을 기념하는 글을 통해 한 신문 기자는 그의 삶을 수수께끼라고 소개했습니다. 그리고 사람들은 이 수수께끼 같은 왕의 인생의 대해 '수수께끼, 비극적인 신비, 비극적인 아름다움, 울적한 고독' 등의 표현을 사용했습니다. 젊은 사람들은 그의 독립 정신을 추앙하지만, 어느 정도 나이가 있는 사람들은 그의 삶과 죽음 전체에 깔린 비극적인 신비에 환상을 갖게 됩니다. 루트비히는 이 세상을 "유치한 세상"이라고 했습니다. 세월이 흐르면서 그는 낮에는 잠을 자고 밤에는 시 낭송을 듣거나, 썰매를 타고 달빛에 젖은 시골 길을 달리기도 하면서, 울적한 고독 속으로 빠져들었습니다. 그는 "대중의 박수"를 거부하며 "아니야! 아니야! 나는 나의 이 껍질 밖으로 나올 수가 없어. 결코 다시는 나오지 않을 거야!"라고 외쳤습니다. 바이에른 의회는 그를 미친 사람이라고 선언하고 폐위를 결정했습니다. 마흔한 살의 왕은 격노하며 뮌헨으로 잠적했습니다. 사흘 후에 그의 시신은 뮌헨 근처의 호수에서 발견되었습니다. 궁의 음모에 의해 살해되었을 것이라고 주장하는 사람들도 있지만, 아마도 그는 자살했을 것입니다.

신문 기자는 루트비히 2세에 대해 분명한 사실이 한 가지 있다고 말합니다. "루트비히는 '나는 나 자신을 향해 그리고 세상을 향해 영원한 수수께끼로 남고 싶다'라고 말했다. 그의 말처럼 그의 인생은 지금까지 수수께끼로 남아 있다."[12]

예화의 도움을 필요로 했던 포인트로 되돌아오는 전환: 루트비히 2세와 같이 우리의 인생도 영원히 풀리지 않는 문제를 간직한 수수께끼로 남겨질 수 있습니다.

포인트를 다시 강조 또는 반복: 우리의 인생이 수수께끼처럼 느껴진다면 우리의 인생은 어디로 가야 할지 알 수 없는 미로에 갇혀버립니다("인생의 미로"라는 강의의 주제를 기억하는가?) 왜 여러분은 인생이 수수께끼라고 당혹 그 자체라고 생각하십니까? 왜 좌절을 경험하게 됩니까? 인생을 이해할 수 있는 방법을 어떻게 발견할 수 있습니까? 잠깐 기다리십시오. 제가 몇몇 방향을 제시해드리겠습니다.

두 번째 포인트로의 전환: 인생은 수수께끼일 뿐 아니라, 설명할 수 없는 신비라는 사실을 우리는 또 발견하게 됩니다.

II. 인생은 신비입니다. – 우리는 인생을 설명할 수 없습니다(나는 두 번째 포인트를 설명하기 위해 인생이 신비라는 사실에 대한 다른 예화를 사용했으며, 세 번째 포인트를 설명할 때도 마찬가지다).

> **적용하기** ACTION STEP
>
> 나는 설교자들이 예화의 정렬을 연습함으로써 설교 효과를 극대화할 수 있기를 바란다. 청중들이 예화를 통해 최대의 효과를 경험할 수 있도록 청중을 염두에 두고 설교의 포인트와 전환을 발전시켜나가라. 마지막으로 지금까지의 작성했던 설교 원고를 꺼내 사용했던 예화를 다시 살펴보며, 효과적인 예화 활용을 위해 효과적인 예화에 견주어 설명했던 회전문의 원리를 얼마나 따랐는지 확인해보라.

예화 배치하기!

모든 설교가 그렇지만 특별히 전도설교의 경우에는 더욱더 설교의 전환 부분에 예화가 필요하다.

서론: 특별히 전도설교의 경우에는 서론 없이 설교를 시작하지 말라. 이 권고를 다시 곰곰이 생각해보라. 서론 없이 설교를 시작할 수 있는가? 그럴 수 없다. 그럼에도 불구하고 어떤 설교자들은 그렇게 한다. 그런 설교자들은 비행기가 이륙하듯이 설교를 시작하지 않고, 마치 갑자기 나타나서 폭죽을 터트리듯이 설교를 시작한다. 예화는 설교를 매끄럽게 이륙시켜준다. 설교의 서두에 사용하는 좋은 예화는 좋은 서론의 중요한 요소들을 직간접적으로 포함한다. 그러한 요소로는 관심을 집중시키는 효과, 필요의 제기, 주제의 방향 제시 그리고 목적의 암시 등이 있다.

결론: 결론은 설교를 안전하게 착륙시켜줘야 한다. 특히 설교를 잘 요약하고, 명쾌하게 절정에 이르게 하려면(추락이 아닌), 강력한 예화가 필요하다. 전도설교에서는 종종 마지막 예화가 자연스럽게 초청으로 이어진다.

대지: 나는 학생들이 그들의 대지를 복습하며 결말을 지을 수 있도록 각 대지마다 강력한 예화를 준비하고 다음 대지로 넘어갈 것을 요청한다. 만일 예화에 기초한 주제 설교를 한다면, 강해를 하는 내내 그 예화의 요점들을 언급하게 될 것이다. 부록 4에 나와 있는 "예비 전도 단계의 설교 실제"를 참조하며, 설교 전체를 발전시키는 과정에서 예화를 어떻게 설교 밑바탕에 넣는지 그리고 서론과 결론에 예화를 어떻게 사용하는지 보라. 이와 같은 일반적인 위치에 놓여진 예화 외에, 설교 곳곳에 사용된 예화들은 전도적인 주제를 더 분명히 밝혀주고 구체화시키며 명확하게 해준다.

가장 기본적이나 진부하지 않은 세 가지 주제, 즉 죄, 대속 그리고 구원을 가능케 하는 믿음에 관한 예화는 어느 전도설교에든 포함되어 있어야 한다. 다음과 같은 포인트를 강조하기 위해 세 주제에 관한 예화가 필요하다.

　죄: 불신자들이 예수님의 필요성을 볼 수 있도록.
　대속: 구원을 위한 하나님의 공급하심을 볼 수 있도록.
　구원을 가능케 하는 믿음: 구원의 방법을 설명해주기 위해.

　죄: 죄에 대한 예화는 죄의 개인적인 측면을 밝혀준다. 그러한 예화들은 질문이나 암시나 연관 관계 등을 통해 이해와 반응을 이끌어낸다. 그리고 청중들은 주로 내면적으로 반응하게 된다. 청중 자신이 개인적으로 하나님의 기대하심에 미치지 못하고 있음을 깨달아야 한다. 다음은 죄에 관한 예화다.
　내가 방문해본 곳 가운데 가장 멀고 외딴곳은 벵골 만에 있는 안다만제도다. 그곳은 태초에 지녔던 그대로의 모습을 간직하고 있다. 영국이 그 제도의 식민지화를 시작했고, 1858년 그 섬의 주요 도시인 포트블레어(Port Blair)에 정치범들을 가두기 위한 감옥을 만들었다. 수많은 정치범들이 무기 징역을 선고받고 그곳에 수감되었으며, 조국에 있는 사람들은 그들의 찢어지는 절규 소리를 들을 수 없었다.
　이 제도에 대한 여행 안내 책자에는 죄수들이 가장 무서워했던 독방을 관리하던 소장에 대한 묘사가 있다. 배리(Barry)라는 이 영국인은 "가학적인 성도착자며 인종차별주의자며 불독같이 끈질긴 사람이었다. 160센티미터의 키를 갖은 이 사람은, 죄수들을 완벽하게 통제하기 위해 특별한 섭리에 의해 창조된 사람"처럼 보였다. 그는 자유를 위해 투쟁하는 인도인들 때문에 자신이 잔인해질 수밖에 없다고 핑계를 댔다. 그는 자신의 절대적인 권력에 대해 자랑했다. "우주에 하나님은 한 분이시며 그 하나님은 하늘 위에 계신다. 그러나 포트블레어의 하나님이 둘이다. 한 분은 하늘에 계시고, 나머지 한 명은 바로 나다. 내 이름은 D. 배리다. 만일 당신들이 나를 거역한다면, 하나님이 당신들을 도와주시길 바란다. 나는 절대로 당신들을 돕지 않을 것이다. 분명히 결코 돕지 않을 것이다. 한 가지 더 기억할 것은 하나님은 포트블레어의 5킬로미터 이내로 접근할 수 없다는 사실이다."

죄에 대해 설명한 후에, 이 예화를 들려주며 개인적인 죄에 대해 분명하게 말하라. "여러분은 배리라고 하는 감옥 소장과 같이 하나님께 반항하며 하나님과 거리를 두려고 하지는 않을 것입니다. 그러나 우리는 배리와 유사한 감정을 갖고 있습니다. 왜냐하면 여러분의 인생을 하나님보다 여러분 자신이 더 잘 운영해나갈 수 있다고 생각하기 때문입니다. 여러분의 인생을 향해 갖고 계시는 하나님의 계획을 여러분은 조롱해버리고 말았습니다. 여러분은 여러분 주위에 금을 그어놓고는 하나님이 여러분에게 접근하시지 못하게 막고 있습니다. 하나님은 그러한 여러분의 모습을 우주적인 반란, 도덕적인 실패 그리고 죄라고 부르십니다."

대속: 여러 가지 면에서 대속은 복음의 심장이다. 인류가 처한 상황을 위해 하나님이 무슨 일을 하셨는가에 대한 수많은 예화들을 찾아야만 한다. 세상에 있는 그 무엇으로도 대속의 깊은 의미를 다 깨닫게 하거나 이해시킬 수는 없다. 그러나 단편적으로나마 인류를 대신해 죽음으로 죄의 삯을 지불하시기 위해, 사람이 되신 하나님과 십자가에서 돌아가신 예수님을 상징할 만한 예화를 찾을 수 있을 것이다. 다른 사람을 살리기 위해 장기를 기증한 사람, 다른 사람을 구출하다가 자기 목숨을 잃은 소방관, 나라를 위해 싸우다 죽은 군인, 다른 사람을 풀어주기 위해 대신 사형을 당한 사람 등등. 이러한 예화들은 그리스도의 대속의 죽음과 비슷한 면이 있으며 우리 주위에서 어렵지 않게 찾을 수 있다.

하나님이 이 장을 써나가는 데 예화가 필요하다고 하는 나의 기도에 응답하시며 예화를 주셨다고 앞에서 언급했다. 여기서 그 예화를 소개한다. 나는 사람들에게 선한 행동을 통해 구원받을 수 있다는 소망을 주지는 않지만, 종종 그들의 선행을 칭찬해주곤 한다. 그 자체로는 선하지만, 하나님 앞에서는 아무런 의미를 갖지 못하는 선한 행동에는 도대체 무슨 의미가 있는가? 우리가 구원을 받은 후에도 사단이 자기의 목적을 이루기 위해 사용하는 "나쁜" 짐 가방을 끌고 다니듯이, 구원을 받기 전에도 성령님이 당신의 목적을 이루기 위해 사용하셨던 "좋은" 짐 가방을 끌고 다녔을 수도 있다. 즉, 선한 행동들은 그 자체로 선할 수 있다. 그러나 그 선한 행동들이 구원을 가져다주지는 못한다. 그렇다면 선한 일들은 우리에게 어떤 의미가 있는가? (나의 포인트) 선한 일이 우리를 구원해주지는 못한다. 그러나 그것들은 구원받고 난 후에 더 빠르고 건강한 성장을 경험하는 데 좋은 장비로 사용될 수 있다. 위험하고 많은 피해를 입히는 산불을 방지하는 실험을 통해 더 자세히 설명해보도록 하자.

1934년 미국 삼림 보호청은 산불 방지를 위해 블랙스 마운틴(Blacks Mountain)이라는 실험 삼림을 조성했다. 라슨 국립 공원 안에 약 4천만 평방미터의 땅을 지정해 생태학 연구를 시작했다. 그리고 실험을 하기 위해 일부러 불을 질렀다. 그 실험을 관찰한 사람 가운데 한 사람이 다음과 같이 말했다. "콘(처음 산불이 시작된 곳)이라고 명명한 불이 이 지역 숲을 휩쓸고 지나갔으며, 특정한 지역에 이르렀을 때 불이 사그라들었다. 마치 눈에 보이지 않는 무언극의 벽이 둘러져 있는 듯했다." 무엇이 실험 장소 가운데 이곳에서 불이 꺼지게 만들었을까? 이 지역은 불을 내기 전에 특별한 조치를 해두었던 곳이었다. 선택적으로 숲에 물을 뿌려놓고, 전략적으로 숲의 부분 부분을 미리 태워둔 곳이었다.[13]

먼저 불을 끄기 위해서는 숲의 부분 부분을 미리 불로 태우는 것이 필요했다. 그리고 일단 불이 꺼지고 난 후에는 젖은 숲이 원상복귀되면서 풀과 나무의 성장과 야생동물의 생존에 도움을 주었다. 불이 꺼지지 않았다면 풀도 나무도 살아남지 못했을 것이며, 숲을 적셔놓지 않았다면 불은 기승을 부리며 타올랐을 것이다.

즉 심판의 불이 어느 날엔가 온 인류를 휩쓸고 지나갈 것이다. 우리는 하나님께 나아가기 위해 수백 년에 걸쳐 숲에 물을 뿌리는 것과 같은 인간적인 노력을 시도해왔다. 철학자들로부터 어떻게 살아야 하는가를 배우고, 종교를 통해 우리의 잘못을 어떻게 해결받을 것인가를 배우면서 말이다. 그러나 그러한 노력은 모두 부질없는 짓이다! 우리의 최선의 노력과 생각들과 아이디어는 하나님의 불을 막기에는 너무도 부족하며 무력하다. 이러한 선한 일들은 우리가 우리의 죄악을 더욱더 크게 성장시키는 것을 막아줄 수는 있으나, 우리 삶의 저변 속에 감춰진 키작은 적지 않은 수풀과 같은 죄악들은 미래의 심판의 불을 더욱 격노케 만드는 연료의 역할을 하게 될 것이다. 누군가가 얘기했듯이 "당신은 최악은 아니지만, 그래도 충분히 악하다." 또한 우리는 우리 이웃보다는 조금 나을 수는 있지만, 하나님이 기대하시는 것만큼 선하지도 못하다. 하나님의 불이 다가올 것이다.

우리의 선한 행위가 그 불이 우리를 소멸시키는 것을 막아주지 못할 것이다. 내 경우는 잘 모르겠지만, 어떤 사람들의 경우에는 다른 이웃이나 친구나 동료들보다 지옥에서 좀 더 약한 형벌을 받을지 모른다. 그러나 이 세상에서 남들보다 착하게 살고 선한 일을 더 많이 하며 살았을지라도 그것들은 일단 불이 꺼지고 난 다음에 회복하는 과정에서나, 즉 그 불이 우리를 건드리지 않고 난 다음에야 도움이 될 뿐이다. 우리는 선한 행위를 통해서 미래의 여정을 계속할 수 있다. 그러나 먼저 다가오는 불을 멈추어야만 한다.

다가오는 불을 막을 수 있는 길이 있는가? 삼림청과 하나님 모두 같은 방법을 사용하신다. 불을 끄는 방법은 태울 것이 없게 만드는 것이다. 삼림청은 그것을 전략적인 연소라고 부른다. 일정한 지역을 일단 불로 태우고 나면, 더 이상 불에 탈 것이 없어진다. 마찬가지로 하나님이 주 예수님을 전략적으로 인류를 위해 미리 태워버리셨다. 예수님은 우리를 위해 미리 태움을 당하셨다. 그래서 누구든지 그분의 죽으심이 자신을 위한 전략적인 죽음인 것을 믿는 사람은 심판의 불로부터 안전한 것이다. 만약 그것을 받아들이지 않는다면 하나님의 심판의 불이 우리를 멸하고 말 것이다. 하나님의 불은 같은 곳을 두 번 태우지 않으신다. 일단 그리스도의 십자가 사역을 나를 위한 것으로 믿고 받아들이면, 우리는 안전해진다. 일단 하나님의 심판의 불이 우리를 태우지 않을 것을 확신하고 난 후에는 우리가 구원받기 전에 하고 싶어 했던 모든 선한 일들을 마음껏 행할 수 있게 된다. 이제는 이기적인 동기가 아니라 새로운 동기와 하나님이 주시는 증가된 에너지를 가지고 선한 일을 추구할 수 있게 된다. 사실, 구원을 받고 난 후에 행하는 선한 일들은 우리를 하나님과 이웃을 위해 선한 열매를 맺는 선한 나무로 성장시켜줄 것이다. 선택적으로 숲을 적셔놓는 작업에 의지해서는 안 된다. 왜냐하면, 젖지 않는 키작은 수풀과 같은 숨겨진 죄악들이 무섭게 타오르게 되기 때문이다. 하나님의 아들을 의지해야 한다. 그분은 우리를 대신해서 우리 죄악의 대가를 대신 지불하시고, 우리의 형벌을 대신 받으심으로 우리를 하나님의 불에서 안전하게 보호해주신다. 이제 우리의 선한 행위를 하나님께 드린다면, 하나님은 우리가 상상도 못했던 위대한 방법으로 우리를 사용하실 것이다.

구원을 가능케 하는 믿음: 효과적으로 설교를 결론짓기 위해서는 결론 부분에서 구원의 유일한 조건을 명백하게 선포해야 하며, 초청을 통해 반응을 끌어낼 수 있어야 한다. 다음과 같은 예화가 도움이 될 수 있다.

(미국에서) 전국적으로 8만 명 이상의 사람들이 장기 기증을 기다리고 있으며, 2010년이 되면 백만 명으로 늘어날 것으로 추산하고 있다. 그중 3분의 2에 해당하는 5만 5천 명이 간의 기증을 기다리고 있다. 2002년에는 살아 있는 사람들의 장기 기증이 죽은 사람들이 장기를 기증하는 수보다 더 많아졌다. "그와 같은 선한 사마리아인들의 대부분은 친척이나 가까운 친구들이다. 그러나 전적으로 이타적인 동기에서, 즉 의사가 결정하는 사람이 누가 되든, 그 사람에게 장기를 기증하는 사람들의 수가 증가하고 있다."[14]

의사는 기증자의 상태를 철저하게 검사한 후, 검사 결과를 토대로 이식받을 수 있는 사람을 결정한다. 그리고 마지막으로 수술을 한다. 드디어 새로운 생명이 시작된다. 기증자의 용의와 이식할 수 있는 간이라는 정확한 판단이 내려진다고 해서 병으로 죽어가는 사람이 바로 건강해지는 것은 아니다. 환자의 입장에서는 의사를 신뢰하고 새로운 생명의 선물을 받아들여야만 한다.

이와 마찬가지로, 죄악된 인류도 하나님으로부터 멀리 떨어져서 죽음의 상태에 놓여 있었으며, 영원히 하나님으로부터 분리된 모습으로 살 수밖에 없었다. 그러나 하나님은 죽음 가운데 있던 우리를 살리실 수 있는 정확한 대치 장기를 발견하셨다. 최근에 열일곱 살 난 소녀가 일치하지 않는 혈액형의 심장과 폐를 이식받고 죽는 사건이 발생했다. "지난 30년 동안 수만 번의 이식수술이 행해졌으나 아주 예외적인 경우였다."[15] 그러나 하나님은 완전한 자격을 갖춘 기증자를 주셨다. 그리스도의 혈액형은 우리의 혈액형과 완벽히 일치한다. 하나님은 수천 년 동안 수억 번의 이식수술을 하셨다. 물론 수술 사고는 한 번도 없었다. 하나님은 지금 당신에게 새 생명을 이식시켜주기를 원하신다. 의사이신 하나님을 신뢰하며 주 예수 그리스도 안에 있는 영원한 생명의 선물을 받아들이기를 원한다면, 그 수술은 지금이라도 당장 시작되며 성공적으로 끝나게 될 것이다. 우리에게는 수술 과정이 복잡해 보이지만, 하나님께는 그렇지 않다. 당신이 극도로 연약한 존재라는 사실을 인정하며, 의사이신 하나님을 신뢰하고 생명을 선물로 받지 않겠는가? 하나님이 주시는 생명은 선물은 OOO 함으로 받을 수 있게 된다(여기서 나는 구원 초청을 하며 어떻게 반응해야 하는지를 명쾌하게 설명할 것이다).

ACTION STEP

"죄" "대속" "구원을 가능케 하는 믿음" 과 같은 예화들을 모아 분류하기 시작하라. 앞으로 3개월 동안 각각의 주제와 관련된 예화를 열 개씩 모으도록 목표를 세워보라. 나는 대속에 관한 예화를 이메일로 받은 적이 있다. 독자들이 이 예화를 다음번 전도 설교를 할 때 최대한 활용할 수 있기를 바란다.

어느 부활주일 아침, 뉴 잉글랜드의 자그마한 마을의 목사인 조지 토마스는 낡고 녹슬고 찌그러진 새장을 들고 예배당으로 들어왔습니다. 그리고 그 새장을 강단 옆에 놓았습니다.
몇몇 사람들이 눈을 찌푸렸고 그러한 반응에 응수하듯이 토마스 목사는 설교를 시작했습니다.
제가 어제 길을 걷고 있었는데, 한 소년이 이 새장을 흔들면서 맞은편에서 걸어오고 있었습니다. 이 새장의 바닥에는 추위와 공포에 질린 야생 새 세 마리가 떨고 있었습니다. 저는 그 소년에게 "새 장 안에 있는 것이 무엇이냐?" 고 물었습니다.
"그냥 새 몇 마리예요" 라고 답을 했습니다.
"그 새들을 어떻게 하려고 하니?" 제가 물었습니다.
"집에 가지고 가서 놀려고 해요. 집에 가서 새털을 뽑고 싸움을 붙일 거예요. 참 재미있을 거예요." 소년이 대답했습니다.
"하지만 금방 싫증이 날 걸."
"저는 고양이도 있는데 그 고양이는 새를 좋아해요. 그 고양이에게 주면 돼요."
저는 잠시 할 말을 잊었습니다.
"얼마를 주면 그 새들을 내게 팔겠니?"
"예? 이 새들이 왜 필요하세요? 아저씨, 이 새는 그냥 야생 새예요. 노래도 할 줄 모르고 예쁘지도 않잖아요?"

"얼마에 팔겠니?" 제가 다시 물었습니다.

그 소년은 제가 정신이 없는 사람이라는 듯이 저를 살펴보더니만 "10불 주실래요?" 라고 했습니다.

저는 주머니에서 10불을 꺼내 그 아이에게 주었습니다. 그 소년은 순식간에 사라져버렸습니다.

"저는 그 새장을 들고 골목 끝으로 갔습니다. 거기에는 나무 한 그루가 있었고 풀도 좀 있었습니다. 저는 새장의 문을 열고 새장 위를 톡톡 치면서 새들이 빠져나갈 수 있도록 유도했습니다. 그 새들을 자유케 해주었습니다."

(자 이제 빈 새장에 대한 설명이 잘 되었다.) 그러고는 그 목사는 이야기를 이어갔습니다.

하루는 예수님과 사단이 대화를 나누고 있었습니다. 사단은 방금 에덴 동산에서 막 나오던 참이었습니다. 사단은 아주 기분이 좋아 으스대고 있었습니다. "예수님, 제가 방금 온 세상 사람들을 다 사로잡았습니다. 사람들이 결코 물리칠 수 없는 유혹의 덫을 놓고 미끼를 사용해서 모두 다 잡아버렸습니다! 모두 다요!"

"이제 그 사람들을 어떻게 하려고 하느냐?" 예수님이 물으셨습니다.

사단이 대답했습니다. "아주 재미있을 겁니다. 내가 그들에게 결혼하고 이혼하는 법, 서로 미워하고 서로를 해치는 법, 술 마시고 담배 피우며 욕하는 법을 가르쳐줄 겁니다. 또 총과 폭탄을 만들고 서로를 죽이는 법을 가르쳐줄 겁니다. 정말 재미있을 거예요."

"그런 다음에는 어떻게 할 생각이냐?" 예수님이 물으셨습니다.

"그 다음에는 그 사람들을 다 죽일 겁니다." 사단은 오만한 자세로 눈을 번덕거렸습니다.

"얼마를 주면 그 사람들을 내게 건네주겠느냐?" 예수님이 물으셨습니다.

"예수님 당신은 그 사람들이 필요 없을 겁니다. 좋은 사람들이 아니에요. 예수님이 그들을 데리고 가면 그들은 곧 예수님을 미워할 겁니다. 당신에게 침을 뱉고 저주하며, 당신을 죽이기까지 할 겁니다. 그런 사람들을 왜 원하십니까?"

"얼마면 돼?" 예수님이 다시 물으셨습니다.

사단은 예수님을 바라보며 깔보는 듯한 표정으로 대답했습니다. "당신의 모든 눈물과 당신 피의 전부면 됩니다."

예수님은 "그렇게 하지!" 라고 말씀하시고는 값을 지불하셨습니다.

말을 마친 조지 목사는 새장을 집어 들고, 문을 열고는 예배당을 걸어 나갔습니다.

10장
구원 초청

"어느 날 밤에 배웠던 그 교훈, 내가 결코 기억에서 지울 수 없었던 교훈 하나를 나누길 원한다. 그것은 설교할 때, 바로 그 자리에서 그리스도를 영혼들의 마음속에 각인시켜야 하며, 그 자리에서 결단할 수 있도록 해야 한다는 사실이다. 나는 예수님에 대한 그들의 결정을 일주일 후에 하도록 시간을 주어 미루느니 차라리 내 오른손을 잘라버리기를 원한다."

– 드와이트 L. 무디(Dwight L. Moody)

전화 관리 업체인 피지 텔레콤에서 고급 관리자들을 위한 조찬을 베풀었다. 나는 그 모임의 분위기와 목적에 대해 충분한 설명을 듣지 못했기 때문에, 예수 그리스도를 주님으로 영접할 것을 촉구하는 초청을 하는 것이 어색하다고 판단하고 초청 없이 말씀을 마쳤다. 그러나 피타(pita, 베드로) 목사님은 나와는 다른 생각을 갖고 있었다. 원래의 예정된 축도가 아닌 반응을 요구하는 초청을 했다. 그리고 그날 아침, 하나님이 주신 기회를 제대로 포착한 피타 목사님으로 인해, 열두 명의 영혼이 예수 그리스도를 주님으로 영접했다. 그 목사님은 나에게 전도설교에 대한 잊을 수 없는 깊은 교훈을 가르쳐주었다. "사람을 낚으려면 그물을 던져라. 단 몇 마리의 고기라도 잡을 수 있을지 누가 알겠는가? 그물을 던지고서 한 마리도 잡지 못하는 것이 아예 그물을 던지지도 않고 한 마리도 잡지 못하는 것보다 훨씬 낫다!" 그

후로 나는 전도설교를 할 때마다 예수 그리스도를 확실히 영접할 수 있도록 최소한의 간접적인 초청이라도 꼭 하고 있다.

그 교훈을 얻고 얼마 되지 않아, 국회 부의장의 크리스천 친구들의 초대를 받은 나는 체코의 프라하에 가게 되었다. 사적인 만찬의 자리였지만 약 2백 명 정도의 사업가들과 전문인들 앞에서 말씀을 전하게 되었다. 물론 새로운 엘리트 계층의 관심은 이 영적인 철학자의 얘기보다 부의장의 손을 잡고 악수하는 데 더 쏠려 있었다. 그렇지만 호화로운 카펫이 깔리고 샹들리에가 빛나는 이층 연회장은 점점 거룩한 땅으로 바뀌고 있었다. 내가 말씀을 시작했지만 핸드폰으로 전화를 하고 있는 사람들도 있었다. 어떤 사람은 핸드폰에 대고 얘기를 하는 척하고 있는데 전화벨이 울리기도 했다. 나는 계속 말씀을 전했고 분위기는 자리를 잡아갔다. 나는 말씀의 전반부에서 예비 전도 단계의 분위기를 유지해나갔지만, 그들의 삶을 예수님께 들고 나올 것을 간접적으로 초청하며 말씀을 마쳤다. 그 자리에서 기회를 포착하지 않으면 그 사람들이 언제 또다시 예수님을 영접할 수 있는 기회를 갖게 될지 알 수 없기 때문이었다. 하나님은 사람들이 예수 그리스도를 영접할 수 있는 기회를 새롭게 만들어주신다. 우리가 만든 것이 아니다. 그러나 우리가 실수하는 것이 아예 초청하지도 않는 것보다 낫다는 사실을 알기에, 우리는 하나님이 만들어놓으신 기회를 포착해야 한다. 그리스도를 거부하는 것은 그 사람들의 몫이지 우리의 몫이 아니다. 초청을 할 때 아무도 반응하지 않을 가능성이 많기에, 모든 복음 전도자들에게 필요한 참된 겸손의 자세를 우리는 초청의 시간을 통해 배워간다.

성경의 전례: 왜 초청을 하는가?

구원 초청의 전례를 우리는 성경에서 발견할 수 있는가? 오늘날 일반적으로 사용되는 구원 초청의 형태는 회개와 믿음 그리고 중생에 관한 신학적이고 문맥적인 특성들이 시간이 흐르고 문학이 발달되면서 고정된 것이다. 구원 초청의 형태와 모델은 고정화될 수 없다. 그러나 죄로부터 돌아서서 예수님께로 나올 수 있도록 기회를 준다는 그 기능과 의미는 반드시 성경적인 기초 위에 세워져야 한다.

하나님이 아담을 초청하셨다. "네가 어디 있느냐"(창 3:9). 또 아담 안에서 모든 사람을 당신께로 초청하셨다. 하나님의 초청은 장소적인 의미가 아니었다. 하나님의 초청은 되돌아서 하나님께로 나아오라는 초청이었다. 그것은 대중 앞에서의 초청은 아니었다. 그곳에는 되돌아오는 그의 모습을 증거해줄 대중은 없었다. 그러나 하나님의 질문은 초청을 포함하고 있었으며, 그 초청은 아담의 반응을 요구했다.

구약의 다른 구원으로의 초청은 땅 끝의 모든 백성들을 향해 "돌아올 것"을 또는 "올" 것을 촉구하는 하나님의 호소에서 찾아볼 수 있다(사 1:18, 45:22, 49:1 이하, 55:1). 니느웨는 요나의 설교를 듣고 회개했다(마 12:41). 그 사실은 요나가 적어도 니느웨 사람들을 향해 간접적인 초청을 했다는 사실을 전제로 한다.

주 예수님도 수고하고 인생의 무거운 짐으로 허덕이는 영혼들을 초청하시며 쉼을 약속하셨다(마 11:28). 대중 앞에서의 초청이거나 개인적인 초청이거나 예수님만이 사람들이 나아가야 할 대상이시다. 하나님은 죄인들이 회개하고 복음을 믿게 하기 위해 그들을 부르셨다(마 9:13). 신학자들은 인류를 부르시는 하나님의 일반적인 부르심과 유효한 부르심을 구별한다. 성령님의 일반적인 부르심은 모든 인류를 향한다. 성령님은 죄에 대해, 의에 대해 그리고 심판에 대해 세상을 책망하시기 때문이다. 하나님의 유효한 부르심은 설교를 통해 구원받도록 선택받은 영혼들 속에 주권적으로 역사하시는 하나님의 은혜에 대한 개인적인 반응을 한 구성 요소로 포함한다. 하나님의 부르심은 미리 예정되어 있다(롬 8:30). 그러나 하나님은 복음 전도를 통해(살후 2:14) 당신이 택하신 영혼들을(살전 1:4-5) 부르신다. 성삼위 하나님이 모두 초청에 참여하신다는 사실은 반응을 촉구하는 우리의 구원 초청 사역에 아주 커다란 격려가 된다.

계속해서 사도들을 살펴보면, 베드로와 바울은 그들이 전하는 메시지에 반응할 것을 촉구했다. 사도행전 2장 38절에서 베드로는 유대인 군중들의 질문에 복음 전도적인 초청으로 대답하고 있다. 개개인이 회개해야 하며(메시아이신 예수님에 대한 생각을 바꿔야 한다), 그들의 가치관의 변화를 보여주는 세례를 받아야 한다고 말한다. 또한 바울의 설교는 매번 예수님으로 끝이 난다. 바울의 설교는 설득을 넘어 호소에 가깝다. "그러므로 우리가 그리스도를 대신하여 사신이 되어 하나님이 우리를 통하여 너희를 권면하시는 것 같이 그리스도를 대신하여 간청하노니 너희는 하나님과 화목하라"(고후 5:20). 하나님과 그리스도의 심장을 우리 마음속에 복사해넣기 위해서, 하나님이 우리를 통해 호소하고 계신다는 개념과 우리가 그리스도를 대신하여 사람들에게 호소한다는 개념을 비교해 생각해보라.

베드로나 바울 모두 예수님에 대해 얘기하거나 선포하거나 전하는 것을 뛰어넘어, 사람들에게 예수님을 믿도록 간절히 하소연하고(고후 5:20), 설득시키며(행 28:23-24), 회개를 촉구하는(행 3:18-19, 17:30, 막 1:15) 모습을 보여준다. 바울은 구원의 과정에서 대행자로서의 자신의 모습에 대해 강한 표현들을 사용하고 있다. 심지어 바울 자신이 구원한다는 표현을 사용하고 있다

(롬 11:14, 고전 9:22). 설교나 믿음 자체가 구원의 근거가 될 수는 없다. 하지만 초청과 반응의 과정으로 귀결되는 설교가 영혼의 구원 과정에서 차지하는 비중이 큰 것도 분명한 사실이다. 반응이 없는 것도 초청에 반하는 결정이다. 사람들은 이미 영원한 멸망을 향해 가고 있는 중이다. 그러나 하나님의 유일한 독생자를 믿으면 영원한 생명을 얻을 수 있다. 이러한 내용들을 다 놓고보면, 구원의 본질 그 자체가 설교자 편에서의 구원 초청과 불신자 편에서의 반응, 둘 모두를 요구한다. 구원 초청을 할 때 우리는 성령과 신부가 하시는 말씀을 따라서 하면 된다. "오라 하시는도다 듣는 자도 오라 할 것이요 목마른 자도 올 것이요 또 원하는 자는 값없이 생명수를 받으라"(계 22:17).

차드의 은자메나에서는 매년 성탄절과 설날 사이에 전국의 복음주의 교회들이 힘을 모아 함께 복음을 전파하고 '전도 후 단계'를 계획한다. 교회들이 함께 일한다는 것 자체가 기적인지는 모르겠으나 이때 수만 명의 영혼들이 반응하며 복음을 받아들인다. 한번은 나를 수도 근처에 있는 불신자들이 가득한 마을에 집어넣었다. 그곳에서는 복음이 선포된 적이 없었다. 약 천 2백 명 가운데 90퍼센트 정도가 불신자들로 구성된 그 청중은 집회가 진행되는 세 시간 내내 서 있었다. 나는 임시로 만든 곧 무너질 것 같은 플랫폼에 올라서서, 배터리로 가동시킨 음향 시스템을 통해, 많이 사용되는 두 개의 언어로 통역하는 두 명의 통역자들의 도움을 받아가며 말씀을 전했다. 그 과정은 지루했다(그렇지 않아도 긴 내 설교를 세 배로 늘렸다는 것을 상상해보라). 나는 초청으로 설교의 끝을 맺었다. 몇 사람이 감동을 받은 것 같았으며, 내 기억으로 한 명 아니면 두 명 정도가 초청에 응해 걸어 나왔다. 그때 나를 초청했던 분이 나를 향해 뒤로 잠깐 나오라고 손짓했다. 그러고는 열두 명의 사람들에게 내 설교를 간략하게 요약해서 그들의 부족 언어로 통역해줄 것을 부탁했다(그 지루함이란!). 그리고 이어서 그가 분명하게 청중을 향해 구원 초청을 했다. 종교도 언어도 모두 제각각인 약 이백 명의 영혼들이 그들의 신을 버리고 예수 그리스도를 믿기 위해 앞으로 걸어 나왔다. 나는 지금도 생각해본다. "만일 그날 구원 초청이 없었다면 어떻게 되었을까? 만일 우리가 그들에게 예수님의 예정된 선택을 선포해주지 않았다면 그리고 예수님을 받아들이도록 초청하지 않았다면 어떻게 되었겠는가?"

전략적인 필요성: 구원 초청이 없어도 되겠는가?

구원 초청이 필요한가 그렇지 아니한가에 대한 토론은, 설교학적인 측면에서든 개인적인 측면에서든 아무런 영향을 미치지 못한다.

전도설교에서 구원 초청은 다음과 같은 기능을 한다.

1. 설교의 목적을 밝혀주거나 재확인시켜주는 기능을 한다. 어쨌든, 결론에서 설교의 목적을 복습하게 된다. 초청은 설교의 결론에서 부드럽게 흘러나오게 되며 그 가운데 설교의 목적을 요약해준다. 설교의 목적이 하나님이 허락하시는 무죄 선언을 얻기 위해, 불신자들이 올바른 방법으로 하나님께로 나아오도록 하는 것이라고 해보자. 설교의 목적을 밝혀주거나 재확인시켜주면서 구원 초청을 시작하게 된다. "저는 이 시간 하나님이 허락하시는 무죄 선언을 얻기 위해, 여러분들이 올바른 방법으로 하나님께 나아오기를 바라며, 여러분을 구원으로 초청합니다."
2. 청중이 설교의 중심 명제를 받아들여, 예수님께 나아오는 결단의 시간,[1] 주 예수 그리스도를 인격적으로 신뢰할 수 있는 기회를 제공한다.
3. 예수 그리스도를 믿는 것이 무엇인가를 정확하게 알 수 있도록 구원의 조건을

명쾌하게 밝혀준다.
4. 우리의 개인적이고 온화한 그러나 직설적인 제안을 받아들일 수 있도록 격려하는 기능을 한다. 구원 초청 시간에 주고받는 대화는 아주 개인적이며 인격적인 것이다. 즉, 주 예수 그리스도의 초청을 전달하는 설교자와 그 내용을 듣는 사람들 사이에 인격 대 인격으로서 대화가 이루어지는 시간이다.
5. 청중들의 삶 속에서 역사하시며 구원에 이르도록 도우시는 성령 하나님의 역사하심에 기꺼이 그리고 간절히 모든 것을 맡기는 기능을 한다. 만일 성령 하나님이 듣는 사람의 마음을 준비시키셨다면, 우리의 구원 초청은 그들이 지체하지 않고 그리스도께 반응할 수 있는 기회가 된다.
6. 청중들이 구원 초청을 통해 영원한 생명을 얻게 되었을 때, 성령 하나님이 구원에 대한 확신을 심어주신 것을 기억하며, 나중에 자신들이 새로 태어난 그 날짜와 그 분위기를 상기할 수 있다.

전도설교의 결론에서 구원 초청으로 전환할 때 사용했던, 누가복음 18장 9-14절의 말씀을 근거로 한 초청의 내용을 소개한다. 앞에서 언급한 방법론에 해당되는 부분을 괄호( )로 표기해놓았다.

저는 이 시간('이 시간'이라는 표현은 긴박한 분위기를 자아내는 표현이다.) 하나님이 허락하시는 무죄 선언을 얻기 위해 당신이 올바른 방법으로 하나님께 나아오기를 바라며 당신을 구원으로 초청합니다(내 설교의 목적이 설교의 결론에서부터 구원 초청으로 옮겨져가고 있다. 이 첫 번째 문장은 아주 중요한 전환 문장이 된다. 설교자가 선포의 자세에서 호소하는 자세로 옮겨가는 것을 보여준다). 어떻게 바른 방법으로 하나님께 나아갈 수 있는지 당신은 묻습니다(여기서 나는 부드러우면서도 직설적인 접근을 취하고 있으며, 의도적으로 개인에게 집중하며 단수 명사를 사용했음을 주목하라). 당신은 하나님 앞에서, 당신의 이웃보다 더 낫다고 우쭐대며, 당신의 선한 행위들을 자랑해왔습니다. 그렇지만 하나님이 "아직 부족하다"고 말씀하시지 않을까 항상 불안함을 느꼈습니다. 얼마나 더 많은 선한 일들을 해야 하나님으로부터 완전히 의롭다는 선언을 받을 수 있을까요? 선한 일을 아홉 가지만 더 하면 될 것 같습니까? 구십 구가지? 아니면, 구백 구십 구가지? 혹시 하나님 앞에서 의롭게 되기 위해 한 개의 선한 행위가 부족하다고, 더 해야 한다고 말씀하시는 하나님의 음성을 들었습니까? 선한 행위를 손에 들고 하나님께 나아간다면, 문제는 계속될 것입니다. 그 선한 행위는 하나님이 당신에게 기대하시는 완벽함의 기준에 항상 모자라기 때문입니다. 하나님이 원하시는 것만큼의 선한 행위를 완벽하게 행했다는 확신을 당신은 결코 갖지 못할 것입니다(이 주장 속에서 구원은 행위로 얻는 것이 아니라는 복음의 한 부분을 다시 명백하게 밝혀준다). 저는 이 시간, 하나님이 허락하시는 무죄 선언을 얻기 위해 여러분이 올바른 방법으로 하나님께로 나아오기를 바라며, 여러분을 구원으로 초청합니다. 당신이 이룩해놓은 것들에 의존하지 말고 하나님이 이루어놓으신 것들을 의지해야만 합니다(설교의 중심 명제를 다시 간단하게 복습하면서 반응할 수 있도록 격려한다). 당신이 하나님께로 나아오는 것을 도와드리기 위해 하나님께 여러분의 마음을 말씀드리기를 권합니다. 잠시 머리를 숙이시겠습니까? 모두들 머리를 숙이시겠습니까? (침묵)

(여기서 나는 마음의 결정을 내려야 하는 결단의 시간으로 들어가고 있다.) 세리가 했던 것같이, 솔직하게 그리고 겸손하게 하나님께 기도드릴 준비가 되셨다면 (청중의 영접할 준비가 된 모습을 확인한다), "하나님이 불쌍히 여겨주시기를 바랍니다." 그저 그렇게 하나님께 말씀하십시오. (침묵) 당신이 죄인인 사실을 인정하십시오. (침묵) 이 시간 다른 사람에 대해서는 생각하지 마시기 바랍니다. 하나님이 당신을 불쌍히 여겨주시기를 기도하십시오. 세리의 기도 속에 당신의 이름

을 넣어서 기도하십시오. "하나님이여 불쌍히 여기소서 나는 죄인이로소이다." 그리고 당신을 위해 예수 그리스도가 완성해놓으신 일을 의지한다고 하나님께 말씀드리시기 바랍니다(이미 설교의 본론이나 결론에서 어떻게 하나님이 칭의의 사건을 완성하셨는지 설명했으며, 예화를 통해 명쾌하게 알려주었을 것이다). 조용히 그리고 솔직하게 하나님께 말씀드리십시오. 다음과 같이 하나님께 기도드리십시오(구원의 조건에 대해 분명하게 해야 한다). "하나님, 제가 죄인인 것을 인정합니다. (침묵) 저를 불쌍히 여겨주시옵소서. 지금까지 제 자신의 선한 행위로 구원을 얻을 수 있다고 생각해왔습니다. 이제 그 생각을 버리고 하나님이 주시는 무죄 선언을 받기 원합니다. (침묵) 주 예수 그리스도를 보내주셔서 저를 위해 대신 죽게 하시고, 대신 죄의 삯을 지불하게 하시며 제게 무죄를 선언해주셨음을 감사드립니다. (침묵) 예수 그리스도를 죽음에서 다시 살리시고 그리스도의 죽으심이 유효한 것임을 입증해주셔서 감사드립니다. (침묵) 예수 그리스도가 저의 죄를 대신 갚아주신 것을 믿습니다. (침묵) 이 시간 예수 그리스도만이 저를 구원하실 수 있는 유일하신 하나님이심을 믿고 영접합니다."

이 기도를 하나님께 드렸고 예수 그리스도가 당신의 죄를 씻어주신 것을 믿었다면, 당신은 하나님의 자비와 긍휼을 체험한 것입니다. 하나님이 당신을 향해 죄 없다고 하시는 무죄 선언을 듣고 이 자리를 떠나게 되었습니다.

하나님의 무죄 선언을 얻기 위해 당신이 더 이상 선행에 의존하지 않고 있다는 사실을 제가 알기 원합니다. 방금 그 기도를 드리고 싶었지만, 어떻게 표현을 해야 좋을지 몰라 말로 제대로 표현하지 못했던 분들이 계십니까? 또는 오랫동안 기도를 해본 적이 없었지만, 하나님이 어떻게 나를 죄 없다고 해주시는지 그 방법을 바로 깨닫게 된 분들이 계십니까? 그런 분들이 계시면 고개를 드시고 저와 눈을 마주쳐주시기 바랍니다. 그리고 제가 여러분을 서서히 둘러볼 때, 저와 눈이 마주치면 고개를 끄덕여주시기 바랍니다. 예, 제가 봤습니다. 형제님, 하나님 말씀에 근거하여 확신시켜드립니다. 당신의 죄를 깨끗하게 씻어주시기 위해 예수 그리스도가 해놓으신 일을 믿으셨기 때문에, 하나님은 당신을 죄 없다고 선언해주셨습니다. 또 다른 분 계십니까? 예, 형제님. 예, 자매님. 예, 젊은 친구분 제가 봤습니다. 바로 오늘이(청중들이 구원 초청을 통해 영원한 생명을 얻게 되었을 때, 성령 하나님이 구원의 확신을 심어주신 것을 기억하며, 나중에 자신들이 새로 태어난 그 날짜와 그 분위기를 상기할 수 있다) 하나님이 여러분을 죄 없다고 선언해주신 날임을 기억하시기 바랍니다. 여러분이 이 결단을 내린 사실을 오늘 다른 분에게 얘기하시기 바랍니다. 여러분을 이곳에 초청해주신 분에게 이 결단을 알려주시기 바랍니다(청중의 대부분이 믿는 사람들인 경우, 나는 구원을 확인시켜주는 기도로 끝을 맺던지, 아니면 담임 목회자에게 종결을 부탁한다. 만약 청중의 대부분이 불신자들인 경우에는, 이제 모두 머리를 들어도 좋다고 말해준다. 그리고 이 자리에 참석해준 것에 대해 감사한다는 뜻을 전해준다. 방문한 사람들을 위해 책들과 자료들을 소개해주고 대화를 계속 이어가거나 매주 새롭게 발행되는 영적인 통찰력에 관한 글 등을 소개하기 위해 우리 웹 사이트를 소개해준다. 집회 때 반응을 한 사람들이건 아니건, 그들의 영적 상태를 계속 살펴주는 '후속 양육'을 위해 그리스도를 모르는 사람들의 이름을 될 수 있는 대로 많이 '붙잡아' 두려고 노력한다).

실제적인 고려 사항: 어떻게 구원 초청을 잘할 수 있을까?

설교 전체에 퍼져 있는 구원 초청의 분위기가 어떠해야 하는지, 구원 초청을 구성하는 데 도움을 얻기 위해 실제적으로 고려해야 할 내용은 무엇인지 함께 나눠보자.

구원 초청의 분위기

구원 초청의 분위기는 설교의 아주 초두에서 설정된다. 서론에서 전도설교의 목적을 밝히고 난 후에 청중들의 필요를 보여줌으로써 설교 끝부분의 구원 초청에서 반응할 수 있도록 미리 준비를 시켜주는 것이 필요하다. 법정과 같이 엄숙하지만 커피숍과 같이 부드러운 분위기, 거룩함을 좋아하는 검사지만 동시에 죄인인 피고에게 도움을 주며 섬기는 변호사, 이러한 분위기를 생각하도록 하라. 그러나 그 피고는 동시에 배심원의 한 사람이기도 하다. 설교자가 청중으로부터 반응과 선택과 평결을 요구하게 될 것이다. 청중들의 개인적인 판결과 심판과 새로운 발견을 목적으로 삼고, 설교자는 설교를 한다. 그러나 그 과정 가운데 청중을 경멸하는 모습을 보여서는 안 될 것이다.

이러한 재판의 분위기는 설교 전체의 분위기 속에 깔려 있어야 하며, 설교자는 청중의 반응을 유발시키는 데 초점을 맞춰야 한다. 설교자는 청중들의 불안한 반응을 유도하는 것이 아니라 의식적인 결정을 내릴 수 있도록 진리를 제시해야 한다.

또한 설교자는 동시에 양심을 향해 회개를 촉구하며 청중이 양심적인 결정을 내릴 수 있도록 진리를 제시해야 한다. 청중들은 죄를 추구하던 자신들의 모습에 대해 죄책감, 후회, 허탈감, 슬픔 또는 가책 등을 느낄 수 있다. 또한 심판날에 하나님이 그들을 책망하시는 것을 느낄 수도 있다. 그러나 그러한 죄책감과 후회가 있는 재판정의 분위기 속에서도 용서와 기쁨과 약속의 소망이 설교 전체 분위기를 분명히 주도하고 있어야 한다.

공개적인 분위기에서 복음이 제시되지만, 결단의 과정에서는 사적인 분위기를 보장해주어야만 한다. 청중들의 인격적인 체험인 이 사적인 반응은 곧 공개적으로 알려지게 될 것이다.

구원 초청의 과정을 감싸고 있는 분위기와 관계의 환경은 전투와 신비와 긴박감과 열정 등의 특징을 갖는다.

전투

구원 초청을 해나가는 과정 가운데 설교자는 성령 하나님에 대해 특별히 민감해야 한다. 기도로 충분히 준비하고, 알고 있는 모든 죄를 자백해야 한다. 이 전도설교를 위해 성령님의 충만과 성령 예수님이 우리를 보호해주실 것을 간구해야 하고, 성령 하나님이 말씀을 듣게 될 영혼들을 미리 준비시켜주시며, 설교 가운데 함께하셔서 그 말씀들이 청중의 마음을 파고들어가 구원 초청의 시간 동안 강력하게 역사해주실 것을 간구해야 한다. 빌리 그레이엄은 이렇게 말한다. "(구원 초청 시간에) 나는 정서적으로, 육체적으로 그리고 영적으로 기진맥진해진다. 이 부분이 전도설교 가운데 육체적으로 나를 가장 힘들게 하는 부분이다. 그 이유는 아마도 수많은 영혼들 속에 진행되고 있는 격렬한 영적인 전투 때문이라고 생각한다."[2] 나는 초청을 시작할 때, 두려움과 혼란을 느끼며, 의심하게 된다. 그렇기 때문에, 내가 이 영적인 전투 속으로 보내심을 받았다고 하는 자각(1장에서 언급했던 이 표현을 기억하는가?)을 통해 얻을 수 있는 성령 하나님의 능력이 필요하다.

신비

구원 초청의 고민과 난제 가운데 하나는, 구원 초청에 관한 칼빈주의와 알미니안주의 사이의 논쟁이다. 혹시 택함을 받지 못한 영혼들을 향해서 구원받을 수 있다고 설득하여 선택을 촉구하고 있는 것은 아닌가? 이 문제에 있어서 나는 성경의 위대한 가르침과, 양 진영의 전도자들의 가르침에 모두 의존한다. "누구든지 원하는 자들은 구원을 받을 수 있다"는 초청은 모든 사람들에게 전파되지만(그러므로 나는 누구든 다 초청할 수 있다), 누구도 실수로 구원받게 되지는 않는다고 확신한다. 아버지가 이끌지 아니하시면 누구도 구원을 받을 수 없다(잘못된 반응은 계속 머물러 있지 못한다). 나는 구원을 받을 수 있는 사람들에게 그 기회를 주지 않는 것보다, 차라리 택하심을 받지 않은 사람에게 구원 초청을 던져보는 위험을 택하겠다! 요한복음 6장 37절은 양쪽 신학 사조가 모두 관심을 갖고 있는 문제에 대해 말씀해준다. "아버지께서 내게 주시는 자는 다 내게로 올 것이요 내게 오는 자는 내가 결코 내어 쫓지 아니하리라." 이것은 반응에 대한 결정이지, 구원 초청을 시작할지 말지에 대한 결정은 아니다.

나는 구원 초청의 진지함에 있어서는 알미니안적인 입장을, 확신에 있어서는 칼빈주의적인 입장을 취한다. 사람들의 영혼을 책망하며 회심시키는 것은 하나님의 책임이며, 설득하며 복음을 정확하게 전하는 것은 우리의 책임이다. 빌리 그레이엄 목사의 매제이자 목사인 레이튼 포드(Leighton Ford)는 다음과 같은 이야기를 들려준다. 존 맥닐(John Mcneil)의 전도 집회에서 한 젊은이는 하나님이 거저 주시는 은혜를 혹시 택함을 받지 못한 사람에게 전하게 될까봐 큰 고민에 빠지게 되었다. 그때 맥닐은 "엉뚱한 사람이 구원받게 될까봐 걱정하지 말게나. 주님은 자네를 용서해주실 걸세"라고 말하며 젊은이의 근심을 덜어주었다고 한다. 내가 설교하고 준비하는 집회에 누가 택함을 받은 사람이며, 택함받은 사람이 이 집회에 참석했는지 안 했는지 나는 전혀 알 길이 없다. 그러기에 내가 정확한 구원의 순서를 혼란시킬 것이라는 생각은 전혀 하지 않는다.

긴박감

커다란 기대감을 가지고 적과 평화 조약을 체결하기 위해 길을 나서는 특사와 같이 우리도 긴박감을 갖고 전도설교에 임해야 한다. 특사가 전파할 내용은 명백하다. "하나님의 팔이 예수 그리스도의 십자가 위에서 다시금 활짝 열렸습니다. 비록 지금 우리가 하나님을 등지고 있지만 우리는 뒤로 넘어지면서 하나님의 팔에 안길 수 있습니다. 그렇게 할 때 우리는 하나님과 영원히 화목하게 됩니다. 바로 지금 이 시간에 그 결단을 내릴 수 있습니다."

우리는 긴박감을 느낄 때 더 민감해지고 직관적이 된다. 우리가 특사로서 긴박감을 느낀다면, 분명 하나님이 이미 몇몇 영혼들을 구원하시려는 과정을 시작하고 계신 것이다. 그리고 그 하나님의 계획에 반응해 우리 안에 열정이 생기게 될 것이다. 그것은 특별한 영적인 열정이다. 우리는 사람들이 복음에 반응하도록 억지로 조종할 수는 없지만, 사도 바울과 같이 예수님이 그리스도이심을 분명히 보여주어야만 한다.

그 영혼들을 위한 긴박한 심정을 가지고, 청중들에게 복음을 설득력 있게 제시해주어야 한다. 필요 이상으로 감정을 자극해 초청에 반응하도록 초청 시간을 끌어서는 안 된다. 그러나 우리에게는 기대감이 필요하다. 하나님은 우리의 보잘것없는 노력을 사용하셔서 영혼들을 구원하신다. 불신자들이 복음을 받아들이게 될 것이라는 사실에 대한 흥분과 확신이 우리에게 없다면, 불신자들이 우리를, 우리의 메시지를 또 우리의 명제를 믿어야 할 이유가 어디 있겠는가?

열정

구원 초청의 시간에 우리는 청중과 관계를 맺게 된다. 이때 우리의 태도가 교만하거나 그들을 비난하거나 짜증나게 해서는 안 된다. 거지의 비유를 기억하는가? 지옥에 대해서 얘기할 때도 진지한 열정을 가지고 얘기할 수 있다. 사랑하는 마음을 가지고 그들의 양심을 향해 호소할 수도 있다. 청중의 의지와 이성을 향해 말씀을 전할 수도 있다. 항상 예의를 갖추고 말씀을 전해야 한다. 반응이 없다고 화를 내거나 실망해서도 안 된다. 구원 초청의 과정 가운데 그들의 반응이 설교자나 우리를 초청한 분들에게 어떤 영향을 미치든 전혀 신경 쓸 필요가 없다. 우리는 설교자로서 어떤 영혼들에게는 씨를 뿌리고, 또 어떤 영혼들에게는 씨가 자라게 하며, 또 어떤 영혼들에게는 수확을 거두고 있다는 사실을 기억해야 한다.

효과적인 구원 초청의 특징

내용의 명쾌성

기본적으로 구원 초청은 전도설교의 내용 가운데 주요 요소를 요약한 것이라고 볼 수 있다. 청중들은 설교 시간에 자신들이 동의하며 받아들이는 것과 거부하며 받아들이지 못하는 것이 무엇인지 알아야 하며, 그리스도가 약속해주시는 내용과, 또 그렇지 않는 것들이 무엇인지를 정확하게 알 수 있어야만 한다. 그렇기 때문에 다음 사항들에 대해 명쾌하게 설명해주어야 한다.

1. 하나님 앞에서의 불신자의 상태, 신분 그리고 위치에 대해 분명하게 밝혀주고 명쾌하게 설명해야 한다.
2. 그들의 모든 문제의 뿌리인 죄에 대한 해결책은 오직 예수 그리스도만이 공급해주실 수 있다는 사실을 명쾌하게 설명해야 한다.
3. 언어 사용이 명쾌해야 한다. 존경받는 어떤 복음 전도자는 이렇게 회고한다. "'형제여, 환영합니다. 이제 형제는 그리스도의 지체가 되었습니다. 이제 육신을 피하고 성령을 좇아 행하십시오'라는 얘기를 들었을 때, 나는 '어떻게 해야 몸의 한 지체가 될 수 있으며 또 육신을 피할

수 있다는 말인가?' 라고 생각했다. 나에게는 무슨 시체에 대해 얘기하는 것처럼 들렸다."[3]

4. 믿어야 할 대상에 대해 명쾌하게 설명해야 한다. 불신자들은 주 예수 그리스도를 믿게 되는 것이다. 믿음 자체가 구원을 주는 것이 아니다. 믿음의 기도가 구원해주는 것도 아니다. 그들을 구원해주시는 분은 바로 주 예수 그리스도시다. 구원은 그리스도를 믿는 믿음을 통해 주어진다.

5. 믿음의 조건과 내용에 대해 명쾌해야 한다. 믿음의 유일한 조건은 주 예수 그리스도를 죄인들을 구원하시는 유일한 하나님으로서 믿는 것이다. 다른 구원자들로부터 돌아서서 믿음을 통해 유일하신 참된 구원의 주님께 나아오는 것이다. '하나님 – 인류/ 예수님 – 믿음' 이라는 복음의 핵심 골격을 설명해주어야 한다.

6. 구원 초청에 반응하는 방법에 대해 명쾌해야 한다. 구원 초청의 형태가 어떠하든(여러 명이 같이 결단을 하게 되는 상황이라도), 초청은 예수님과의 인격적인 관계를 시작하는 개인적 반응이라는 점을 강조해야만 한다. 그리고 이 개인적인 반응은 곧 주위 사람들에게 공개적으로 알려지게 될 것이다.

과정의 다양성

전도설교를 하는 목회자는 사람들의 결단을 공개시키는 데 여러 가지 방법을 활용해야 한다. 말씀을 들은 사람들이 주 예수 그리스도를 인격적으로 믿기로 결단한 후에, 그 사실을 공개적으로 알리고 계속해서 성장을 돕기 위해 다양한 방법을 사용해야 한다. 초청에 대한 결단이 있은 후, 왜 그들이 자신들의 결단을 공개적으로 알려야 하는지 설명해주어야 한다. 주위 사람들에게 구원을 받았다는 사실을 알림으로써 성장에 필요한 도움을 얻을 수 있게 되며, 믿음 안에서 친구도 사귀며 계속해서 대화의 장을 열 수 있게 된다. 전도설교의 초두에서 구원 초청 후의 과정을 미리 알려주어야 한다. 예를 들면, "잠시 후에, 저는 여러분에게 이 강단 앞으로 나와 저를 만나주실 것을 요청할 것입니다. 저는 여러분과 기도하기를 원합니다. 여러분의 결단을 확실하게 해드리기 원하며 여러분의 영적인 성숙을 위한 자료들을 드리려고 합니다. 그리고 모임을 마치겠습니다."

순회 전도자의 경우는 같은 방법을 매번 사용할 수 있을 것이다. 구원 초청과 그 후의 과정까지 동일하다 할지라도 청중들에게 미리 알려주어 기대감을 갖게 하면 비슷한 방법이 때로는 전혀 다른 결과를 가져다줄 수 있다. 한번은 남아프리카 공화국의 프레토리아에 있는 럭비 경기장에서 있었던 전도 집회에서 청중의 반 정도가 초청에 반응하며 걸어 나오는 것을 경험하며 놀라움과 겸손함에 압도당했던 적이 있다. 나는 설교의 초두에서 이와 같은 반응을 기대한다고 밝혔으며 전체 청중을 이러한 극적인 절정의 순간을 위해 준비시켰다.

나는 목회를 하면서 초청의 반응을 요구할 때 다양한 방법들을 사용해왔다. 모두 눈을 감은 상태에서, 나는 이렇게 얘기한다.

"고개를 드시고 저를 보면서 고개를 끄덕거려주시기 바랍니다"(어떤 사람들은 미소를 짓기도 한다).
"엄지 손가락을 위로 추켜올리시기 바랍니다."
"저를 향해 손을 흔들어주시기 바랍니다."
"마지막 찬송을 부를 때, 또는 예배 후에 앞으로 걸어 나와주시기 바랍니다."
"앞에 있는 카드에 기록해주시기 바랍니다"(빈 종이라도 상관없고, 항목이 적혀 있는 카드를 준비해도 좋다).

"우리 웹 사이트에 등록하시기 바랍니다."

"자리에 앉아 계시면 저희가 찾아가겠습니다."

"앞자리로 나와주시면 제가 여러분의 질문에 답해드리며 대화를 더 나누도록 하겠습니다."

우리가 전도 집회 때 사용하는 카드의 샘플이다. 이 카드를 사용함으로써 반응의 질을 더 높일 수 있으며 후에 있을 후속 양육 단계에서 유용한 자료로 사용할 수 있다.

집회 이름:

장소:

강사 이름:

____ 하나님을 인격적으로 더 알기 원합니다.

____ 나의 영적인 문제에 대해 도움받기를 원합니다. 연락해주기를 원합니다.

____ 나는 오늘 주 예수님을 유일한 구원의 주님으로 인격적으로 받아들였음을 고백합니다.

____ 나는 앞으로 이와 같은 전도 집회에 더 참석하길 원합니다.

코멘트/ 질문:

성명 _____   이메일 _____

주소 _____

전화번호(원하는 경우) _____

나는 _____ 에게 초대받았습니다.

필요하면 info@rameshrichard.com 으로 이메일을 주십시오.

또는 www.rameshrichard.com 에 등록하십시오.

전화: 972-733-3402(미국)

팩스: 972-722-3495(미국)

경고 – 전도설교에서 피해야 할 것들

1. 너무 많은 것들을 약속하지 않도록 하라. 오직 성경이 크리스천들에게 아무 조건 없이 약속해주고 있는 것들만 약속하라.
2. 예수님께 나아오게 될 때 동반되는 요소들을 숨겨서는 안 된다. 그러나 이미 어려운 이슈들을 더 복잡하게 만들어서도 안 된다. 오직 예수님만을 믿는다는 것 자체가 그리 쉬운 문제가 아니다. 구원의 유일한 조건은 주 예수 그리스도를 죄인들을 구원하시는 유일하신 하나님으로서 믿는 것이다.
3. 성령 하나님이 역사하시는 것을 분명히 느끼는 경우를 제외하고는 초청 시간을 필요 이상으로 끌어서는 안 된다. 인내심으로 기다려야 하지만 늘어지게 해서는 안 된다.
4. 구원을 결정하는 마지막 순간을 몇 단계로 나누어서는 안 된다. 그렇게 되면 그 단계들에 의해 구원을 받은 것으로 오해할 수 있다. 예를 들면, '제일 먼저 눈을 감으시기 바랍니다. 다음에 손을 드시기 바랍니다. 다음에 일어서시기 바랍니다. 마지막으로 앞으로 나오시기 바랍니다'라는 식으로 얘기하지 않도록 하라. 이렇게 하면 설교자의 정직성까지도 의심받을 수가 있다. 공개적으로 알리는 과정을 하나의 형태로 고집하라.
5. 구원, 헌신, 선교, 병나음, 기도, 교회 등록, 침례 (내 얼굴을 좀 더 가까이서 보기 원하는 사람까지) 등 여러 가지 초청을 구분하라.
6. 인센티브를 사용하지 말라. 좋은 식사, 오락, 친구와의 관계, 상품과 같은 자극은 사람들을 집회에 데려오는 데까지만 사용하라. 이러한 인센티브들은 전도 집회에 사람들을 데리고 오기 위한 예비 전도 단계에서는 유용할 수 있지만, 그로 인해 구원받게 되는 것은 아니다. 어쨌든 주기로 약속한 것이 있다면 적당한 시간 내에 다 전달해주어야 한다.

7. 사람들의 팔을 비틀면서 억지로 예수 그리스도를 믿게 해서는 안 된다. 우리는 구원을 제시하는 사람이지 그들을 구원시키는 사람이 아니다.
8. 초청에 대해 반응한 사람들을 방치해두어서는 안 된다. 후속 양육은 전도적이지만 그 자체가 전도설교는 아니다. 강단에서의 초청은 찰스 피니(Charles Finney)의 "불안한 의자"에서 아사헬 네틀톤(Asahel Nettleton)의 "불안한 방"의 개념을 지나 D. L. 무디의 공개적인 반응과 사적인 상담을 위한 전도 초청의 역사를 갖고 있다.4 청중이 반응을 보였다고 해서 그것이 곧 믿음의 표현은 아니다. 공식적으로든 비공식적으로든, 빠른 시간 안에 계속해서 후속 양육을 해주어야 한다는 사실을 기억하라.

자신들이 그리스도를 받아들였다는 사실을 다른 사람에게 알릴 수 있는 기회를 설교자들이 만들어주는 것이 왜 필요한가? 구원 초청의 이유가 영적으로 그리고 심리적으로 청중에게 구원에 대한 확신을 주기 위함인가? 아니면 주로 후속 양육의 필요 때문인가?

내가 구원 초청을 하는 이유는 구원에 대한 확신을 주기 위해서라기보다 주로 후속 양육의 목적 때문이다. 구원을 향한 신앙의 여정 가운데 있는 사람들을 위한 효과적인 후속 양육을 위해서 구원 초청을 권장한다. 아직도 그들이 그 과정 가운데 있는지 아니면 중생의 체험을 통과했는지 정확히 알기 위한 방법으로 이보다 더 좋은 것이 없기 때문이다. 공개적인 인정을 하지 않고도 구원받을 수가 있다. 그리고 세상의 많은 지역에서는 오히려 공개적으로 믿음을 고백하게 하지 않는 것이 더 지혜로운 경우도 있다.

그러므로 효과적인 후속 양육이 구원 초청의 주된 목적이 되도록 해야 한다. 그리고 영적인 확신은 그러한 제스처의 결과가 되게 해야 한다. 구원의 확신을 심어주는 것이 구원 초청의 목적이 되어버리면 신학적으로 또한 실제 목회적인 면에서 잘못된 결과들이 나타날 수 있다. 사람들은 제자로서의 신앙의 여정을 시작하려는 의미가 아니라, 자신의 구원을 확인하기 위해 앞으로 걸어 나오게 된다. 다시 강조하지만 전도설교에서 공개적으로 구원을 인정하는 목적은 구원의 확신이 아니라 후속 양육이다.

후속 양육은 진리를 찾고 있는 사람과 회심을 경험한 사람, 거짓된 고백과 참된 고백, 이름뿐인 크리스천과 참된 크리스천을 구별시켜준다. 나는 집회가 끝나는 순간부터 후속 양육이 시작되어야 한다고 주장한다. 같은 마음을 가진 일꾼들을 모으고 훈련시켜서 복음에 대한 사람들의 관심에 영양분을 공급해주어야 한다. 사람들이 그 자리에서 집으로 가져갈 수 있는 자료들을 준비하라. 그 자료들이 바로 그들만을 위해서 특별히 만들졌다는 것을 알려줌으로써 특별한 손님이 된 기분을 갖도록 해주어야 한다. 그리고 그들을 초대했던 사람들의 이름을 기록해두었다면 즉시 그 사람들과 접촉해야 한다. 반응한 사람들에게 24시간 내에 자신이 결단했다는 사실을 자신을 초대해준 사람들에게 알리도록 권하라. 그리고 초대했던 사람에게 일주일 내에 결단한 사람들과 이 문제에 대해 이야기를 나눌 수 있는 기회를 만들도록 촉구하라. 만일 초대했던 사람들이 익명으로 남기 원한다면, 설교자의 웹 사이트로 초대해야 한다. 물론 그 웹 사이트는 그리스도께 반응한 사람들을 위한 분명한 지침을 담고 있어야 한다. 만일 그들이 다른 지역에서 온 사람들이라고 한다면 그들이 사는 지역에 있는, 성경을 바르게 선포하는 교회를 소개해줘야 한다. 설교자는 새신자들을 위한 자료를 만들어두어야 할 것이다. 반응한 사람들을 잘 관리해야 하는 커다란 도전이 이제 막 시작되고 있는 것이다.

나의 전도설교 경험 가운데 구원 초청이 아주 잘되었던 경우를 소개하려고 한다. 인도의 남부 지방에서 복음주의에서 많이 떨어져나간 한 교단의 집회에서 말씀을 전하던 중, 하루 저녁을 전도설교에 집중적으로 투자했다. 복음주의 성향을 지닌 감독 한 분이 많은 욕을 먹어가면서도 이 교단을 다시 성경으로 되돌리기 위해 애를 쓰고 있었고, 내가 전하는 말씀이 그러한 노력에 도움이 되길 바랐다. 그리고 나는 구원 초청을 했고, 그때 그 교단의 경향이 다시(그리스도에 대한 인격적인 믿음과 전도에 대한 열정을 강조하는) 복음주의로 되돌아오게 되었다고 믿는다. 우리는 구원 초청에 공개적으로 반응할 수 있는 기회를 주면서 집회의 결론을 맺고 있었다. 그날 약 5천 명의 사람들이 아주 관심 있게 말씀을 들으며 그 자리에 앉아 있었다. 그들은 이미 영적 유산을 통해 하나님의 말씀에 노출되어 있었다. 그러나 스스로 만들어놓은 신앙의 틀이 인격적으로 예수님을 구원의 주님으로 받아들이는 것을 방해해왔다. 우리는 그들에게 앉은 자리에서 일어나는 행동을 통해 공개적으로 예수님을 받아들였다는 사실을 인정할 것을 요청했다. 그때 나는 내 눈앞에 일어난 상황을 믿을 수가 없었다. 약 250명 정도의 사람들이 자리에서 일어났다. 나는 자리가 없어서 뒤에 이미 서 있는 사람들에게는 손을 흔들어 표해줄 것을 요청했다. 약 50명이 손을 흔들었다. 나는 그들의 반응에 너무도 놀라서 그들이 정말 내 얘기를 제대로 깨닫고 반응한 것인지 확인하기 위해 다시 한 번 명쾌하게 구원 초청의 의미를 설명해줬다. 그리고 그리스도의 초청을 혹시 오해해서 일어선 사람들은 다시 자리에 앉을 것을 당부했다. 그리고 몇몇 사람들이 다시 자리에 앉을 수 있도록 기다리고 있었다. 그러자 또 다른 백여 명의 사람들이 그날 밤에 하나님의 은혜로 인하여 예수님을 받아들였다. 하나님이 아닌 다른 대상을 하나님으로 믿었던 것을 회개할 것을 촉구하고, 예수 그리스도의 인격과 사역을 믿음으로 구원을 얻게 된다는 복음의 특성을 정확하게 설명한 후에, 나는 그날 밤의 집회를 기쁜 마음으로 마감할 수 있었다.

나는 내가 이 장에서 열정을 갖고 강조하던 내용을 잘 요약해주고 있는 구원 초청의 필요성에 관한 유명한 예화를 끝으로 이제 결론지으려 한다.

1871년 10월 8일 주일 밤, D. L. 무디 목사님은 시카고의 파웰 홀에서 수많은 사람들에게 말씀을 전하고 있었다. 설교의 제목은 "그렇다면 이제 예수님을 어떻게 할 것인가?"였다. 설교의 끝부분에서 무디 목사님은 이렇게 말했다. "여러분, 이 말씀을 마음에 잘 간직하고 집에 돌아가 주중에도 계속해서 묵상하시기 바랍니다. 그리고 다음 주일에 오시면 갈보리와 십자가에 대해서 말씀을 나누도록 하겠습니다. 그리고 나사렛 예수를 받아들이지 말지 결정하는 시간을 갖도록 하겠습니다." 그리고 평소와 같이 생키(Sankey)에게 단을 넘겼고, 생키는 다음과 같은 찬송을 불렀다.

오늘, 주님께서 부르신다
피난처로 날아가라
공의의 폭풍이 몰려오네,
그리고 죽음이 가깝도다.

그런데 그 찬송이 채 끝나기도 전에 예배당 밖에는 수많은 소방차가 요란한 소리와 함께 달려가고 있었으며, 시카고의 하늘은 붉게 물들었다. 다음날 아침 시카고는 잿더미가 되어버렸다. 무디는 그날 당장 구원 초청을 하지 않고 청중들을 한 주간 기다리게 한 것을 죽는 날까지 후회했다. "나는 그 사건 이후 청중들에게 일주일 동안 구원에 대해 생각해볼 시간을 주겠다고 감히 이야기한 적이 없다. 만일 그들이 구원을 받지 못했다면 심판의 날에 나를 원망할 것이다. 나는 그 회중들을 다시 본 적이 없다. 다음 세상에 가서나 그들을 다시 보게 될 것이다. 그러나 그 어느 날 밤에 배웠던 그 교훈, 내가 한 번도 기억에서 지울 수 없었던 그 교훈을 함께 나누길 원한다. '설교할 때, 그때 그 자리에서 그리스도를 영혼들의 마음속에 각인시켜야 하며, 그 자리에서 결단할 수 있도록 해야 한다는 사실이다. 나는 예수님에 대한 그들의 결정을 일주일 후에 하도록 시간을 주어 미루느니 차라리 내 오른손을 잘라버리기를 더 원한다.'"[5]

강력한 자극이 되는 예화다. 리처드 백스터(Richard Baxter)의 "죽어가는 사람이 죽어가는 사람에게"라는 설교의 정의가 우리 마음속을 파고든다. 이번 설교가 사람들이 메시지를 듣게 되는 마지막 기회일 수도 있다. 그러나 우리가 설교하는 마지막 기회일 수도 있다. 그러므로 죽어가는 사람이 죽어가는 사람에게 설교하듯 설교해야 한다.[6]

 ACTION STEP

전도설교의 다른 부분들과 마찬가지로 구원 초청도 준비를 해야 한다. 아래의 요소들을 염두에 두고 구원 초청 시간을 위해 기도하고 준비하며 글로 써보라.

1. 설교의 결론에서 구원 초청으로 전환하는 과정을 글로 써보라. 241-244쪽에 있는 샘플을 참조하라. 또 이 시점에서 성경 말씀을 인용해도 좋을 것이다.

2. 글로 적는 과정에서 설교의 목적(4단계)과 주제(5단계)를 - 믿음의 대상과 청중들이 믿어야 할 내용, 믿음을 갖기 원해 예수님을 향해 마음을 여는 데 필요한 성경적인 동기 부여 그리고 전 인격적인 초점(그들의 인식, 양심, 선택) 등의 - 신학적인 내용들과 관련해서 명쾌하게 밝혀야 한다. 간단한 예화를 사용할 수도 있을 것이다. 비유적인 문장 하나 정도면 큰 도움이 될 수 있다. "주 예수님을 믿는다는 것은, 우리가 받으려고 하는 수술과 똑같은 수술을 이미 경험했고 전문적인 기술을 소유하고 있으며, 그 누구와도 비교할 수 없는 완벽한 수술 경력을 갖고 있는 의사에게 여러분의 운명을 전적으로 맡기는 것과 같습니다."

3. 구원 초청의 과정과 254-255쪽에서 언급했던 경고들을 염두에 두고, 주 예수님을 찾으며 반응하는 영혼들에게 구원을 확인시켜주는 과정과 계속될 후속 양육 단계에서 실제로 사용할 표현들을 글로 적어보라.

부록

Preparing Evangelistic Sermons

부록 1
전도설교에 관련된 **용어들**

나는 전도설교학 강의 시간 초두에 성경과 신학 관련 용어들을 정의하는 과제를 내준다. 설교자가 설교 용어를 혼동하고 있으면, 최선을 다한 전도설교라 할지라도 공허해질 것이고, 최악의 경우에는 이단적인 내용이 되고 말 것이다. 우리가 설교를 구성하고 전달하기 전에 성경적이고 신학적인 개념들을 머릿속에 먼저 선명하게 갖고 있어야 한다. 이 표현들은 신학계와 선교학계에서 이미 많은 논쟁의 대상이 되었던 것들이다. 그렇기 때문에 설교자는 성경 용어에 대해 나름대로의 확고한 이해를 갖고 있어야만 한다. 기본적인 개념은 복음주의자들 가운데 이미 공감대가 형성되어 있다. 실상 복음주의적이라는 표현 자체도 논란의 여지가 있다.[1] 그러나 예수님과 인격적인 구원의 관계를 맺고 그 구원을 다른 사람들에게 나눠주기를 원하는 사람들을 칭하는 정도로 복음주의적이라는 표현을 간단히 이해하면 무리가 없을 것이다.

복음은 예수님의 죽으심과 부활을 믿고, 우리를 죄에서 구원해줄 수 있는 유일하신 하나님으로서 예수님을 믿는 모든 사람들에게 영원한 생명이 주어진다는 복된 소식이다.

전도는 예수님의 명령과 개인이 경험한 구원에 대한 반응으로, 예수님을 믿지 않는 영혼들에게 복음을 효과적으로 전하며 결국 주 예수님을 죄인들을 구원하시는 하나님으로 받아들일 수 있도록 초청하는 노력이다.

구원을 가능케 하는 믿음은 불신자가 하나님이 주시는 영원한 구원을 얻을 수 있는 수단이자 유일한 조건이다. 자신의 선행의 부족함을 인정하며 구원을 위해 잘못된 대상들을 신뢰했음을 회개하고, 대신 주 예수 그리스도의 인격과 사역만을 전적으로 신뢰하는 것을 의미한다.

회심은 불신자의 믿음의 반응과 동시에 일어나는, 성령 하나님이 그들을 거듭나게 하시는 사역이다. 이것은 그 영혼이 하나님께 택함받았다는 사실을 확인해주고, 하나님이 크리스천에게 무조건 약속하신 모든 선물이 주어지며, 예수님 안에서 새로운 신앙의 여정을 시작하게 된다.

부록 2
설교를 조각하는 과정의 개관

다음 내용은 필자가 「삶을 변화시키는 7단계 강해설교 준비」에서 제시한 성경으로 설교를 조각하는 방법론에 대한 개관이다.

서론

I. 강해설교의 정의

　강해설교란 올바른 해석 방법을 통해 얻어진 성경 본문의 중심 명제를 통해 청중들이 경건한 삶을 추구할 수 있도록 그들의 지성을 깨우치고, 가슴에 호소하여, 삶을 변화시킬 목적으로 효과적인 의사 전달의 사용해 현실에 맞게 전달하는 설교다.

Ⅱ. 설명
    A. 강해설교의 내용
        1. 현대 감각에 맞게
        2. 설교 본문의 중심 명제
    B. 강해설교의 방법
        1. 해석
        2. 설교의 전달
    C. 강해설교의 목적
        1. 지성을 깨우친다.
        2. 가슴에 호소한다.
        3. 삶에 변화를 가져온다.

Ⅲ. 전체 개략: 성경으로 설교를 조각하는 7단계 방법론

앞에서 제시한 정의를 사용해서 아래의 빈칸을 채우라. 우리 세미나에서는 이 부분을 수도 없이 반복하고 강조해서 외울 수 있도록 해준다.

1단계: _____
2단계: _____
3단계: _____
4단계: _____
5단계: _____
6단계: _____
7단계: _____

1단계. 본문을 연구하라

Ⅰ. 본문의 연구

   A. 단어들을 관찰하라

      1. 긴 단어

      2. 특이한 단어

      3. 반복되는 단어

   B. 단어들 사이의 관계를 관찰하라

      1. 문법적인 관계

      2. 논리적인 관계

      3. 시대적이고 지리적인 관계

      4. 심리적인 관계

      5. 문맥적인 관계

         a. 성경 전체의 문맥

         b. 본문이 속해 있는 성경 안에서의 문맥

         c. 본문 자체의 앞뒤 문맥

      6. 일반적인 관계

         a. 교훈: 예수님의 설교나 서신서들과 같이 교훈적이거나 강화적인 내용.

         b. 이야기체: 역사적인 사건들과 같은 이야기체로 기록된 부분.

         c. 시가서: 시편, 잠언, 아가서 등.

         d. 비유: 주로 예수님의 비유들

         e. 기적: 성경 역사의 특정한 세 기간 동안에 주로 나타나는 사건들 (모세와 아론의 시대, 엘리야와 엘리사의 시대, 예수님과 사도들의 시대).

f. 예언: 다니엘서, 에스겔서, 요한계시록

Ⅱ. 본문의 상세한 내용들을 통해 의미를 찾는 작업
  A. 질문을 던짐
    1. 단어에 대한 질문
      a. 이 단어가 현대에 의미하는 바가 무엇인가?
      b. 이 단어가 쓰여질 당시에 의미했던 바가 무엇인가?
      c. 같은 단어가 성경의 다른 곳에서는 어떤 의미로 쓰였는가?
    2. 관계에 대한 질문
      a. 문법적인 관계
        (1) 시제
        (2) 수
        (3) 성
      b. 논리적인 관계
        (1) 원인과 결과
        (2) 이유
        (3) 결과
        (4) 대조
        (5) 비교
        (6) 조건
        (7) 목적
      c. 시대적이고 지리적인 관계
      d. 심리적인 관계
      e. 문맥적인 관계
        (1) 성경 전체의 문맥
          (a) 역사적인 맥락

                (b) 성경적인 혹은 문학적인 맥락

                (c) 문화적인 맥락

                (d) 신학적인 맥락

            (2) 본문이 속해 있는 성경 안에서의 문맥

            (3) 본문의 문맥

        f. 일반적인 관계들

    3. 질문에 관한 요약: 질문의 종류

        a. 배경에 관한 질문

        b. 사실에 관한 질문

        c. 의미에 관한 질문

        d. 적용에 관한 질문

B. 질문에 대해 답을 함

C. 답변을 분석함: "다섯 개의 시금석"

    1. 진실성의 시금석: 당신의 해석이 진실되다는 증거를 제시할 수 있는가? 성경의 저자가 의도했던 바를 바로 이해하고 있는가?

    2. 통일성의 시금석: 본문에서 사용되고 있는 용어와 주장하는 바와 해석 사이에 통일성이 존재하는가?

    3. 일관성의 시금석: 당신의 해석이 본문의 앞뒤 문맥과 본문이 속해 있는 성경과, 전체 성경의 가르침과 일관성을 유지하고 있는가?

    4. 단순성의 시금석: 당신의 해석은 단순한가 아니면 불확실한 내용을 억지로 짜맞춘 것인가? 평범한가 아니면 신비주의적인가?

    5. 정직성의 시금석: 자신의(또는 영적인 은사나 교단의) 편견이나 선입견이 본문의 정확한 해석을 방해하지 않도록 세심한 주의를 기울였는가?

D. 답변을 적용함

    1. 이 본문으로부터 어떠한 종류의 적용을 얻게 되는가? 내용에 대한

이해인가, 행동적인 적용인가 아니면 내용의 이해에 근거한 행동적인 적용인가?
2. 본문에 근거한 적용이란 무엇인가?
3. 이러한 적용이 분명히 본문에서 비롯된 것인가?
4. 적용이 본문에서 비롯된 것임을 어떻게 성도들에게 확신시켜줄 수 있는가?

2단계. 본문의 구조를 이해하라

Ⅰ. 본문의 부분들의 구조 파악

우리는 문법의 열쇠와 내용의 열쇠를 가지고 대지와 소지를 구분하고, 큰 뼈와 작은 뼈를 구분하여 본문의 구조를 이해할 수 있다.

A. 문법의 열쇠

구조를 나타내는 문법의 열쇠

의미	구조의 이해에 도움을 주는 표현
원인	왜냐하면, …때문에, …이기에
이유	왜냐하면, …때문에, …이기에
결과	그래서, 그러므로
목적	…하기 위하여, …을 위해
수단을 통해	…으로, …함으로,
시간	…까지, …할 때, …할 때마다, …하자마자
장소	…에서, … 로부터, …에까지
방법	…와 같이, … 방법으로

B. 내용 또는 주제의 열쇠

  1. 내용의 변화

  2. 새로운 주제의 등장

  3. 반복

  4. 기술의 형태의 변화

C. 본문 구조의 이해를 위한 단계

  1. 모든 문법의 열쇠와 내용 또는 주제의 열쇠들을 찾아라.

  2. 더 중요한 열쇠들과 덜 중요한 열쇠들을 구별하라.

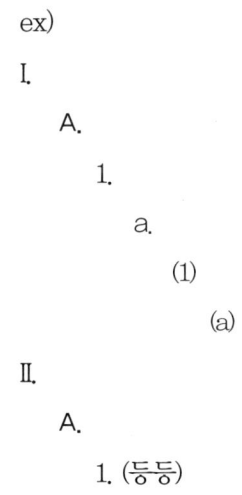

다시 말하면, 문법 또는 내용의 열쇠를 통해 본문의 구조를 파악할 수 있으며, 그것들이 영향을 주는 단어들의 상대적 중요성을 알려준다. 덜 중요한 표현일수록 아웃라인에서 오른쪽에 위치하게 된다.

가장 중요한 구조의 열쇠: 로마 숫자 – I, II, III

그 다음 중요한 구조의 열쇠: 영어 대문자 – A, B, C

그 다음 중요한 구조의 열쇠: 아라비아 숫자 – 1, 2, 3

그 다음 중요한 구조의 열쇠: 영어 소문자 – a, b, c

그 다음 중요한 구조의 열쇠: 괄호 속의 아라비아 숫자 – (1), (2), (3)

그 다음 중요한 구조의 열쇠: 괄호 속의 영어 소문자 – (a), (b), (c)

3. 더 중요한 열쇠들의 의미나 그 중요성을 이해해야 한다.
4. 더 중요한 열쇠들과 덜 중요한 열쇠들의 중요성을 감안해서 본문의 구조의 아웃라인을 작성한다.

Ⅱ. 본문의 주요 부분들을 요약하라: 아웃라인에서 작성한 대지(로마 숫자로 표시된 내용)의 개념들을 가지고 완성된 문장의 형태로 요약하라.

이제 설교 본문에 대한 완성된 아웃라인을 갖게 되었다. 이러한 방법은 설교하는 데 도움을 줄 뿐 아니라, 그 말씀에 권위를 부여해줄 것이다.

3단계. 본문의 중심 명제

Ⅰ. 본문의 중심 명제란?
　본문의 중심 명제는 본문 속에 있는 모든 상세한 부분들을 하나로 묶어주고, 의미를 부여해주는 하나의 사고 단위다.

Ⅱ. 중심 명제의 모양은?
　중심 명제는 항상 완성된 문장의 형태를 취한다. 완성된 문장이 아니라면, 그 정의상 명제가 될 수 없다.

Ⅲ. 중심 명제의 구성 요소는?
중심 명제는 두 개의 구성 요소를 가지고 있다.
A. 본문의 주제: 저자가 본문에서 무엇에 대해 말하고 있는가?
B. 본문의 술어: 저자가 본문의 주제에 대해서 무엇이라고 말하고 있는가?

Ⅳ. 어떻게 중심 명제를 추출하는가?
중심 명제는 본문의 구조를 이해하며 아웃라인을 작성하는 2단계의 과정에서 이끌어낼 수 있다. 문법의 열쇠나 내용의 변화를 근거로 단원을 단락으로 나눈다. 더 중요한 열쇠와 덜 중요한 열쇠를 구분하면서 본문을 더 작은 단락들로 나눈다. 내용의 변화나 문법의 열쇠들이 단락 구분의 기준이 된다. 각 단락은 나름대로의 주제를 갖게 된다. 그리고 저자가 이 단락들의 주제들을 서로 어떻게 연결짓고 있는지를 살펴봄으로써 전체 본문의 중심 명제를 찾아낼 수 있다.

에베소서 6장 10-12절을 예로 들어 위의 설명을 분석해보자. 필자의 「삶을 변화시키는 7단계 강해설교 준비」를 읽어본 독자들은 이 본문 말씀으로 이미 여러 차례 예를 들어 설명했음을 기억할 것이다. 나는 크리스천들을 대상으로 쓰여진 이 본문을 어떻게 전도설교의 맥락으로 방향을 재조정할 것인가 예시를 통해 보여줄 것이다.

- 본문의 주제: 하나님의 주권적인 능력의 전신갑주를 입어야 하는 이유.
- 본문의 술어: 마귀의 궤계를 대적하며 마귀의 세력들과 싸우기 위함.

이 시점에서 아래의 내용들을 연습해보면 도움이 될 것이다(아래 제시된 샘플 양식을 보라).

1. 본문에 임시적인 제목을 부여하라. 에베소서 6장 10-12절의 경우 "하나님의 전신갑주를 입어야 하는 이유" 정도로 제목을 정할 수 있을 것이다(이것은 앞에서 보았던 본문의 주제와 같다. 본문의 주제가 좋은 임시 제목이 될 수 있다).

2. 본문의 중심 명제를 글로 써보라(주제와 술어를 완성된 문장의 형태로 적으라). "하나님의 전신갑주를 입으면 마귀의 궤계를 능히 대적하고 마귀의 세력과 싸워 이길 수 있다."

3. 아웃라인을 작성하여 글로 써보라(모든 대지들과 소지들은 완전한 문장의 형태를 갖춰야 한다). 이미 2단계에서 아웃라인의 구성을 다루었다.

이러한 과정을 다 마치면, 전도설교를 준비하는 과정에서 본문 연구를 완벽하게 했다고 말할 수 있다.

⟨샘플 양식⟩

제목

본문

사역(私譯) 또는 풀어 쓰기

1절:

2절:

3절:

본문의 중심 명제

주제:

술어:

완전한 문장으로 작성:

아웃라인

I.

  A.

    1.

    2.

  B.

    1.

    2.

II.

A.
　　B.
　　　　1.
　　　　2.
　　　　3.
　　C.
Ⅲ.

4단계. 목적의 다리

Ⅰ. 설교의 목적을 명쾌하게 발견하도록 도와주는 열쇠가 되는 질문: 본문의 중심 명제에 근거해서 하나님은 성도들이 무엇을 듣고 이해하며 순종하기를 원하고 계신가?

Ⅱ. 설교의 목적
　　A. 설교의 서론에 설교에 제기될 성도들의 필요가 집중되도록 한다.
　　B. 설교의 본문에 무엇이 삽입되어야 하며 무엇이 빠져야 하는지를 결정해준다.
　　C. 설교의 결론과 적용의 내용에 영향을 끼친다.
　　D. 설교의 필요한 예화들을 선택하는 데 도움을 준다.
　　E. 설교의 성공 여부를 측정하는 데 필요한 객관적인 기준을 제공해준다.
　　F. 무엇보다도 중요한 목적은, 설교의 중심 명제에서 주제의 형태를 결정짓는 데 직접적인 영향을 미친다.

Ⅲ. 설교의 목적 표현하기

설교를 통해서 우리가 이루고자 하는 목적은 항상 "…하기 위해"라는 형태로 기술된다. 예를 들면, "도전하기 위해…, 격려하기 위해 …, 드리기 위해…."

Ⅳ. 양립성에 관한 질문
   A. "나의 설교의 목적이 본문의 목적과 양립할 수 있다고 하는 주석적이고 신학적인 증거들을 가지고 있는가?" 이 질문은 본문에 충실한 설교를 할 수 있도록 해준다.
   B. "나의 설교의 목적이 성도들의 필요에 부합하고 있다는 사회학적이고 심리학적인 증거들을 가지고 있는가?" 이 질문은 성도들의 입장에서 현실감 있는 설교를 할 수 있도록 해준다.

힌트: 당신이 작성한 목적은, 아직 초기 형태를 취하고 있더라도, 설교의 중심 명제의 주제를 포함하고 있어야 한다.

5단계. 설교의 중심 명제

Ⅰ. 설교의 중심 명제(위의 3단계에서 저자를 설교자로 바꾸면 된다).
   A. 설교의 주제: 설교자가(내가) 무엇에 대하여 말하고 있는가?
   B. 설교의 술어: 설교자가(내가) 주제에 대하여 무엇을 말하고 있는가?

Ⅱ. 에베소서 6장 10-12절의 본문의 중심 명제를 설교의 중심 명제로 바꾸는 예

3단계. 본문의 중심 명제: 하나님의 주권적인 능력의 전신갑주를 입어야 하는 이유는 마귀의 궤계를 대적하며 마귀의 세력들과 싸우기 위함이다.

4단계. 목적의 다리: 마귀와의 싸움에서 하나님의 주권적인 전신갑주를 입도록 동기를 부여하는 것을 목적으로 삼는다.

5단계. 설교의 중심 명제(목적을 설교의 중심 명제의 주제로 변환시킨다.)

- 설교의 주제: 왜 성도들은 하나님의 주권적인 능력의 전신갑주를 입어야만 하는가?
- 설교의 술어: 마귀의 궤계를 대적하며 마귀의 세력과 싸우기 위함.

이 시점에서 청중들이 잘 기억할 수 있는 표현으로 주제를 바꾸는 것이 바람직하다. 위에 있는 설교의 중심 명제를 아래와 같이 바꿔볼 수 있다.

- 설교의 주제: 당신이 경험하는 사탄과의 싸움에서 왜 하나님의 주권적인 능력이 필요한가?
- 설교의 술어: 그 능력이 사탄의 궤계를 대적하며 사탄의 세력을 물리칠 수 있도록 해주기 때문임.

이처럼 우리는 새로운 설교의 중심 명제를 "현대 감각에 맞게 변환시키는 작업"을 하게 된다. 그러나 내가 선포해야 할 기본적인 진리는 역시 "하나님의 전신갑주는 마귀를 대적하는 전략으로서 충분하다"는 것이 되어야 한다.

설교의 중심 명제의 술어는 몇 개의 다른 모습이 될 수 있음을 주목하기 바란다.

1. 주제는 "하나님의 이 계획은 진실로 그리스도의 몸을 세우는 결과를 가져올 것인가?"라는 질문에 대한 적절한 해답을 주고 있음이 증명되어야 한다. 정말로 하나님이 마귀를 이기도록 우리를 강하게 해주실 것인가?
  2. 주제가 설명되어야 할 필요가 있을 수도 있다. "사단의 궤계와 세력을 이길 수 있도록 우리에게 주시는 하나님의 충족한 능력의 본질" 또는 "하나님의 능력주심이 어떻게 우리에게 현실적인 것으로 다가오는가?"
  3. 설교의 중심 명제는 주제에 대한 복수의 술어를 갖게 되는 경우도 있다. 예를 들면,

- 설교의 주제: 하나님의 주권적인 능력.
- 설교의 술어: 우리를 능하게 해주신다.
    사탄의 궤계를 대적할 수 있도록.
    그리고 사탄의 세력을 물리칠 수 있도록.

본문의 구조(2단계)가 보여주듯이 본문이 둘로 나뉘어지기 때문에 나는 후자의 형태를 선택했다.

현대 감각에 맞도록 변환시키는 과정이나 두운법이 꼭 필요한 것은 아니다. 그러나 이러한 방법들은 설교의 중심 명제와 대지들을 좀 더 구체적으로 표현해주고 청중들이 잘 기억할 수 있도록 도움을 준다.

6단계. 설교의 구조

I. 설교의 구조
   A. 신뢰할 만한 설교 구조의 특징
      1. 통일성
      2. 질서
      3. 비율
      4. 진전
   B. 설교 구조의 형태
      1. 연역적 형태
      2. 귀납적 형태

설교 원고는 일반적으로 아래와 같은 형태를 갖는다.

제목

본문

서론

효과적인 서론의 요소

1. 성도들의 관심을 끈다.
2. 성도들의 필요를 제기한다.
3. 성도들에게 주제를 제시한다(5단계).
4. 성도들에게 목적을 선언한다(4단계).

(연역적인 설교라면 설교의 중심 명제가 여기 소개될 것이다. 귀납적인 설교의 경우

에는 주제만 소개될 것이다.)

서론 내의 요지: 배경, 맥락, 전환 등

본문
설교 안에서의 각 요지들의 발전: S.A.V.E. (a) Point
1. 요지를 주장하라(State).
2. 요지를 본문과 연결시켜라(Anchor).
3. 요지를 증명하라(Validate).
4. 요지를 설명하라(Explain).
5. 요지를 적용하라(apply).

설교의 대지와 소지들은 아래와 같은 모습이 될 것이다.

Ⅰ. 첫 번째 대단원(설교에 여러 개의 술어가 있다면, 주제에 대한 설명이 여기서 첫 번째 술어에 의해 이루어질 것이다.)
  A. 첫 번째 중단원
    1.
    2.
  B. 두 번째 중단원

Ⅱ. 두 번째 대단원(설교에 여러 개의 술어가 있다면, 주제에 대한 설명이 여기서 두 번째 술어에 의해 이루어질 것이다.)
  A. 첫 번째 중단원

B. 두 번째 중단원

Ⅲ. 세 번째 대단원(설교에 여러 개의 술어가 있다면, 주제에 대한 설명이 여기서 세 번째 술어에 의해 이루어질 것이다.)

   A.
      1.
      2.
   B.
      1.
      2.
      3.
   C.
      1.
         a.
         b.
      2.

(귀납적인 설교라면 여기서 설교의 중심 명제를 분명히 설명한다.)

결론

1. 설교의 중심 명제를 복습하라.
2. 목적을 적용시켜라.
3. 구원 초청을 하라.

에베소서 6장 10-12절의 본문을 가지고 설교 본문 구성의 예를 들어본다.

제목: 하나님의 힘과 능력으로 사단을 물리치라!

본문: 에베소서 6장 10-12절

I. 하나님은 막강한 능력을 지니셨다(10-11a).

   A. 하나님의 막강한 능력은 주 안에 거하는 사람들에게 주어진다(10).

      1. 당신은 주안에서 강건해야만 한다(10a).

      2. 당신은 하나님의 힘과 능력으로 강건해야만 한다(10b).

   B. 하나님의 전신갑주를 입으면 당신은 하나님의 막강한 능력을 얻을 수 있다(11a).

II. 하나님의 막강하신 능력은 사단과 싸워 이길 수 있는 충분한 능력을 공급해주신다(11b-12).

   A. 하나님의 전신갑주를 입음으로써 당신은 사단의 궤계를 물리칠 수 있다(11b).

   B. 하나님의 전신갑주를 입음으로써 당신은 사단의 세력과 싸워 이길 수 있다(12).

      1. 사단의 세력은 혈과 육으로 구성되어 있지 않다(12a).

      2. 사단의 세력은 초자연적인 존재들로 구성되어 있다(12b).

         a. 정사들이 있다.

         b. 권세들이 있다.

         c. 이 어두움의 세상 주관자들이 있다.

         d. 하늘에 있는 악의 영들이 있다.

7단계. 설교의 선포

I. 설교의 선포
   A. 설교 작성
   B. 설교 연습
   C. 설교하기

II. 설교 작성
   A. 설교 원고

   설교할 내용을 글로 쓰는 작업은 많은 장점을 가지고 있다.
   1. 설교가 발전되는 과정을 직접 볼 수 있으므로, 설교 내용에 대한 객관적인 기록을 남길 수 있으며, 그 기록은 설교에 대한 평가를 더 효과적으로 할 수 있게 해준다.
   2. 설교를 직접 선포하기 전에 전할 설교의 내용을 내 것으로 소화시킬 수 있다.
   3. 후에 다시 사용할 수 있는 자료가 된다.
   4. 새롭거나 더 좋은 정보들을 얻음으로써 설교의 내용을 향상시킬 수 있다.
   5. 많은 것을 잃어버리지 않고 필요에 따라 후에 다시 사용할 수 있다.
   6. 설교를 하고 난 뒤라도 예화나 전환 구절이나 또는 적용 등 어느 부분에 손질이 필요한지 알 수 있다. 또 불필요하거나 부적당한 내용 등은 제거할 수도 있다.
   7. 이미 사용한 예화들이 기록에 남기 때문에, 같은 예화를 반복해서 사용하지 않게 된다.
   8. 나중에 설교한 내용을 책으로 출판할 때 도움이 된다.

9. 설교의 길이가 얼마나 될 것인가를 미리 짐작할 수 있다.
10. 강단에서 말씀을 전할 때 설교의 내용을 기억하는 데 실마리를 제공해준다.

설교 원고 전체를 강단에 갖고 올라갈 필요는 없다. 사실 노트를 갖고 올라가서는 안 된다. 앞에서 밝힌 과정을 죽 밟고나면, 그 내용을 숙지하게 됨으로 성경 본문이 설교 원고의 내용을 상기시켜주는 역할을 하게 될 것이다. 준비한 설교 내용의 일부를 잊어버렸다고 너무 긴장할 필요는 없다. 오직 성령 하나님과 우리만 그 사실을 알기 때문이다. 우리가 열심히 설교와 가르치는 사역을 위해 최선을 다하고나면, 혹 우리가 빠뜨린 것을 메워주시는 것이 성령 하나님이 전문적으로 하시는 일이다.

B. 어디서 예화를 얻는가?
　1. 설교자의 삶
　2. 다른 사람의 삶
　3. 모든 사람의 삶
　4. 실존하지 않는 사람의 삶
C. 적용의 수준
　1. 무엇을?
　2. 그래서?
　3. 이제는 어떻게?
D. 음성과 비언어적 전달 요소

미안하지만, 내가 작성한 에베소서 6장 10-12절의 설교 원고를 보여주지는 않을 것이다.

부록 3
복음 증거의 다양한 형태

여러분은 아래에서 (뒤따라 나오는 예화와 함께) 복음의 증거 방법에 대한 몇 개의 형태를 비교하는 도표를 보게 될 것이다. 그 도표에서 전도설교는 특별히 다른 증거 방법들과 구별해놓았다. 각각에 병행하는 증거를 설교 앞뒤에 배치시키며, 예비 전도 단계의 설교, 전도설교 그리고 전도 후 단계 설교를 구분시켜놓았고, 말을 사용하지 않는 초기 증거부터 전도 후 단계의 양육에 이르기까지의 흐름을 구별해놓았다. 중복되는 부분도 있으며 하나에서 그 다음으로 넘쳐흐르는 경우도 있다. 이 도표를 이해하는 데 도움이 될 만한 몇 가지 점을 설명한다.

- 전도자, 설교자 그리고 개인 전도자들은 자신들도 알지 못한 채, 또는 아무 제약 없이 각 단계에 있는 상자들을 마구 왔다 갔다 한다.

- 불신자들도 자신들이 어느 곳에 있는지 알지 못한 채, 또는 아무 제약 없이 각 단에 있는 상자들을 마구 왔다 갔다 한다.
- 나는 단순한 복음 증거들과 설교를 구분함으로써 설교의 대중적이고 공적인 성격을 강조했다. 전도라는 단어가 들어 있으면 언제든 예수님이라는 이름이 언어 표현을 통해서 나타나야만 한다. 이는 복된 소식인 예수님이 전도의 중심이시기 때문이다.

제시된 도표는 꽤 정확하다고 생각된다. 그러나 좀 더 향상시킬 수 있는 방법이 있으면 내게 알려주기 바란다.

	예비 전도 단계 →		전도 단계 →		전도 후 단계	
카테고리	예비 전도 단계의 증거	예비 전도 단계의 설교	전도 단계의 증거	전도설교	전도 후 단계의 증거	전도 후 단계의 설교
청중	지식에 있어서 예수님 전 단계 - 예수님의 이름을 알아야 함.	지식에 있어서 예수님 전 단계 - 예수님의 이름을 알아야 함.	믿음에 있어서 예수님 전 단계 - 예수님의 인격과 사역을 믿어야 함.	믿음에 있어서 예수님 전 단계 - 예수님의 인격과 사역을 믿어야 함.	제자도에 있어서 예수님 전 단계 - 예수님 안에서 삶의 성장이 필요함.	제자도에 있어서 예수님 전 단계 - 예수님 안에서 삶의 성장이 필요함.
목적	크리스천들의 모범적인 삶의 매력을 보여주어야 함. 그리스도가 우리의 삶의 동기이며 이유이신 것을 보여주어야 함.	예수님에 대해 생각해보도록 공개적인 초청: 예수님의 이름을 소개하고 제시해주지만, 구원으로의 초청은 아직 하지 않음.	예수님의 인격, 즉 예수님이 어떤 분이신가를 소개함: 구원의 길을 제시하며 예수님께로 초청함.	예수님을 받아들일 것을 대중 앞에서 공식적으로 초대함: 대중 앞에서 공식적으로 예수님을 제시 및 초청함.	예수님과의 인격적인 관계 중심: 개인적인 제자의 삶.	예수님 안에서 자라고, 배우며 또 예수님께로 돌아가도록 대중적인 분위기에서 선포함: 대중적인 분위기에서 세워나가는 과정.
기독론적인 내용	선한 행동과 적절한 언어 사용의 본으로서 예수님을 소개함: 예수님은 인간적으로 볼 때도 최소한 인류의 위대한 스승이심.	예수님을 현재의 삶과 구원의 방편으로서 진지하게 고려해야 될 참된 대상으로 소개함.	모든 다른 선택과 혼합된 가르침과는 구별되는 우리를 구원하시는 유일하신 하나님으로서의 예수님을 소개함.	모든 다른 선택과 혼합된 가르침과 구별되는, 우리를 구원하시는 유일하신 하나님으로서의 예수님을 밝혀줌.	구원받은 사람이 성장할 모습으로서 예수님의 모습을 분명히 밝힘.	구원받은 사람이 성장할 모습으로서 예수님의 모습을 자세히 가르침.
성령 하나님의 역할	성령 하나님이 불신자들의 마음속에 구원을 향한 갈증을 불러일으키심.	예비 전도 단계의 설교를 통해 구원을 향한 갈증, 기대감을 불러일으키심.	개인적인 대화를 통해 불신자를 책망하며 거듭나게 하심.	전도설교를 통해 불신자를 책망하시며 거듭나게 하심.	제자도를 통해 믿음의 생활을 시작시키며 삶을 변화시키심.	전도 후 단계의 설교를 통해 믿음의 생활을 시작시키며 삶을 변화시키심.
형태	일대일 상황에서 또는 대중 앞에서 선한 행동과 적절한 언어 사용을 함.	일대일의 상황 또는 대중 앞에서 선포함.	주로 개인적이며 비공식적임.	대중 앞에서 공식적인 선포함.	주로 개인적이며 비공식적임.	공개적이고 공식적인 선포함.
전략과 접근	끌어당김: 일대일 상황에서 또는 대중 앞에서 삶의 모습을 통해 세계관과 인생관 등을 언급하여 부드럽게 증거함.	선포: 항상 세계관과 인생관 등을 언급하며 합리적으로 선포함.	증거: 세계관, 인생관 그리고 기독론적인 차원에서 말로 증거함.	선포: 기독론적인 차원에서 증거함.	양육: 개인적인 대화와 기독론적인 의미를 가르침.	선포: 하나님 말씀을 설교하며 기독론적인 의미를 가르침.
자세와 태도	후보자 물색: 관계적인 접근, 예수님 안에 있는 구원에 대해 아직은 언급하지 않음.	선언적: 간접 초청.	데이트하는 것과 같은 분위기: 직접적인 제시와 간접적인 초청.	선포의 분위기: 직접적인 제시와 직접적인 초청.	양육: 관계 중심, 구원을 이루어감.	선포의 분위기: 제자를 양육함.
관계적인 측면에서의 비유	후보자 물색: 결혼 가능한 대상자를 물색함.	대중적인 분위기에서 계속해 후보자를 물색함.	결혼을 염두에 두고 사귐, 또는 결혼함.	공개적으로 결혼을 염두에 두고 사귐, 또는 결혼의 시작.	신혼 생활을 잘 가꿈.	대중적인 분위기에서 계속 가꾸어 나감.

예비 전도 단계의 선포

철학과 전략의 세 단계 소개

책의 앞부분에서 언급했던 것과 같이, 전도설교는 복음의 예비 전도 단계의 증거와는 구별된다. 전도설교는 예수님을 사람들에게 소개시킨다. 즉, 초점이 예수님께 있다. 반면 예비 전도 단계의 설교는 사람들을 예수님께 소개시킨다. 즉, 사람들에게 초점이 맞춰져 있다. 예비 전도 단계의 설교는 하나님과 인류 사이의 거리감을 노출시키고, 반면에 전도설교는 그 거리감을 메워준다.

특별한 목회 프로젝트를 통해, 예비 전도 단계의 설교에서 전도설교로 옮겨가는 과정에 대한 예와 적용을 소개한다. 매해 설날에 텔레비전의 시청률이 가장 높은 시간대에 예비 전도 단계 차원에서 설교를 할 수 있는 길을 하나님이 열어주셨다. 이 프로젝트의 가장 큰 경쟁 상대는 리모콘이다. 어쩌면 전도설교를 방송할 수 있도록 일반 방송국의 허락을 받는 것이 가장 큰 장애물일지도 모른다. 예비 전도 단계에서 우리가 사용하는 전략적인 전제와 긴장에 대한 이 글을 계속 읽어보라. 완벽하다고는 할 수 없지만, 불신자(시청자)들이 당신의 전도설교 집회에 참여하고 있다는 사실을 상기시켜줄 것이다.

전략적인 전제
1. 이 방송은 예비 전도 단계의 기능을 갖고 있다. 그 목적은 복음 전도적인 것이 아니다. 물론 결과적으로는 많은 사람들에게 복음 전도의 효과를 가져다줄 것으로 생각되지만 아직은 아니다.
2. 우리가 의도하는 시청자들은 크리스천이나 이름뿐인 크리스천들이 아니라, 아

직은 크리스천이 아닌 비크리스천들이다. 물론 크리스천들도 유익을 얻거나 용기를 얻을 수는 있다. 그러나 이들이 우리가 의도하는 시청자는 아니다. 우리는 비구도자들에게 관심을 쏟는다.

3. 우리의 목적은 많은 사람들을 예수님께 노출시키는 것이다. 그들이 예수님에 대해 생각하고 있는 바를 바꿔주려는 의도를 갖고 있다. 우리는 많은 사람들이 시청할 수 있도록 유도하며, 많은 사람들이 우리 웹 사이트에 등록할 수 있도록 노력할 것이다.

4. 죄인들의 반응은 기대에 미치지 못할 것이다. 그래서 적극적으로 우리 웹 사이트를 방문할 수 있도록 인센티브를 제공할 것이다. 인센티브를 제공하는 것은 우리 웹 사이트에 등록을 하고 후속 양육에 참여하도록 유도하는 것이 목적이다. 하나님은 이 불완전한 동기들을 사용하셔서 우리로 하여금 더 많은 사람들에게 예수님을 제시할 수 있게 하신다.

5. 우리가 사용하는 인센티브 때문에 시청자들이 예수님을 받아들이진 않는다. 영어를 사용하며 인터넷을 사용하는 우리의 시청자들은 자그마한 선물에 현혹될 사람들이 아니다. 또한 그들을 미끼도 분별 못해서 거절하지 못할 정도의 사람들로 취급하는 것은 그들에 대한 모욕이기도 하다.

6. 289쪽에서 언급한 전도의 세 단계는 하나의 프로젝트를 구성하고 있지만, 우리는 이 세 단계를 섞지 않는다. 예를 들면, 1단계와 2단계는 이 프로젝트를 위해 서로 구분되어 있어야만 한다. 1단계는 웹 사이트에 등록하도록 그들을 "낚을" 수 있게 해주지만, 후속 양육 자료들을 통해 복음을 완전히 깨닫게 되는 2단계와는 같지 않다.

7. 우리는 결과가 아니라 반응의 수를 세어본다. 사람들을 웹 사이트로 끌어오는 것은 어느 정도 우리가 조정할 수 있기 때문에 등록은 측정이 가능하다. 후속 양육의 양육을 통해 회심이 기대되지만, 이는 우리가 예측하기가 힘들다.

8. 후속 양육은 굉장히 중요하며 방송보다 더 많은 우리의 관심과 집중을 요구한다. 적극적이고 창의적인 대화를 계속 유지하기 위해서는 불신자들을 향한 열정이 넘치고 대화하기를 좋아하며, 복음 전도에 창의적인 마음을 가진 똑똑한 전도자들의 도움이 필요하다. 우리는 불신자들에게 진리를 추가적으로 설명해주고, 관심의 수준을 파악하며, 그들을 회심시킬 수 있도록 전도자들을 신학적으로 준비시키고, 실제적으로 훈련시켜야 한다.
9. 우리의 작업은 2단계에서 거의 끝이 난다. 3단계를 위해서는 목회 훈련이 필요하다. 처음 예수님의 이름을 소개받는 단계와 예수님이 주시는 구원을 받아들이고 영접하는 단계 그리고 지역 교회에 몸을 담게 되는 단계 사이에 이음매 없는 매끈한 연결이 있어야 한다.
10. 우리는 최소한의 경비를 들여, 최대의 사람들에게(일반 방송국의 정책과 지침에 위배되지 않는 범위 내에서) 최선의 방법으로 예수님을 제시할 것이다. 복음, 예수님의 대속의 죽음, 예수님을 믿을 것을 촉구하는 초청 등을 명쾌하게 담고 있는 긴 메시지는 우리의 웹 사이트를 통해 텍스트 파일, 오디오 또는 비디오 형태로 다운로드 받을 수 있다. 시청자들이 웹 사이트에 등록할 수 있도록 분위기를 잡고, 회심할 수 있도록 전도하며, 영적인 성숙을 위해 지역 교회에 몸담을 수 있도록 도와준다.

전략적인 긴장

1. 프로그램 전체를 통해 시청자들을 잘 보유하기
   a. 리모콘과의 경쟁
   b. 다른 프로그램과의 경쟁
   c. 불신자 가족 간의 대화 등 – 환경과의 경쟁
   d. 영적인 세력 – 사단과의 경쟁

해결책과 행동 지침
- 메시지를 한 번 듣는 것으로는 충분하지 못하다.
- 시청자들을 웹 사이트에 등록할 수 있도록 이끌고 가야 한다.
- 방송 내용 자체보다 더 상세한 메시지, 더 자세한 강의와 더 명쾌한 복음 제시를 담은 파워포인트 파일을 이메일로 발송해야 한다.
- 이메일을 보낼 때 첫 번째 강의 내용을 MP3 파일로 다운로드할 수 있게 해주어야 한다. 답을 할 수 있도록 질문을 포함하는 것이 좋다.
- 등록하면 곧 강의의 모든 내용을 다운로드할 수 있게 해주어야 한다.

2. 내용 파악하기
   a. **언어 표현의 악센트**
   b. **긴 단어**
   c. **말의 빠른 속도**
   d. **어려운 개념**

   해결책과 행동 지침
   - 특별한 상품을 내걸고 이해를 도울 수 있는 질문들을 웹 사이트에 올린다.
   - 대화와 토론을 위해 웹 사이트에 이메일을 보낼 수 있는 기회를 제공한다.

3. 인센티브 철학

   해결책과 행동 지침
   - 인센티브는 회심이 목적이 아니라 등록이 목적이다. 즉, 인센티브를 계속해서 제공하는 것은 아니다.
   - 기관이나 프로그램을 알리는 인센티브로는 웹 사이트 주소가 기록된 펜, 영적인 내용을 담고 있는 책, 메시지를 다운로드할 수 있는 MP3 플레이어 등이 있다. 또한 추첨을 통해 컴퓨터 등을 인센티브

로 주면 인터넷을 통한 대화가 계속될 수 있다. 그러나 먼저 주어진 질문에 답변을 한 사람에 한해 이러한 자격을 주어야 한다.
- 등록 후, 우리는 아무것도 팔지 않으며, 판 적도 없음을 분명히 알려 준다.
- 웹 사이트에 "무료"라는 단어를 잘 보이게 하고, 계속해서 효과적으로 대화를 이어나가도록 한다.
- 매달 새로운 강의와 글들을 올려놓는다.
- 간단하고 무료로 주어지는 복된 소식을 지속적으로 선명하게 제공할 수 있도록 '3단계, 6개월, 21단계' 등 다양한 형태의 대화의 창구를 열어둔다.

철학적인 3단계 전략

1. 예비 전도 단계

키워드: 분위기 설정

목적: 하나님이 사람들을 이끄실 수 있도록 예수님을 높여드리기, 사람들을 예수님께 소개해드리기.

전략: 그물을 넓고 길게 던지기, 예수님의 이름을 전하면서 양육을 위한 후속 양육의 통로로 사람들을 끌어오기.

내용: 예수님에 대한 소식, 예수님의 이름을 선포하기.

수확의 비유: 밭을 갈며 씨를 뿌리기.

행동 지침:
1. 연례 방송 프로젝트
2. 전도 웹 사이트에 시청자들이 등록할 수 있도록 방송 프로젝트를 활용한다.
3. 인센티브를 통해 동기부여를 한다.

4. 약속했던 인센티브를 신경 써서 전달한다.

측정 가능한 결과: 웹 사이트의 조회 회수, 사용자들을 위한 특별한 카페의 활용 등록자 수 등.

2. 전도 단계

키워드: 전도

목적: 구원에 대한 관심을 배양시킨다. 예수님을 사람들에게 소개시킨다.

전략: 웹 사이트에 등록한 사람들이 구원의 복음을 받아들일 수 있도록 돕는다. 구원 제시를 위해 대화를 하고, 관계를 형성한다.

내용: 예수님의 인격, 즉 예수님이 어떤 분이신가에 대한 복음을 선포한다.

수확의 비유: 뿌려진 씨에 물과 비료 주기.

행동 지침:

1. 방송 내용보다 상세하게 복음의 내용을 담고 있는 자료에 시청자들이 접근하게 한다. 질문에 대해 바르게 대답한 사람들에게 상을 탈 수 있도록 기회를 준다.
2. 종종 창의적인 대화의 창구나 후속 양육 과정 등을 개설한다. 이런 과정으로 사람들을 초청할 때는 대량 이메일을 사용한다(예를 들어, "요한복음 성경 공부").
3. 복음을 명쾌하게 제시하며 후속 양육 자료를 보낸다(예를 들어, "주간 영적 격려").
4. 적극적인 대화를 계속하며 중간에 예수님을 받아들이도록 구원 초청을 한다(예를 들어, "16단계의 후속 양육").
5. 흥미를 돋구기 위해 현대적 감각에 맞는 자료들을 지속적으로 보낸다.

기대하는 결과: 매주 성경 공부에 참석하는 사람들의 수와 "회심" 난에

체크하는 사람들의 수가 증가하는 것.

3. 전도 후 단계
키워드: 지역 교회에 몸담기

목적: 제자 훈련에 참여하는 결단을 내리도록 양육한다.

전략: 영적인 생활을 소개함으로써 회심의 마음을 강화시킨다.

내용: 예수님의 생애를 통해 영적인 삶을 선포한다.

수확의 비유: 성장과 수확

행동 지침:
1. 그들이 살고 있는 도시에 있는 다른 크리스천들을 만나도록 관심을 갖게 한다.
2. 그러한 관심이 있고 사회, 정치, 문화적 맥락이 허용한다면, 마음이 서로 맞을 만한 크리스천 및 교회와 연결시켜준다.

바라는 결과: 지역 교회의 지체가 되고 리더로 성장하는 것.

다음 단계로 이어가기: 우리는 이 방송 프로젝트를 통해 이웃에게 복음을 전파할 수 있는 발판을 마련한다는 면에서 사람들의 생각을 적시며 가슴을 비옥하게 만드는 예비 전도 단계로 생각한다. 우리에게 반응을 보여주는 사람들 가운데 70퍼센트 이상이 불신자들이다. 그렇기 때문에 복음 제시와 후속 양육에 좀 더 혁신적인 방법을 계속 찾고 있다. 기본적으로 회심에 앞서 복음 제시가 있어야 하고, 뒤이어 지역 교회에 몸담기로 자연스럽게 이어져야 한다. 이메일과 대화를 통해 그리스도를 믿도록 초청하고, 같은 마음을 가진 사람들(크리스천들이나 교회)을 '조심스럽게' 소개해주는 것까지가 우리가 해야 할 일이다.

부록 4
예비 전도 단계의 설교 실제

이것은 내가 작성한 예배 전도 단계의 설교다. 주제 전도설교에 관해 다루었던 내용들을 염두에 두고 "설교학적" 마음을 가지고 이 샘플 설교를 읽어주기 바란다. 나는 독자들의 의견과 비평을 듣기 원하며 또한 독자들의 경험과 안목을 통해 배우기를 원한다. 어떤 의견이든 내게 메일을 보내주길 바란다. 또한 이 설교를 더욱 재미있게 읽기 위해서, 설교의 주제와 술어가 무엇인지 찾아보고 설교에 대한 의견과 함께 나에게 보내주길 바란다.

가면 벗기기: 악의 비밀과 직면하다

남태평양에서 있었던 한 청년의 이야기입니다. 한 지방의 동물원에 고릴라가 부족했습니다. 동물원의 책임자는 한 청년을 고용해 고릴라 털가죽을 입히고 우리에 가둬놓았습니다. 이 청년은 이 지루한 직업에 약간의 재미를 가미하기로 마음먹었습니다. 그는 사람들의 흥미를 끌기 위해 칠판과 분필을 요구했습니다. 그러고는 칠판에 "2×2=4"라고 썼습니다. 그러자 몇몇 사람들이 발걸음을 멈췄습니다. 그는 다시 칠판에 "4×4=16"라고 썼습니다. 그러자 모든 사람들이 놀라기 시작했습니다. 이 기가막힌, 진화론의 결정적인 증거가 될 만한 고릴라에 대한 소문이 퍼지기 시작했습니다.

그리고 토요일, 엄청나게 많은 사람들이 동물원을 찾았습니다. 가족들과 함께 온 사람들과 카메라를 든 기자들이 앞을 다투어 이 고릴라 앞에 몰려들었습니다. 이 고릴라는 자랑스럽게 칠판으로 다가갔습니다. 그러고는 "16×16"이라고 썼습니다. 여러분, 답을 아십니까? 256입니다(이 예화를 통해 저도 알게 되었습니다). 사람들은 박수로 환호하기 시작했습니다.

이 고릴라는 자신의 레퍼토리에 좀 더 인간답게 보일 수 있는 재주를 첨가하기로 결심했습니다. 옆에 있는 우리에는 늙은 사자가 살고 있었습니다. 그 사자는 하루종일 잠만 잤습니다. 그런데 나뭇가지 하나가 그 사자의 우리 너머까지 뻗어 있었습니다. 청년은 그 나뭇가지를 붙잡고는 사자의 우리를 펄쩍 뛰어넘어 반대편에 착지했습니다. 그런데 도중에 그만 나뭇가지에 금이 가고 말았습니다. 그러나 나뭇가지가 금이 가는 소리를 아무도 듣지 못했습니다. 사람들은 그 묘기를 다시 보여주기를 원했습니다. 즉, 다시 나뭇가지를 타고 사자의 우리를 뛰어넘어 고릴라 우리로 되돌아올 것을 주문했습니다. 그는 겁이 났습니다. 하지만 자존심 때문에 태연한 척하며 다시 자기 우리로 돌아가기 위해 나뭇가지를 향해 점프했습니다. 그러나 불행하게도 나뭇가지가 부러졌고, 이 청년은 사자 우리에 떨어지고 말았습니다. 사자가 자리에서 일어났습니다. 청년은 공포에 질렸습니다. 어찌해야 할지

몰랐습니다. 이 청년이 한 걸음씩 뒤로 물러설 때마다 사자는 한 걸음씩 앞으로 다가왔습니다. 청년이 왼쪽으로 움직이면 사자는 오른쪽으로 움직였습니다. 청년이 오른쪽으로 한 발자국 움직이면 사자는 왼쪽으로 한 발자국 움직였습니다. 이 청년은 문쪽을 바라보며 누군가의 도움을 간절히 바랐습니다. 이제 더 이상 꼼짝할 수 없는 상황이 되었고 공포에 질린 나머지 청년은 소리치기 시작했습니다. "도와주세요. 도와주세요. 도와주세요." 그러자 사자가 이 청년의 귀에 대고 속삭였습니다. "조용히 해. 그렇지 않으면 우리 둘 다 직장을 잃게 돼."

"가면 벗기기: 악의 비밀과 직면하다" 이것이 우리의 화제입니다. 악은 우리의 가면을 벗겨 우리의 정체를 노출시킵니다. 악은 외모와 현실의 차이를 보여줍니다. 그리고 우리가 알고 있는 것, 행하는 것, 소유하고 있는 것들을 가지고 우리가 어떻게 스스로를 속이고 있는지 보여줍니다. 악은 우리 스스로 정체를 밝히도록 강요하고, 인간 그대로의 모습을 드러나게 합니다. 악의 비밀을 직면하는 것은 진정한 의미에서 인간적인 경험입니다.

여러분 가운데 어떤 분들은 개인적인 악에 직면하고 있을 것입니다. 병원의 침대에 누워서 죽을 날만을 기다리고 있을 수도 있습니다. 또는 사랑하는 사람이나 미워하는 사람이 여러분에게 상처를 주었거나 심지어 죽이려고 했을지도 모릅니다.

또 다른 분들은 공동체적인 차원에서 악에 직면하고 있을 수도 있습니다. 특정한 소수의 공동체를 향해 폭동이 일어났을 수도 있고, 다수의 민족이 여러분이 속한 소수 민족을 핍박하기 위해 공작을 시작했을 수도 있습니다.

또 어떤 분들은 사회적인 악에 직면하고 있을 수도 있을 것입니다. 모든 대륙이 전염병의 위기에 시달리고 있습니다. 남아프리카의 한 나라는 에이즈 때문에 앞으로 10년 후에 모든 남성이 다 죽게 될지도 모른다고 합니다.

한때 견고하고 안정적이었던 남아프리카의 한 나라는 IMF에서 내미는 도움의 손길만을 기다리며 부채의 무게에 짓눌려 붕괴하고 있습니다. 그리고 전쟁의 망령도 항상 도사리고 있습니다. 수만 명의 사람들이 경계선을 사이에 두고 독기를 품고 자신들이 살지 죽을지 모르는 가운데 서로를 응시하고 있습니다.

또한 화산, 토네이도, 지진, 인류 종말을 방불케하는 날씨 등 자연적인 악이 수도 없이 일어납니다.

인류는 악의 비밀에 직면하게 됩니다. 이것이 바로 인류의 질문, 인류의 곤경, 인류의 현실이기도 합니다. 우리는 이러한 문제를 해결하기 위해 노력하며 아주 어려운 질문들을 던집니다. 우리는 소망을 찾는 가운데 지적이고 도덕적이며 감정적이고 육체적인 고통을 경험하게 됩니다.

악이 어떻게 우리의 모습을 드러내주는가? 악이 어떻게 우리의 한계를 드러내주는가에 대해 저와 함께 생각해보시길 바랍니다.

첫 번째, 악은 우리가 동물이 아니라는 사실을 알려줍니다. 우리는 종종 동물처럼 행동하기도 하지만, 그러나 동물은 아닙니다. 예를 들면 동물은 역사에 대한 인식이나 자신의 정체성에 대한 인식 등을 갖고 있지 않습니다. 동물은 거울이나 카메라 렌즈를 들여다보며 자신의 머리가 흐트러졌는지 신경쓰지 않습니다.

오직 사람만이 언어라는 선물을 즐기고, 곰곰이 생각하며 심지어 추상적인 것들을 생각할 수 있는 능력을 소유하고 있습니다. 사고하는 독특한 능력은 사람으로 하여금 악의 문제에 대해 지적인 고통을 경험하게 합니다. 우리는 왜 악한 사람들에게 선한 일들이 벌어지냐고, 왜 착한 사람들에게 악한 일들이 벌어지냐고 질문합니다.

사고하는 능력은 악의 상태를 깨달을 수 있도록 도움을 줍니다. 악은 독립적이지 않습니다. 악은 추상적인 개념이지만, 실제로는 항상 어떤 실체를 갖고 구체화되어 나타납니다. 우리는 악한 사람들, 악한 것들 또는 악한 행동들을 경험하지만, 악 그 자체는 잡히지 않습니다. 깨끗하고 좋은 종이를 한 장 꺼내 그것을 반으로 접은 후 가운데 일부분을 구기고 자그마한 구멍도 여러 개 내서 다시 펴보기 바랍니다. 종이는 지저분해지고 사용할 수 없게 되었습니다(혹은 악하게 되었습니다). 이제 그 지저분하고 구멍이 나 있는 부분의 언저리를 매끈하게 잘라내, 지저분해진 부분 전체를 없애버리기 바랍니다. 그러면 악한 부분은 모두 사라집니다. 철학자들은 선이 없는 악의 존재가 불가능하다고 하는 사실을 드러내주는데 이 유명한 예화를 사용합니다. 그 구멍을 제거해버리고 나면 오직 깨끗하고 좋은 종이만 남게 됩니다. '악'이라고 하는 것은 오직 '선'이라는 맥락 안에서만 존재하며, 그 자체만으로는 존재할 수 없습니다.

사실 악은 존재하는 무엇이 아닙니다. 그러므로 "하나님이 모든 것을 창조하셨다"고 얘기할 때, 악은 그 자체가 존재하는 무엇이 아니기 때문에 하나님이 악도 창조하셨다는 의미는 성립되지 않습니다.

두 번째로, 악은 우리가 기계가 아니라는 사실을 밝혀줍니다. 때로는 우리가 커다란 조직이라고 하는 기계에서 대치될 수 있는 하나의 부품과 같다고, 더 심하게는 우주라고 하는 기계 속의 아주 작은 톱니 정도로 생각될 때도 있지만, 그러나 사람은 기계와는 다릅니다. 자동화된 설비의 일부와 같이 느껴질 때도 우리는 엔진이나 기계나 컴퓨터보다 훨씬 더 우수하며 훨씬 더 중요합니다.

IBM의 슈퍼컴퓨터 딥 블루를 비롯한 후속 컴퓨터가 러시아의 천재적인 체스 챔피언 게리 카스파로프(Garry Kasparov)와 그의 후계자들을 체스 경기에서 계속 이기고 있다는 현실을 고려하면, 어떻게 우리가 기계보다 낫다고 할 수 있겠습니까? 그러나 기계는 마지막으로 만들어진 상태만큼, 소프트웨어는 최신 버전만큼, 컴퓨터는 최신 프로그램만큼 성능이 더 좋아질 수 있습니다. 딥 블루가 사람에 의해 고안되었다는 사실을 아십니까? 아주 우수한 두뇌를 지닌 딥 블루 팀이 그 슈퍼컴퓨터를 만들었습니다. 그 팀은 카스파로프의 모든 게임을 다 연구한 후에 그 사람을 이길 수 있도록 프로그램을 만들고 컴퓨터에 입력시켰습니다. 결국 그 체스 경기들은 여러 명의 천재가 한 명의 천재를 이겼다는 사실을 입증해준 것에 지나지 않습니다. 기계는 주어진 여건 아래에서 같은 것을 무한 반복할 뿐입니다. 어떤 특정한 플레이를 하도록 기계가 프로그램되어 있다면, 그 기계는 그 플레이만을 반복할 뿐입니다. 기계는 주어진 범위 안에서만 선택할 수 있습니다. 우리와는 달리 기계는 주어진 옵션 밖에서는 선택할 수 없습니다. 가장 발전된 인공지능 컴퓨터도 프로그램되어진 대로 가장 좋은 옵션을 선택할 뿐입니다. 반대로 생각하면 나쁜 것은 선택하고 싶어도 선택할 수 없습니다. 그러나 여러분은 자신의 의지대로, 또는 유혹을 받아 종종 악한 옵션도 선택할 수 있습니다. 바로 이것이 사람의 능력입니다.

이러한 우리의 모습 속에서 우리는 이 땅의 악의 기원을 밝힐 수 있게 됩니다. 하나님이 인류를 창조하셨을 때 기계를 만들지 않으셨습니다. 하나님은 우리에게 하나님께 대항할 수 있는 선택권도 주셨습니다. 그리고 우리는 그 특권을 사용했습니다. 우리는 선 대신에 악을 선택하겠다고 결정을 내렸습니다. 그리고 이 사건은 포괄적이고 엄청난 결과를 초래했습니다. 우리는 지뢰밭 속에 우리 스스로를 가두었습니다. 바로 이 첫 번째 잘못된 선택이 화산과 지진과 같은 자연적인 악을 초래했습니다. 또한 인간의 악한 본성도 나타났습니다. 그래서 우리가 서로에게 악을 행하는 것입니다. 도덕적으로 계속 타락했습니다. 그래서 오늘날 우리는 계속해서 악인 줄 알면서도 선

대신 악한 선택을 하고 있는 것입니다.

왜 하나님이 우리에게 선택할 수 있는 능력을 주셨냐고 묻는다면, 왜 우리에게 선택할 수 있는 권리를 주셨냐고 따진다면, 이는 왜 하나님이 우리를 기계로 만들지 않으셨냐고 묻는 것과 같습니다(그러나 하나님이 우리를 기계로 만드셨다면, 애초에 이러한 질문을 할 특권조차도 없었을 것입니다). 자유라는 선물이 악을 가능하게 했습니다. 그러나 그것이 악을 꼭 필요한 것으로 만들지는 않습니다. 비행기 납치범이 좋은 비행기를 납치해서 악한 목적으로 사용한다고 해서 비행기를 만든 회사에 책임을 물을 수 없는 것과 마찬가지로, 악한 행동의 책임을 하나님께 물을 수는 없습니다. 비행기를 만든 회사에 비행기 납치나 조종사의 실수에 대한 책임을 물을 수 없습니다. 비행기 회사는 그 비행기에 대한 책임만 있습니다. 우리의 자유는 원래 하나님이 만드신 뛰어난 "작품"의 일부입니다. 그러나 우리가 그 자유를 납치해서 악을 위해 사용했습니다.

세 번째, 악은 우리가 귀신이 아니라는 사실을 밝혀줍니다. 어떤 사람들은 사단의 존재도 귀신의 존재도 믿지 않습니다. 나는 영어를 배우는 한 학생이 정부의 형태에 대해 공부하다가 겪은 우스운 이야기를 들은 적이 있습니다. 그 학생은 노트에 이렇게 적었습니다. "Theocracy는 신정정치, Aristocracy는 관료정치, Plutocracy는 부에 의한 정치 그리고 Democracy(민주주의)는 귀신(demon)에 의한 정치." 여러분의 배우자가 귀신같이 행동할 때가 있을지 모르겠지만 그러나 귀신은 아닙니다. 귀신이 들릴 수는 있습니다. 또한 귀신을 숭배하는 사람들도 있습니다. 그러나 이런 사람들 역시 귀신은 아닙니다. 귀신은 남을 섬길 수 있는 도덕적인 능력이 없습니다. 귀신은 선을 행할 수 있는 능력이나 선을 행하려는 성향이 전혀 없습니다. 귀신은 연민의 정을 느끼고 고통에 대해 아픔을 느끼며 공유할 능력이 전혀 없습니다. 귀신은 악한 일이 일어날 때 기뻐합니다. 한번은 한 여인이 길거리에서 쓰러지는 것을 목격했습니다. 그 즉시 길을 가던 서너 명의 사람들이 달려와서 그 여인을 도와주었습니다. 그러나 영적인 영역에서 귀신들은 그 여인이 쓰러지는 것을 바라보며 기뻐하고 손뼉을 치며 즐거워합니다.

사실 사단은 악의 존재를 근거로 여러분이 하나님의 존재를 부인하게 만들려고 노력합니다. 그러나 그러한 주장은 별 효력이 없습니다. 한번은 헝가리의 사업가와 비행기를 같이 타게 되었습니다. 그 사람은 스스로를 무신론자라고 주장하며, 세상에서 벌어지는 수많은 악한 일들로 인해 하나님의 존재를 부인할 수밖에 없다고 주장했습니다. 저는 그에게 "악이라는 표현은 무엇을 의미합니까?"라고 물었습니다. 그러자 그 사람은 "아니 총검으로 아이들을 죽이는 것이 악이 아니고 무엇입니까?"라고 대답했습니다. "물론이죠. 참으로 심각한 악입니다. 그런데 왜 당신은 그것을 악이라고 부릅니까?" 그가 답을 찾고 있을 때, 저는 하나님의 존재에 대한 도덕적인 증거를 그에게 들이대기 시작했습니다. "선생께서 무엇을 악하다고 부르는 것은 곧 어떤 기준, 즉 도덕과 공의와 선의 궁극적인 기준이 있다는 것을 전제로 하는 것입니다. 선생께서 어떤 궁극적인 선의 기준이 있다는 것을 인정하기 전에는 그 어떤 것을 악이라 부를 수 없습니다. 궁극적인 선의 기준이 있다는 것을 인정하지 않으신다면 하나님의 존재에 반하는 악의 존재에 대해 얘기할 근거가 없습니다"라고 말했습니다. 그 사람은 제 이야기를 이해했으며 저를 보며 이렇게 말했습니다 "제 이야기가 바로 그 궁극적인 기준을 전제하고 있군요." 궁극적인 선의 기준이 없다면 악도 없는 것입니다.

네 번째, 악은 우리가 천사가 아니라는 사실을 밝혀줍니다. 여러분의 아내가 때로는 천사같이 행동할 때가 있을 것입니다. 그러나 여러분의 아내가 천사는 아닙니다. 천사와 사람 사이에는 꽤 커다란 차이가 있습니다. 천사는 하늘나라에 살고 있으며, 그곳에는 눈물도 죽음도 걱정도 없습니다. 반면에 우리는 이 땅에 살면서 수없이 일어나는 악한 일들로 인해 슬퍼하며 눈물을 흘립니다. 천사에게는 육체적인 고통이 없습니다. 우리는 육체적인 고통을 느낍니다. 우리는 슬퍼하고 신음하며, 울고 죽음을 경험합니다. 그러나 무엇보다 사람과 천사 사이의 가장 큰 차이점은, 우리는 아직도 잘못을 행하고 죄를 지으며, 심지어 사람을 죽일 수도 있는 미성숙한 존재라는 것입니다. 실수할 수 있는 능력을 지니고 있다는 사실입니다. 역사상 가장 큰 발전을 이룬 20세기가 가장 피를 많이 흘린 세기라는 사실을 알고 계십니까? 21세기가 시작되었습니다. 그러나 모든 악이 사라질 것이라 기대하는 사람은 많지 않습니다. 그 이유는 온 세상과 인류가 걸어온 역사는 악을 행할 수 있는 여러분과 저와 같은 사람으로 구성되어 있기 때문입니다. 우리에게 악을 행하는 방법을 가르쳐준 사람은 없습니다. 천사와 사람을 구분짓는 죄성이 우리 안에 있는 것입니다. 악은 우리가 악을 행했고 또한 악을 행할 수 있는 존재라는 사실을 드러나게 합니다.

    마지막으로, 악은 우리가 하나님이 아니라는 사실을 밝혀줍니다. 한번은 판사가 이름을 "하나님"으로 바꿔달라는 한 사람의 요청을 기각한 적이 있었습니다. 그 대신 "나는 스스로 있는 자"라고 이름을 바꾸는 것은 허가했습니다. "나는"이 성이고, "스스로 있는 자"가 이름이었습니다. 자신을 그렇게 위대하게 생각하고 남들이 자신에게 경배하기를 바라는 사람들이 있는 것은 사실입니다.

    그러나 분명한 사실은 사람은 하나님이 아니라는 것입니다. 많은 사람들이 하나님은 그저 하늘에만 앉아 계시고 사람들의 현실에는 전혀 관심이 없으시다고 생각합니다. 하나님이 우리에게 별로 관심이 없으신 것처럼 보일 수 있습니다. 그분이 무능력하게 보이고, 그래서 도덕적이지 못하며, 그래서 관심도 없고 무지하며, 그래서 세상에서 일어나는 악에 대해 아무런 반응도 하지 않으시는 것처럼 보일 수 있습니다. 하나님을 우리와 구별된 분이며 또한 우리로부터 멀리 떨어져 계신 분으로 생각합니다.

그러나 만일 하나님이 우리와 같은 사람이 되셔서 우리 가운데 함께하시고, 친히 악을 경험해보시고 난 후, 영원한 해결책을 공급해주실 수 있다고 한다면, 아마도 우리는 악의 비밀에 대한 해답을 찾을 수 있을 것입니다. 그러나 이것은 불가능해 보입니다.

바로 이 부분에 대해 제가 여러분에게 알려드릴 특별한 뉴스가 있습니다.

악은 우리가 누구인가를 드러내줄 뿐만 아니라 하나님이 어떤 분이신가도 밝혀줍니다. 이 점에 있어서 주 예수 그리스도가 바로 악이 밝혀주는 하나님이시라는 사실을 알려드리기를 원합니다. 여러분이 예수 그리스도에 대해 생각해보시고 받아들일 수 있기를 바라는 마음으로 그분을 잠시 소개합니다. 예수 그리스도는 당신 스스로가 하나님이시라고 주장하셨고, 사람으로서 우리가 겪는 모든 과정을 체험하셨습니다. 그분은 동물과는 달리 지적인 고통을 당하셨습니다. 예수님의 제자들이 어떤 특정한 사람들이 왜 고통을 당하는지에 대해 질문했을 때, 예수님은 그 사람의 잘못이나 그 부모의 죄가 원인이라 하지 않으시고, 오히려 그 고통이 하나님의 영광을 드러내기 위한 도구라고 설명해주셨습니다. 예수님은 기계와는 달리 도덕적인 선택의 기로에서 도덕적인 선택을 하셨습니다. 예수님은 인간의 모든 약한 부분을 통해 유혹을 받으시고 또 시험을 받으셨지만, 그분을 따르는 사람들과 심지어 대적들도 인정했듯이 예수님은 완벽한 삶을 사셨습니다. 예수님은 죄 없는 삶을 사셨습니다. 귀신과는 달리 예수님은 정서적인 고통을 경험하셨습니다. 그분은 사랑하는 친구의 무덤 앞에서 죽음에 대한 의분을 터뜨리셨습니다. 하나님은 사람을 만드실 때 죽음을 계획하지 않으셨습니다.

그러나 사람들은 하나님의 뜻에 거스리는 선택을 했으며, 그 결과 육체의 죽음과 하나님으로부터 영원한 분리를 경험하게 되었습니다. 그의 사랑하는 친구가 죽었을 때 예수님은 슬피 우셨습니다. 그러나 그를 다시 살려주셨습니다. 천사와는 달리 예수님은 육체적인 고통을 당하시고 참으셨습니다. 십자가에서 처참한 고난을 당하시고 가장 참혹한 사형의 방법을 통해 죽임을 당하셨습니다. 그러나 저항하지 않으시고 엄청난 육체의 고통을 감수하셨습니다.

하나님이 평범한 사람의 삶을 사셨다는 것은 아주 힘든 자기 제한이고, 충격적인 자기 비하며, 고통스러운 겸손입니다. 하나님이 친히 사람들의 고통을 체험적으로 알기 원하셨다는 것은 고통의 극한까지 체험하셨음을 의미합니다. 단 하나의 고통스러운 사건만으로도 하나님이시며 사람이신 예수님께 부정적인 충격을 가하기에 충분했을 것입니다. 악의 문제에 관해, 눈에 보이지 아니하시는 하나님에 대한 신뢰성의 문제를 단번에 그리고 완전히 해결하시기 위해 예수님은 이 모든 고통을 몸소 당하시며 참으셨습니다. 예수님은 현실과 동떨어져 계시고 불완전하며, 무지하고 무능력한 분이 아니십니다. 그러한 비판을 받을 만한 추상적이고 일반적이며, 유일신론적이고 멀리 계신 하나님이 아니십니다. 하나님이 예수님을 통해 우릴 찾아 내려오지 않으셨다면, 그분은 마땅히 여러분들의 불만과 비방과 비판의 대상이 되셨을 것입니다. 그러나 여러분의 비방과 여러분의 불만에 대해 설명해주시려고, 예수님은 사람이 되셔서 우리의 모든 고통을 몸소 체험하셨습니다. 그렇게 하심으로 하나님은 당신이 믿을 만한 분이심을 주 예수 그리스도를 통해서 확인시켜주셨습니다. 하나님께 불가능한 것은 없습니다.

그러나 예수님이 이 땅에 오셔서 친히 고통을 체험하신 데는 더 심각하고 더 깊은 이유가 있습니다. 예수님은 악의 문제와 관련해서 하나님의 신뢰성을 확립시켜주셨을 뿐 아니라 영원히 죽음이 없고 눈물도 없으며, 고통도 없는 환경을 보장해주시기 위해, 죄와 악에 대해서 궁극적인 인간의 승리를 완성하셨습니다. 예수님은 어떻게 인간의 궁극적인 승리를 완성하셨을까요? 인류의 모든 역사 가운데 유일하게 증빙할 수 있는 스스로의 부활을 통해 예수님은 이 일을 완성하셨습니다. 그리고 믿음으로 그분을 받아들이는 모든 영혼에게 당신의 생명을 선물로 값 없이 거저 주시기를 원하십니다.

예수님은 고통을 경험하심으로 신뢰를 획득하셨습니다. 또한 친히 부활하셨기 때문에 우리는 그분을 온전히 신뢰할 수 있습니다. 친히 가장 극한 고통을 당하셨기 때문에 여러분과 저는 하나님이 우리에게 무관심하시다거나 현실적으로 아무런 도움이 되지 못하신다고 비방할 수 없게 되었습니다. 전무후무하게 죽음을 정복하신 예수님으로 인해 여러분과 저는 고통과 한계로 가득 찬 이 세상에 집착하며 살아갈 이유가 없어졌습니다. 다시 한 번 말하지만, 악은 우리가 누구인가를 밝혀줄 뿐만 아니라 하나님이 어떤 분이신지도 밝혀줍니다.

전 세계 정상들의 모임이 있다고 상상해봅시다. 그들이 모여 전 세계의 균형 있는 발전과 지구의 환경 그리고 에이즈 문제 등을 토론하는 것이 아니라, 악의 무서운 비밀과 하나님에 대해 토론하기 위해 회담이 열린다고 해봅시다. 각 나라의 대통령, 수상, 종교계의 지도자, 철학자, 경제학자와 귀빈들이 비공개 회의를 하고 연설을 합니다. 그리고 결국 악의 문제에 대해 전 세계를 대상으로 선언합니다.

의장이 생중계로 온 세계의 수십 억의 시청자들 앞에서 악의 문제에 대해 발표합니다. 워낙 문제가 심각하고 그 발표가 중대한 만큼, 그는 목이 타는 것을 느낍니다. 물을 달라고 해서 한 모금 마십니다. 그러고는 하나님과 악의 문제에 대해 간략하게 정리한 요점을 선언합니다. 그는 완악해진 마음과 부드러운 목소리를 섞어가며 질문합니다. "어떻게 하늘 보좌 위에 앉아 있는 하나님이 우리 인류를 심판할 권리가 있단 말입니까? 하나님은 우리 현실에 전혀 도움이 되지 않습니다. 무력합니다. 불완전합니다. 어려움과 고통으로 가득 찬 이 땅에서 벌어지는 일에 대해 하나님은 전혀 무관심합니다. 사람들이 머리를 둘 곳도 없이 태어나서 살아간다는 것이 어떤 것인지도 전혀 모르는 하나님이 어떻게 감히 우리를 심판할 수 있단 말입니까? 인종과 민족 차별에 대해 하나님은 도대체 무엇을 알고 있단 말입니까? 버림받고 외롭다는 것이 무엇인지 과연 하나님이 알고 있단 말입니까? 고통당하며 죽어간다는 것에 대해 도대체 하나님은 무엇을 알고 있단 말입니까?"

바로 그때, 그 의장에게 물을 가져다준 웨이터가 의장의 귀에 대고 속삭입니다. "의장님, 드릴 말씀이 있습니다." 카메라 감독은 웨이터의 모습을 시청자들에게 보여주지 않기 위해 카메라의 초점을 관중들에게 옮깁니다. 웨이터는 의장에게로 몸을 기울이고 얘기합니다. "의장님이 방금 말씀하신 것을 다 알고 계시며 악을 경험하는 것이 무엇인지를 제대로 알고 계시는 하나님이 한 분 계십니다."

의장은 이 웨이터의 뻔뻔스런 무례함에 당황한 나머지, 실수로 물병을 떨어뜨리고 말았습니다. 떨리는 목소리로 의장은 선언문을 계속해서 읽어내려갑니다. "하나님이 신뢰받을 만한 심판자로서 자격을 갖추기 원한다면, 전 세계를 대표하는 사람들로 구성된 위원회에서 제시한 몇 가지의 자격 요건이 있습니다. (1) 하나님은 이 땅에 사람으로 태어나되 부잣집이 아닌 아주 가난한 집에 태어나야만 한다. (2) 그는 비적자로 낙인이 찍히고 사회적인 소외를 경험해봐야 한다. (3) 그는 자신의 가족과, 가장 친한 친구들 그리고 부패한 정부와 인기만 좇는 판사들에게 배신을 당해봐야 한다. (4) 철저하게 버림받고, 외롭다는 것이 무엇인지 뼈져리게 느껴봐야 한다. (5) 마약이나 환각제 등을 사용해서 그 고통을 약화시키지 않고, 아픔을 있는 그대로 체험해봐야 한다. (6) 그는 처참한, 정말 처참한 죽음을 당해봐야 한다. 그렇게 해야 그의 출생부터 죽음에 이르는 과정 속에 인류가 경험하는 악의 문제를 다 경험할 수 있기 때문이다. (7) 그리고 마지막으로, 악을 직면하고 있는 인류에게 참 소망을 줄 수 있는 능력을 지녔다는 사실을 입증해야 한다. 즉 죽음을 스스로 이겨냈다는 증거를 보여줘야 한다. 이러한 조건을 다 충족시킬 때만, 하나님은 인류를 심판할 자격을 갖추었다고 할 수 있을 것입니다."

의장이 떨어뜨린 물병의 물을 닦고 있던 청소부는 더 이상 참을 수가 없었습니다. 그는 단상 아래서 벌떡 일어나, 대걸레를 손에 쥔 채로 소리쳤습니다. "의장님, 지금 의장님이 말씀하신 모든 조건을 다 충족한 분이 계시며, 이미 죽음을 정복하고 다시 살아나신 하나님이 계십니다. 그분에 대해 진지하게 생각해보시기 바랍니다. 그분의 이름은 예수님이십니다!"

계획에 없던 이 공개적인 선언에 기겁을 한 방송국은 급히 뉴스와 스포츠와 영화로 프로그램을 돌려버렸습니다. 그러나 온 세상은 인류가 하나님에게 언도했던 모든 형량을 다 채우신 하나님이 계시다는 사실을 듣게 되었습니다. 하나님은 예수님을 통해 악을 경험하셨으며 우리에게 당신이 신뢰받으실 만한 분이심을 확증해 보여주셨습니다. 그리고 예수님은 죽음에서 스스로 다시 살아나심으로 죽음의 비밀에 직면하고 있는 우리들에게 소망을 주셨습니다. 지적이고 도덕적이며, 정서적이고 육체적인 고통의 현실 속에서도 바로 지금 이 시간, 여러분은 그 소망을 소유할 수 있습니다. 예수 그리스도를 유일한 당신의 하나님이시며 구원의 주님으로 받아들인다면, 이 소망을 영원히 소유할 수 있습니다. 악과 죽음 없는 영원한 생명을 누릴 수 있습니다. 인류에게 내려진 하나님의 심판을 이겨낼 수 있게 되는 것입니다.

악은 여러분이 누구인가를 밝혀 보여줍니다. 악은 우리에게 우리가 죄를 지을 수밖에 없는 사람이라는 사실을 보여줍니다. 그러나 악은 여러분을 위해, 저를 위해, 온 세상을 위해 하나님이 어떤 분이신지 알려주기도 합니다. 주 예수님은 사람됨이 무엇인가를 친히 경험하셨습니다. 예수님은 사람으로 태어나셔서 피를 흘리시고 죽으심으로 저와 여러분이 영원히 살 수 있도록 해주셨습니다. 그리고 예수님은 다시 살아나심으로 우리에게 악이 없는 상태에서 영원히 살 수 있다는 소망을 주셨습니다. 예수 그리스도는 자신을 유일한 하나님이시며 구원의 주님으로 받아들이도록 여러분을 초청하고 계십니다. 인류의 유일한 구주시라고 악이 밝혀준 그 하나님을 받아들이는 방법에 대해 자세히 알기 원하시는 분은 저희 웹 사이트를 방문해서 등록해주시기 바랍니다. 저희들은 여러분과 대화를 나누며, 삶과 죽음에 대한 인생의 궁극적인 결정을 내리시는 데 도움을 드리기 원합니다.

부록 5

구원 초청을 위한 체크리스트

이 부록에서는 구원으로의 초청을 주제나 설교의 중심 명제와 자연스럽게 연결시켜, 설교의 전체적인 조화를 이루는 데 도움이 될 만한 내용을 정리해 체크리스트를 만들었다.

이 체크리스트는 초청과 반응의 과정에서 복음의 내용을 더욱 명쾌하게 전할 수 있도록 도움을 줄 것이다. 이 리스트를 읽어나가면서 10장 "구원 초청"의 내용을 참조하도록 하라. 여러 번 실습을 하면, 전도설교를 할 때마다 이 리스트의 내용을 쉽게 머릿속으로 훑어내려갈 수 있게 될 것이다.

준비

1. 구원 초청 시간을 위해 기도했는가?(또는 기도 부탁을 했는가?) 또한 그 내용과 집회를 둘러싼 모든 환경들을 위해 기도했는가?
2. 구원 초청의 내용을 의도적으로 계획하고 준비했는가?
3. 초청의 내용 가운데 구원의 목적도 포함시켰는가?
4. 불신자들이 그리스도께로 돌아올 수 있도록, 그 초점을 청중에게 맞추고 있는가?
5. 신앙 생활을 하지만 아직 헤매고 있는 영혼들에게도 그리스도께 다시 헌신할 수 있는 기회를 줄 것인가?
6. 설교의 초두에서부터 개인적인 반응의 필요성을 알려주도록 준비했는가?

설교의 결론에서 구원 초청으로의 전환

1. 이 전환 과정에서 사용할 표현들은 매끈한가?
2. 설교의 주제나 중심 명제 또는 설교의 목적과 제대로 접목이 되어 있는가?
3. 청중의 생각을 흩트릴 만한 새로운 아이디어나 우발적인 생각을 집어넣지는 않았는지 확인했는가?
4. 이 전환의 과정에서 사용할 표현들은 명쾌한가?

초청의 내용

1. 설교의 중심 명제를 반복 또는 복습하고 있는가?

2. 복음의 내용을 간단한 형태로 전달하고 있는가?

    a. 인간의 모든 문제의 뿌리인 죄가 하나님과 인류를 분리시키는 것임을 명쾌하게 밝히고 있는가?

    b. 하나님이 주 예수 그리스도의 죽으심, 장사 그리고 부활을 통해 구원을 공급하신다는 사실을 명쾌하게 설명하고 있는가?

3. 행위가 아니라 은혜를 통해 구원이 주어진다는 사실의 중대성을 분명히 설명하고 있는가?

4. 오직 예수님만이 유일한 구원의 주님이시라는 배타적인 사실을 분명히 보여주고 있는가?

5. 구원의 유일한 조건은 오직 믿음이라는 사실이 분명하고 명쾌한가?

6. 긴박감을 가지고 그러나 강요하지 않으며 반응을 촉구하고 있는가?

7. 우물쭈물 망설이지 않고 열정을 다해 초청하고 있는가?

8. 성경에서 크리스천들에게 무조건적으로 보장해주고 있는 약속들만을 약속하고 있는가? 너무 많은 것들을 약속하고 있지는 않은가?

9. "하나님의 은혜로 말미암아 믿음을 통해서만 받을 수 있는 영원한 구원"의 의미 가운데 그 무엇이라도 숨기거나 첨가하고 있는 것은 없는가?

10. 반응하는 사람들을 위해 구원의 확신을 확인하는 방법을 알려주고 있는가?

초청의 기술적인 측면

1. 전도 집회의 물리적인 선택 사항이나 한계 등을 파악하고 있는가?

2. 구원 초청의 시간을 얼마나 오래 지속해야 하는지 알고 있는가?

3. 청중들이 편안하게 그리고 직접적으로 초청에 반응할 수 있는 방법을 사용할

만큼 청중의 문화를 충분히 이해하고 있는가?(예를 들면, 그곳의 전도자들이나 목회자들이 어떤 방법을 사용하는지, 혹은 그 지역만의 독특한 전통이 있는지 확인했는가?) 청중들의 기분을 상하게 하거나 그들의 관심을 놓치지 않고 그들의 문화를 구원 초청에 도움이 되도록 적용할 수 있는가?

4. 구원 초정에 반응한 청중들이 호응하며 자신의 반응을 기록할 수 있는 적절한 방법을 생각했는가?

5. 반응을 유발시키기 위해 단일한 방법을 사용할 것인가 아니면 혼합적인 방법을 사용할 것인가?

6. 초청 시간의 분위기를 어떻게 조성할 것인가? 조용한 분위기를 유지할 것인가? 음악을 연주할 것인가? 시각적인 자료를 사용할 것인가? 찬양을 같이 할 것인가? 기도를 할 것인가?

7. 사람들이 반응할 때를 대비해 무엇을 준비했는가? 이름을 기록하고 필요한 정보를 수집할 사람들이나 상담자가 준비되어 있는가?

8. 반응이 끝나고 난 후에 어떻게 할 것인가를 결정했는가?

9. 나의 후속 양육 전략 가운데 어떤 부분을 미리 알려줌으로써 반응하는 사람들이 놀라지 않게 할 것인가? 전화번호, 웹 사이트 또는 친구들과 같이 차후에 연락할 수 있는 방법들은 있는가?

10. 동료들로부터 받는 심리적 압박감이나 인센티브에 대한 약속 등 다른 요소들에 지나치게 의존하기보다는, 청중의 반응을 위해 역사하실 하나님을 위해 최대한의 여지를 남겨드렸는가?

부록 6
전도설교 평가를 위한 체크리스트

「삶을 변화시키는 7단계 강해설교 준비」에서와 마찬가지로 나는 이 부분을 달라스 신학교의 설교 실험실과 설교학 교수들이 사용하는 자기 평가 리스트에서 빌려왔다. 이 리스트는 내가 전도설교학 시간에 사용하는 바로 그 리스트다.[1] 여러분도 설교를 준비하고, 전달하며, 평가하는 과정에서 각각의 제목들과 부제목들에 대해 깊이 생각해보길 바란다. 나는 항상 A학점짜리 설교를 한다는 것은 불가능하다고 늘 얘기한다. 그러나 A–를 받을 수 있는 설교는 항상 할 수 있으며, 그러다보면 가끔 A를 받게 될 것이다! 물론 하나님은 B 또는 C학점 설교도 사용하신다. 그러나 이것이 공고한 설교 준비와 효과적인 전달 그리고 신중한 평가를 게을리하게 만드는 핑계가 되어서는 안 된다.

본문에 근거한 전도설교 평가 리스트

I. 본문의 충실성
    A. 중심 명제: 원래 저자가 의도한 주제와 중심 명제가 설교 본문과 문맥에 정확하게 반영되었는가?
    B. 검증: 주석적으로, 신학적으로, 논리적으로 적절한가?
    C. 친절성: 설교자가 설교하는 본문이 성경의 어느 부분인지 청중이 알 수 있는가?

II. 내용과 구성
    A. 서론
        1. 필요
        2. 관심 집중
        3. 목적
        4. 방향 잡기
        5. 서론 내의 요지
    B. 설교의 중심 명제
        1. 불신자들이 이해할 수 있는 범위에서 잘 호소하고 있는가?
        2. 불신자들이 사용하는 언어와 얼마나 잘 연결되는가?
    C. 발전
        1. 아웃라인 소개: 간략하고 기억하기 좋은가?
        2. 수사학적인 전략의 효과
    D. 결론
        1. 요약: 설교의 목적과 주제와의 연결
        2. 초청

　　　　a. 무엇을 요청하고 있는가?

　　　　b. 용어가 명쾌한가?

　　　　c. 초청의 기술적인 측면이나 과정이 명쾌한가?

Ⅲ. 스타일과 전달

　　A. 목소리: 속도, 크기, 높낮이, 표현력

　　B. 전달: 표정, 제스처, 몸동작

　　C. 스타일: 문법, 단어 선택, 발음, 정확성

　　D. 보조 자료: 적절성, 관련성, 신빙성

　　　　1. 불신자들의 경험과 관련이 있는가?

　　　　2. 유머 사용

　　　　3. 성경적이고 신학적인 용어들에 대한 설명

　　　　4. 보조 자료들이 적절한가?

　　E. 자세: 공감대 형성, 시선 처리, 개성, 친근감, 분위기

Ⅳ. 현실성

　　A. 관심을 끄는 정도

　　B. 예수님 주시는 구원에 대한 현실적이고 구체적인 이해와, 이 진리가 어떻게 불신자들의 것으로 소화될 수 있는가?

주제 전도설교 평가 리스트

　주제 전도설교는 그 내용과 구성이 본문에 근거한 전도설교의 경우와는 다를 수밖에 없지만, 그 형태와 전달하려는 주제는 같다.

I. 내용과 구성
  A. 서론
    1. 필요
    2. 관심 집중
    3. 목적
    4. 방향 잡기
    5. 서론 내의 요지
  B. 논제
    1. 불신자들의 현실의 감각에 민감한 논제의 선택인가?
    2. 논제의 선명성
    3. 논제와 복음과의 상관 관계
    4. 성경적이고 신학적인 개념들에 대한 설명
  C. 설교의 중심 명제
    1. 구체적인가?
    2. 불신자들의 이해에 도움이 될 만한 현실감이 있는가?
    3. 크리스천들만 알아들을 수 있는 표현은 없는가?
    4. 설교자가 중심 명제를 설명, 복습, 재설명하고 있는가?
    5. 청중이 중심 명제를 자기 입으로 다시 말할 수 있는가?
    6. 성경 말씀의 범주 또는 성경 전체의 가르침에 부합되는가?
  D. 발전
    1. 아웃라인 소개: 간략하고 기억하기 좋은가?
    2. 수사학적인 전략의 효과
  E. 결론
    1. 요약: 설교의 목적과 주제와의 연결
    2. 초청
      a. 무엇을 요청하고 있는가?

　　　　b. 용어가 명쾌한가?

　　　　c. 초청의 기술적인 측면이나 과정이 명쾌한가?

II. 스타일과 전달

　　A. 목소리: 속도, 크기, 높낮이, 표현력

　　B. 전달: 표정, 제스처, 몸동작

　　C. 스타일: 문법, 단어 선택, 발음, 정확성

　　D. 보조 자료: 적절성, 관련성, 신빙성

　　　　1. 불신자들의 경험과 관련이 있는가?

　　　　2. 유머 사용

　　　　3. 보조 자료들이 적절한가?

　　E. 자세: 공감대 형성, 시선 처리, 개성, 친근감, 분위기

　　F. 관심을 끄는 정도

결론적인 도전
설교에 대한 감사(監査)

우리는 복음 전도설교자의 소명에 대해 생각해봤다. 기초를 세우고, 전도설교의 방법론을 제시했으며, 전도설교에 관련된 쟁점들도 다뤘다. 이제 결론적으로 우리의 설교 전반에 걸친 감사를 해보기 원한다. 특별히 전도설교자로서 신실성에 대한 감사를 해보기를 원한다. 우리는 스스로 자기 감사를 하게 될 것이다. 먼저 청중과, 하늘에 계신 재판장이 하실 궁극적인 감사에 앞서서 우리가 스스로 점검해보는 것이다.

위반 행위는 다음과 같은 경우에 자주 발생하게 된다.

- 다른 설교자의 아웃라인을 가지고 성경 본문을 설교했을 때.
- 다른 설교자의 예화나 인터넷에서 얻은 자료를 출처를 밝히지 않고 사용했을 때.
- 직접 경험하지 않은 내용을 마치 본인이 실제로 경험한 것처럼 가장해서 사용

했을 때.
- 제대로 준비 안 된 수준 이하의 설교로 청중을 속일 때.
- 설교나 본문에 근거한 전도설교를 전달할 때, 복음을 소개할 수 있는 기회를 무시함으로써, 결국 선포에 있어서 성경의 가치를 배반했을 때.

이와 같은 것들이 감지되었을 때는, 자격증을 가진 감사원이 있다면 누구든지 우리를 고발할 것이다. 그는 설교자의 잘못된 습관과 기만적인 행태 그리고 강단의 기본적인 요구 사항을 무시한 것에 대해 전적으로 조사를 요구할 것이다.

우리는 단순히 특정 전문 학회에 연회비를 내고, 회보를 받아보며 상품 전시회나 참석하는 사람들이 아니다. 우리는 아마도 혈서를 통해 하나님과 신성한 계약서에 서명을 하고(내적인 부르심) 우리의 청중들과는 사회적인 계약을 맺은(외적인 부르심) 사람들이다. 우리가 말씀을 전하는 사역을 시작했을 때, 주권자이신 구원의 주님은 우리에게 주님의 생명을 전해주고, 생명을 세워나가는 메시지를 정확하게 전달할 수 있도록 특별한 권위를 허락해 주셨다. 이러한 권리와 의무를 받아들인다는 것은 대중 앞에서 우리의 모습과 개인적인 삶의 모습을 일치시키고(살전 2:3-13), 먼저 기도로 준비하며 설교 준비에 전력을 다해 헌신하고(행 6:4, 딤전 5:17), 꾸준히 성실하게 사역할(딤전 4:16) 것을 포함한다.

또한 그 언약과 계약은 예수님이 주시는 구원의 복된 소식을 될 수 있는 대로 널리, 긴박감을 가지고 담대하게 전달하는 것도 포함하고 있다.

아마도 우리는 이러한 감사를 통해 우리 설교의 가장 취약점을 발견할 수 있을 것이다. 우리의 설교가 한쪽 날개로만 날고 있는 새와 같은 모습일 수 있다. 크리스천들을 세우는 사역 쪽으로 말씀 사역이 기울어져서, 불신자들을 살리는 사역을 소홀히 하고 있을 수 있다. 교회의 균형 잡힌 사역에서 이탈해 있을 수도 있다. 이러한 모습은 하나님이 허락해주신 권위를 소홀히 여기는 것이다. 사람들의 영원한 운명이 걸려 있는 상황에서 우리의 책임, 그리스도의 지상명령, 우리의 소명을 다 이루어드리지 못하고 있는 것이다.

감사하게도 우리는 자기 감사를 통해 이러한 문제를 확인할 수 있다. 공인 회계사들의 모임과 같은 전문인들의 모임은 효율적인 업무를 위한 최소한의 기준을 설정할 수는 있지만, 그들의 은사나 소명을 공식적으로 인준해주지는 못한다. 그들은 비공식적으로 그러한 기준을 정하고 유지하도록 격려할 뿐이다. 그러나 우리의 청중들은 정기적인 출석과 헌금과 그리고 주위의 불신자들에게 우리의 사역을 소개해줌으로써 우리의 사역에 지지표를 던진다. 만약 교회의 지체들이 불신자들에게 다가가지 않거나 그들을 교회로 데리고 와야 할 특별한 필요나 의욕을 느끼지 못한다면, 우리는 우리 사역에 대한 그들의 감사 결과를 예측해야 하며, 하나님이 허락하신 우리의 강단 사역에 어떤 변화를 주어야 할 필요성을 느껴야 한다.

아주 훌륭한 한 교회에서 전도 집회가 있었다. 우리는 늘 하던 대로 그 교회 목사님께 6주 전부터 집회에 대한 광고를 해달라고 부탁드렸다. 그 목사님은 그렇게 해주셨고, 나는 힘을 다해 약 150명 정도의 청중을 향해 복음을 전파했다. 초청을 했지만 단 한 명도 예수님을 믿겠다고 반응을 보이지 않았다. 집회가 끝나고 그 목사님은 말했다. "목사님, 강력한 메시지였습니다. 제가 만일 불신자였다면, 오늘 예수님을 영접했을 것입니다. 오늘 아무도 반응하지 않은 것은 그 자리에 불신자가 한 명도 없었기 때문입니다. 아무도 불신자를 데리고 오지 않았습니다. 죄송합니다."

나도 마음이 참 안 좋았다. 한 명도 반응하지 않아서가 아니라 정성껏 준비한 한 편의 전도설교와 에너지를, 아마도 영적으로 게으르고 자기만을 생각하는 이기적이고 바쁜 신자들에게 낭비한 것 같다는 생각 때문이었다. 그래도 그 가운데 어떤 사람들은 하나님의 구원을 새로운 각도에서 음미할 수 있었을 것이라 생각하며 스스로를 위로했다.

그 목사님은 성도들이 불신자들을 한 명도 데리고 오지 않았다고 책임을 그들에게 돌렸으나, 문제는 그 교회의 성도들에게 있지 않았다. 무슨 말인지 이해했을 줄로 안다. 나는 그 책임이 그 목사님에게 있다고 본다. 목사님 자신도 불신자를 데리고 오지 않았는데, 성도들이 불신자를 데리고 올 이유가 어디 있겠는가? 그 목사님은, 개인적으로든 강단에서든 전도의 모범을 보여주지 않았다. 그러니 순회 전도자가 온다고 해서 갑자기 성도들이 불신자들을 향해 달려나가겠는가? 그 목사님은 전도에 관한 설교를 해오지 않았다. 그러므로 성도들은 그 교회가 온 세상에 가득 찬 불신자들을 위해서도 존재한다는 사실을 모르고 있었던 것이다. 그 목사님은 성도들을 위해 성경이 얼마나 유익한가를 잘 보여주었지만, 구원을 삶 속에 실천하며, 하나님으로부터 받은 권위를 제대로 행사하는 법은 보여주지 못했다. 이와 같이 좋은 기회가 낭비된 것에 대한 책임은 잃어버린 영혼들을 향한 비전을 제시하지 않고, 목회자 자신의 삶 속에서 전도를 실천하지 않으며, 성도들에게 전도에 대한 열심을 가르치지 않은 목사에게 전적으로 있다.

그 목사님이 이 오류에서 빠져나올 수 있는 유일한 길은 자신의 설교에 대해 미리 예비 감사를 해보는 것이다. 전도에 소홀했음을 깨닫고, 전도설교와 전도에 대한 가르침에 열심을 내고 집중하며, 때를 얻든지 못 얻든지 전도의 말씀을 전하는 것은 목회자 스스로가 하나님과 청중 사이에서 해결해야 할 문제다. 스스로의 문제를 파악하고 적극적으로 해결해나갈 때, 설교를 듣기 위해 온 회중이 한 자리에 모이고 그의 설교는 주중에도 성도들의 삶에 영향을 미치게 될 것이다. 이제 전도설교를 위해 우리의 설교 계획과 전략을 새롭게 바꿔야 할 때다.

미리하는 예비 감사, 자기 감사에는 점검해야 할 두 가지 사항이 있다. 그것은 정확성과 권위 위임이다.

정확성

스스로 자문해보라, 나는 과연 내 설교 사역에 있어서 성경적인 우선순위를 바로 정립해놓고 있는가? 나는 크리스천들의 삶을 세우는 사역에만 힘을 쏟고 있는가? 아니면 불신자들에게 생명을 주는 전도 사역에도 열심을 품고 있는가? 「삶을 변화시키는 7단계 강해설교 준비」가 스페인어로 번역되었을 때 유능하고 신중한 한 번역자를 만났다. "저는 지금까지 30-40권의 책을 번역했지만, 저자를 직접 만나본 것은 당신이 처음입니다. 저는 항상 저자들을 만나보기 원했습니다. 제 번역이 저자의 의도와 내용을 충실하게 반영해주었기를 바라기 때문입니다"라고 그 여인이 말했다. 나 자신도 설교 사역을 하는 과정에서 성경의 원 저자이신 하나님과, 인간 저자들의 의도와 전하려는 내용을 될 수 있는 대로 정확하게 반영하기 위해 최선을 다하고 있는 사람이라고 그 여인에게 말해주었다.

우리는 예비 감사를 할 때 거의 대부분 성경 말씀을 근거로 설교했던 것을 살펴보게 될 것이다. 본문을 근거로 한 설교를 준비할 때는 먼저, 본문을 연구하고 구조를 세우고 본문의 중심 명제에 도달한다. 그러고는 본문에 충실한 근거를 바탕으로 청중들의 현실에 맞는 설교의 목적을 발견하고 설교의 중심 명제로 나아간다. 그리고 명쾌하게 구조를 짜고 훌륭하게 설교를 마친다. 그러나 예비 감사의 질문은 이것이다. "성경의 원 저자인 성령 하나님과 인간 저자의 의도와 내용과 적용에 있어서 확장의 범위를 정확하게 반영했는가?"

이 책에서 밝혔듯이, 전도설교는 성경 속에 나타난 하나님의 의도와 내용과 적용에 있어서의 확장의 범위를 정확하게 반영해주어야 한다. 성경의 모든 내용이 크리스천의 생활에 유익하지만(딤후 3:16-17), 성경은 불신자들을 구원에 이르게 할 의도를 담고 있기도 하며(딤후 3:15), 종종 전도설교의 목적을 위해 성경을 적용하는 확장해서 적용시킬 수도 있다. 아마 당신은 사역자로서 크리스천들의 삶을 위한 정확성의 시험은 이미 합격했을 것이다. 그러나 한 영혼의 구원의 길을 열어주는, 전도설교의 측면에서도 시험에 합격했는가? 지난 한 달, 6개월 또는 1년 전으로 돌아가 설교 내용을 다시 검토해보라. 내가 했던 설교 가운데 얼마나 많은 설교가 다음의 내용들을 포함하고 있는가?

전도적인 의도

전도적인 계획

전도적인 호소

크리스천들을 위해 준비된 설교에 전도의 목적을 위해 추신을 첨가시킨 경우.

주로 믿는 자들에게 관계된 본문이지만 전도의 목적을 위해 확장 해석, 적용한 경우.

의도, 내용, 확장에 있어서 전적으로 전도적인 메시지.

전도적인 명쾌성

전도적인 구원 초청

전도적인 반응의 유도 장치

전도적인 후속 양육

이 글을 읽으면서 당신이 무슨 이야기를 하려는지 나도 알고 있다. "우리 회중은 대부분 크리스천입니다. 아내, 우리 아이들 심지어 우리 집 개도 그렇습니다. 우리 회중의 99.9퍼센트가 믿는 사람들입니다. 나는 믿은 사람들에게 전도설교를 낭비하고 싶지 않습니다. 그리고 내게 전도의 은사가 있는지 잘 모르겠습니다." 그 말이 절대로 맞다. 이미 구원받은 사람들에게 구원의 메시지를 전해봐야 더 이상 아무도 구원하지 못할 것이다. 이미 구원받은 돼지 앞에 구원의 진주를 던져봐야 그저 낭비일 뿐이다. 초청의 찬송을 13절까지 불러봐도 이미 구원받은 사람이 구원 초청에 다시 응하는 일은 없다. 또한 그만큼 맥빠지는 것도 없을 것이다.

그러기에 이제 두 번째 예비 감사의 질문을 생각해봐야 한다.

권위 위임

만일 크리스천을 대상으로 사역을 하고 있는 목회자라면, 설교 준비를 시작할 때부터 선포할 때까지 대부분을 크리스천들에게 초점을 맞추고 있을 것이다. 그리고 새신자가 생기지 않는 것에 대해, 불신자들이 내 전도의 은사를 알아주지 않는다고 생각하게 될 것이다.

그러나 마음 한구석에 이러한 의구심이 계속 남게 된다. '믿는 자들에게 설교하는 것만이 사역의 전부인가?' 다시 한 번 잘 생각해보라. 결혼 주례, 장례 또는 사회 참여 등을 통해서 얼마든지 복음을 전할 기회들이 있지 않은가? 주일날 예배 시간에 찬양 팀이 앞에서 찬송을 반복해서 부르고 또 부를 때 마음과 입술을 전혀 움직이지 않고, 찬송 시간 내내 멍하니 그저 어색하게 서 있는 불신자들이 있지 않은가? 우편 배달부, 세탁소 주인, 의사, 골프장에서 만나게 되는 사람, 젊은 남녀, 은행 직원 등등 불신자들을 이래저래 만나게 되지 않는가? 왜 그럴 때 복음을 전할 수 있는 기회를 찾고, 포착하려 하지 않는가? 도대체 무엇이 신자들 앞에서 우리가 설교하는 것만으로, 그들이 우리가 지니고 있는 전도의 은사를 발견하게 될 것이라고 생각하게 만드는가? 불신자들이 내 설교를 듣고 있지 않는데 어떻게 전도설교를 연습하며 향상시킬 수 있겠는가?

하나님이 우리에게 위임해주신 말씀을 선포할 수 있는 권위가 사용되지 못하고, 활용되지 못하며, 발전되지 못한 채 그저 버려져 있다. 지속적으로 활동과 지출이 없는 항목을 이사회의 이사들이 예산에서 지워버리듯이, 원래 하나님이 우리에게 위임해주신 권위 역시 우리가 팽개쳐버리면 활동과 경비 지출의 결핍으로 방치된다. 전도설교 차원에서의 권태기가 시작되며, 전도설교는 우리 강단에서 사라져버리고 말 것이다.

대신 그리스도의 명령대로, 사도적인 권위 위임을 받은 대로, 바울의 소명과 같이, 베드로가 보여준 모범과 같이 그리고 설교에 대한 성경의 지침대로 우리가 살아간다면, 오히려 전도설교를 등한시하는 것이 어려울 것이다. 그리고 우리는 다음과 같은 사항들을 우리의 목회 계획 속에 포함시키게 될 것이다.

- 전도의 열정: 교회의 프로그램을 통해 전도의 열정을 새롭게 할 것이며, 그 결과 불신자들이 참석하기 시작할 것이다.
- 전도에 대한 동기 부여: 권면과 설명과 목회자 자신의 솔선수범은 교인들에게 전도에 대한 동기부여가 될 것이며, 그 결과 신자들이 불신자들을 향해 손을 뻗치는 것이 일상화될 것이다.
- 전도설교 계획: 하나님으로부터 위임받은 권위를 상기시키고, 성도들이 불신

자들을 이 특별 집회에 데리고 올 것을 촉구하기 위해 1년 목회 계획에 전도설교를 포함하게 될 것이다.

지출 경비는 이미 결재가 났음을 기억하라. 하나님의 예산 계획 속에 전도설교를 위한 예산은 무궁무진하다. 우리의 예비 감사가 우리 편에 있는 부정직함을 드러내줄지도 모른다. 열정의 결핍, 영적 이니시어티브의 부족, 안목의 부족 그리고 사역을 이루기 위한 인재 양육의 부적절함 등을 노출시켜줄 것이다. 자칫하면 전도설교에 관련된 예산 항목들이 제거될 수도 있다. 그렇게 되면 우리는 설교 사역의 질을 떨어뜨리게 될 것이다.

우리의 예비 감사는 직위에 맞게 일을 제대로 하지 못한 것에 대한 책임을 물어 우리 스스로를 리더쉽 자리에서 파면시켜야만 하는 결과를 가져올 수도 있다. 만일 우리가 우리 자신의 보스라고 한다면, 계속해서 일을 제대로 수행하지 못하게 될 때 스스로를 해고시켜야 할지 모른다. 아니면, 설교 계약서에 다시 서명을 하면서, 사람들에게 복음을 선포하는 특사의 역할을 다시 시작할 것을 결단해야 할 것이다. 우리가 우리의 사역에 대해 정확히 판단하고 대처하게 될 때, 우리의 사역에 대한 하나님의 감사를 통과할 수 있는 채비를 갖추게 된다. 그리고 궁극적인 감사원이신 하나님으로부터 계속해서 성경을 바로 선포하는 일을 수행해나갈 수 있도록 인정을 받게 될 것이다. 더욱더 정확하게 본문의 의도와 내용을 반영할 수 있게 될 것이다. 하나님의 권위를 위임받아 불신자들을 향해 성경을 확장하는 그 일에 쓰임 받게 될 것이다. 하나님이 결재해주신 자원들을 사역을 위해 사용할 수 있게 될 것이다. 구원을 얻은 사람들의 감사 리포트에 같이 서명하게 될 것이다. 회개하는 모든 사람들로 인해 천사와 함께 기뻐하며 하늘나라에 깨끗한 모습으로 들어가게 될 것이다.

이 책은 탕자와 같은 설교자들에 대해 얘기하고 있다. 우리는 아버지가 주신 유산을 가지고 강단에서 우리가 하고 싶은 것을 하며, 아버지의 마음을 멀리 떠났던 적도 있을 수 있다. 그러나 우리는 우리의 소명에 대해 그리고 전도설교의 과제에 대해 같이 공부했다. 나는 전도설교의 중요성을 뒷받침 해주는 신학적인 가치를 설명했으며, 강단에서 하나님의 복된 소식을 펼치는 데 도움이 되는 설교학적인 과정을 설명했다. 이러한 내용과 과정을 이해하고 받아들이며 실제 목회 현장에서 활용한다면, 하나님으로부터 위임받은 그 권위를 정확하게 삶 속에서 실현시키며 살아갈 수 있게 될 것이다.

하나님의 권위를 위임받은 대로 정확하게 이행하고 있는지 점검하라. 왕권을 가지고 우리의 사역의 모든 것을 감사하시기 위해 다시 오실 그리스도 예수님의 존전 앞에서, 하나님 말씀을 선포하고 전파하라(딤후 4:2-5). 그리하면 우리의 직무를 다 이루게 될 것이다.

혹, 우리가 전도설교자는 아닐지라도, 전도를 목적으로 설교를 해야 한다. 믿는 사람들에게 설교할 때도 그들이 영적으로 성장해서 불신자들을 향해 나아갈 수 있도록 설교하라. 그렇게 한다면 우리 모두가 마지막 날에 기뻐할 수 있을 것이다.

서론

1. 다섯 달 후에 나는 부에노스아이레스에 잠깐 머물면서 비슷한 집회에서 말씀을 전했다. 앙리크도 그 자리에 있었다. 말씀을 듣는 그의 얼굴과 눈빛은 빛나고 있었다. 그는 구원의 내용과 그 영역을 이해했다. 그의 영의 눈이 열린 것이다. 그는 처음 만났을 때보다, 이 두 번째 전해 듣는 말씀을 훨씬 더 잘 이해하는 것처럼 보였다.

2. 1995년에 초판이 발행되었으며, 2001년에 「Preparing Expository Sermons」(Grand Rapids: Baker, 2001)라는 제목으로 개정판이 나왔다. 말씀으로 성경을 조각하는 방법론은 문화와 성경의 문학적 장르, 청중들의 필요, 교육 수준 등 모든 것을 뛰어넘어 활용할 수 있는 설교 준비 과정을 제공해준다.

1장. 전도설교자의 내적인 부르심

1. 이 본문에서 말씀하고 있는 특정한 사역자들의 "구원하는 사역"에 관한 말씀은 나로 하여금 전도설교에 관한 이 책을 쓰게 만들었다. 전도설교는 곧 하나님의 경륜 아래서 우리가 영혼들을 구원하는 사역이다. 분명코 우리가 영혼을 구원한다고 말씀하고 있다(고린도전서 9장 22절을 보라).

2. 2002년 8월 15일, 달라스에 있는 라디오 방송국 KRLD에서 방송한 애쉴리라는 여인의 라디오 인터뷰 내용을 요약한 것이다. 그녀는 또 이렇게 얘기했다. "나는 결과로 무엇을 얻든지 그것을 인해 감사합니다. 왜냐하면 제 꿈이 이루어졌기 때문입니다. 치어리더 모집에 600명이 응모했고 저는 네 번째 시도에서 성공했습니다."

3. 나는 일반적인 부르심부터 시작을 한다. 왜냐하면 모든 직업이 세상적인 의미에서 소명이라고 불릴 수 있기 때문이다. 아프리카에서 에이즈로 고생하는 사람들, 러시아의 고아들, 또는 재즈 음악을 하고 있는 젊은 흑인들의 삶 속에 도움을 주기 위해 열정을 품고 일하는 나의 친구들이 있다. 그러한 소명은 인류를 향한 사랑을 반영해주고 있으며, 또 다른 소명들은 그리스도의 이름을 위해서 추구되고 있다. 이러한 소명들의 공통점 중에는 정체성에 대한 강한 인식(영적이든 그렇지 않든), 은사(그들이 갖고 있는 재능, 영적인 은사, 자원, 관계 등), 비전(그들이 보기 원하는 변화) 등이 있다.

4. 성경적으로 말해서 소명은 직업으로서의 개념보다 구원의 영적인 측면, 거룩함 그리고 영광 등을 지칭한다. 직업적인 의미에서의 소명은 "하나님께서 당신의 구속 계획 가운데 개인들을 특정한 기능과 직위로 부르시고 또 그것들을 주시는" 부르심의 "종속적인 적용"으로 이해할 수 있으며[J. I. Packer, "Call, Calling," Walter A. Elwell, ed. 「Evangelical Dictionary of Theology」 (Grand Rapids: Baker, 1984), 184], 단순히 그 단어의 신학적인 용례를 현대적 의미에서 사용하고 있는 것이다(사도행전 13장 2절을 보라).

5. 라메쉬 리처드, 「Soul Vision: Ensuring Life's Future Impact」(Chicago: Moody Press, 2004), 127-130.

6. 영어의 "ought"라는 단어는 원래 "owe"의 과거형이었다. "의무나 도덕적인 의무감에 붙잡혀 있는 또는 묶여 있는"이라는 뜻을 갖고 있다. "ought"에 대한 설

명을 보라(「The New Webster Encylopedic Dictionary of the English Language」).

7. 하나님의 뜻을 행함에 있어서의 "mustness(필요불가결성)"은 헬라어의 dei에서 나왔으며 "하나님의 뜻에 근거한 필수불가결성에 대한 표현"이다[Walter Grundmann이 제시한 "dei"에 대한 설명을 보라. 「Theological Dictionary of the New Testament」, vol. 2, ed. Gerhard Kittel, trans. and ed. Geoffrey W. Bromiley(Grand Rapids: Eerdmans, 1976), 24].

8. 목적이 분명한 삶에 대한 더 넓은 필요성과 전략에 관한 추가적인 내용을 위해서는, 무디 출판사에서 발행한 목적이 분명한 삶에 대한 필자의 3부작을 참고하기 바란다(2003-2004).

9. kaleō의 처음 나오는 정의[W. Bauer and F.W. Danker, W.F. Arndt, and F.W. Gingrich, 「A Greek-English Lexicon of the New Testament and Other Early Christian Literature」, 3rd. ed.(Chicago: University of Chicago Press, 2000), 502-503], "정체를 확인한다"는 개념을 담고 있으며, "초청"의 개념이 뒤따라 설명되어 있는데, 이 개념은 이 방정식의 뒷부분의 개념과 상통한다.

10. apostellō, 같은 책.

11. tithēmi는 "위치시키다, 놓다"라는 뜻이며, 디모데전서 1장 12절에서 보여주는 것과 같이 어떤 사명이나 기능을 지명하거나 맡기는 것을 의미한다.

12. 또 다른 포인트가 있다. 만일 "할 수 있다"고 하는 자만한 마음 자세로 하나님의 일을 하려고 할 때는, 하나님이 먼저 우리를 부숴뜨리신 후에 일을 맡기신다.

13. "사도는 '부르심'이라는 개념과 연관된 유일한 영적 은사다. … 그러나 다른 관점에서 본다면 바울은 모든 은사를 같은 한 성령 하나님이 주시는 것이며, 당신의 뜻대로 원하시는 자들에게 각기 나눠주시는 것으로 이해하고 있다(고전 12:11)"[Stephen Motyer, "Call, Calling," Walter A. Elwell, ed. 「Evangelical Dictionary of Theology」(Grand Rapids: Baker, 1996), 81].

14. Kaleō는 "부르다"는 뜻으로 하나님이 구원으로 부르시는 사건을 비유적으로 묘사하는 대표적인 표현이다.

15. Stephen Kinzer, "Lilly Heir Makes $100 Million Bequest to Poetry Magazine," ⟨New York Times⟩, 2002년 11월 19일.

16. Jim Collins, "Is the Economy Just Built to Flip," ⟨Fast Company⟩, 2002년 10월, 94.

17. 혹은 어떤 사람이 창조자와 반응자에 관해 얘기했듯이, 만일 C가 그리스도를 상징한다면 부름받은 사람은 인생의 진흙과 흙탕물로부터 집의 머리가 되는 자리로 그리스도를 옮겨놓을 것이다. 물론 그리스도가 우리 인생의 머리와 중심에 계시기를 원한다. 복음 전도자들은 창조자–반응자이지만 먼저는 창조자이다. 그들은 거룩한 의무감과 보내심을 받았다고 하는 자각 그리고 자원하는 심령으로 일하는 사람들이다.

18. 긴박성과 담대함 등 부르심의 다른 측면들을 첨가할 수 있을 것이다. 그러나 이것들은 "거룩한 의무감"의 결과일 수도 있다.

19. http://www.christcenteredmall.com/stores/art/dicianni/legacy.htm.

2장. 전도설교자의 외적인 부르심

1. Dag Hammarskjöld, Markings, trans. Leif Sjöberg and W.H. Auden (New York: Alfred A. Knopf, 1966), 155.

2. 나는 이 예화를 소망을 주는 한 글에서 발견했다. Nichols Thompson, "Self-adjusted Glasses Could Be Boon to Africa," ⟨New York Times⟩, 2002년 12월 10일.

3. 같은 책.

4. 효과적인 전도와 변증적인 제시를 위해 세계관, 종교관 그리고 문화적인 여과 장치들을 설명하고 넘어가는 것에 대한 대한 필자의 글과 방법론을 참조하라. 앞으로 출간될 그 책의 가제는 「Wisdom toward Outsiders: A Manual on Cross-Cultural Apologetics and Worldwide Evangelism」이다.

5. 이 본문에 대한 자세한 주석적 설명은, 특히 보편적 구원설에 대한 비평은 필자의 「Population of Heaven」(Chicago: Moody Press, 1994), 57-60을 참조하라.

6. C. S. Lewis, 「The Problem of Pain」(New York: Macmillan, 1944), 106.

7. Jeffery L. Sheler, "Hell Hath No Fury," 〈U. S. News and World Report〉, 2000년 1월 31일, 47.

8. Jonathan Edwards, 「Sinners in the Hands of An Angry God」, www.jonathanedwards.com/sermons/warnings/sinners.htm.

9. 예를 들면, Edward W. Fudge and Robert A. Peterson, 「Two Views of Hell: A Biblical and Theological Dialogue」(Down Grove, IL: Intervarsity Press, 2000)을 보라.

10. Wesley L. Gerig, "Reward," in 「Evangelical Dictionary of Theology」, 686. 필자와 독자들의 편의를 위해 다음 몇 페이지에 걸쳐서 성경적인 주제에 관한 내용을 이 기본적인 사전을 참조로 설명한다.

11. "Pots of Promise," 〈Economist〉, 2003년 5월 24일, 69-71.

12. G. F. Hawthorne, 「Dictionary of Paul and His Letters」(Downers Grove, IL: Intervarsity Press, 1993), 321-322.

13. 〈Common Ground〉, 2002년 11월, 20권 11호.

14. 앞의 각주 4번에서 언급한 책의 8장을 참조하라.

15. Merrill F. Unger, R. K. Harrison, Howard F. Vos and Cyril J. Barber, eds. 「New Unger's Bible Dictionary」(Chicago: Moody Press, 1961), "evangelist"를 보라.

16. "다시 말하자면, 하나님은 문자적인 면류관을 씌워주시는 것이 아니라, 성도 속에 있는 이러한 특성들에 대해 인정해주시는 영광을 영원히 허락하신다는 뜻이다"(Darrell L. Bock, "Crown," in 「Evangelical Dictionary of Theology」, 138). 면류관에 대해 글을 쓰는 모든 사람들이 그리스도가 가시 면류관을 쓰셨지만, 언젠가 승리의 면류관을 쓰시게 될 것을 지적하고 있다. 우리가 받게 될 면류관에 다음과 같은 패턴이 있지 않나 생각된다. '먼저는 고난의 면류관 그리고 후에 주시는 기쁨의 면류관'

17. P. H. Davids, "Crown," in 「Evangelical Dictionary of Theology」, 288.

18. "바울의 의미하는 바는 어떤 크리스천들은 이 땅에서의 삶에 대해 하나님께 보여드릴 것이 거의 없는, 있어도 아주 적은, 모습으로 구원을 받게 될 것이라는 것이다. 잘못된 동기, 게으름, 또는 잘못된 우선순위 등 어떤 이유로든 영원한 가치를 지닌 것을 거의 갖지 못한 상태에서 인생을 마치게 될 것이다"(Wesley L. Gerig, "Reward," in 「Evangelical Dictionary of Theology」, 685).

19. "'Baywatch' It isn't for Lifrguard Recruits," 〈New York Times〉, 2003년 5월 21일.

3장. 전도설교를 위한 신학적인 골격

1. Christina Burbank, "Humor in Uniform," 〈Reader's Digest〉, 2002년 11월, 64.

2. John d. Hannah, "Evangelicalism, Conversion, and the Gospel: Have We sold our Heritage for Relevance?" in 「The Comming Evangelical Crisis: Current Challenges to the Authority Scripture and the Gospel」 (Chicago: Moody Press, 1996), 162.

3. khvrugma의 내용에 대해 학자들 사이에 많은 토론이 있다. 그러나 euaggelizomai의 의미는 바울이나 다른 사도들의 경우에 있어서도 별 차이가 없다. 즉, 그리스도를 불신자들에게 선포한다는 뜻이다. 가장 기본적인 이해를 위해 다음의 글들을 참조하라. C. H. Dodd, 「The Apostolic Preaching and Its Developments」(London: Hodder and Stoughton, 1936); J. I. H. McDonald, 「Kerygma and Didache: The Articulation and Structure of the Earliest Christian Message」, Society for the New Testament Studies Monograph Series 37(Cambridge: Cambridge University Press, 1980); P. Stuhlmacher, "The Pauline Gospel," in 「The Gospel and the Gospels」, ed. P. Stuhlmacher(Grand Rapids: Eerdmans, 1991), 149-172. 그리고 신약 사전이나 신학 사전들에 있는 요약 설명들도 참조하라.

4. "한 거지가 다른 거지에게 어디서 자기가 빵을 찾았는지를 알려주는 것"이라고 스리랑카의 감독인 D. T. Nilesrk 전도에 대한 정의를 내렸는데, 이러한 이해는

다음과 같은 이야기를 통해 성경적인 근거를 발견할 수 있다. 전도는 감옥에서 풀려나와 자유를 얻은 한 사람이, 자유를 얻은 한 노예가, 눈을 뜨게 된 한 소경이, 부활을 경험한 한 사람이, 영적으로 감옥에 갇혀 있으며, 노예 상태에 있으며, 눈이 멀었으며, 죽어 있는 사람에게 자유와 빛과 생명의 원천을 지적해서 보여주는 것이다. 전도 자체가 아니라 전도설교에 우리의 초점이 맞춰져 있지만, 이 예화와 전도의 동기부여를 통해서 전도설교의 전략을 짜보려는 것이 나의 의도다.

5. 이 담대한 젊은이는 계속했다. "용서는 주어지는 것이지만, 아직도 회복의 문제는 남아 있습니다." 그러고는 그 여인의 가족들을 향해 계속 말했다. "여러분 가운데 많은 분들은 앞으로 전화도 하고, 편지도 쓰고 방문도 하게 될 것입니다. 여러분도 사랑하는 사람을 잃게 된 것에 대해 저도 마음이 아픕니다"(Dave Levinthal, "Mallard Handed 50 Years," 〈Dallas Morning News〉, 2003년 6월 28일).

6. 유용하고 기억하기 쉬운 개인 전도 방법을 알고 싶다면 Randy Raysbrook의 "One-Verse Evangelism," 〈Discipleship Journal〉 34 (1986): 28-32을 참조하라.

7. 2장 각주 4번에서 언급한 책에서 인생의 변증학에 대해 더 상세하게 설명하고 있다.

8. Howard W. French, "Japanese Pastor Reaches Out With Suicide Line," 〈New York Times〉, 2003년 5월 31일. 일반 신문에서 사역에 관한 내용을 보도할 때 부딪히는 한계를 염두에 둔다면, 이 기사의 저변에 깔려 있는 이 목사님의 성경적인 신념은 쉽게 추적해볼 수 있다. 그는 이 예비 전도 단계의 사역을 통해 예수님께로 나아가는 길을 열어놓고 있는 것이 분명하다.

4장. 전도설교의 정의

1. William Willimon, 「Peculiar Speech」(Grand Rapids: Eerdmans, 1992), 89.

2. Moody Adams, 「The Titanic's Last Hero」(Columbia, SC: Olive Press, 1997), Quoted in Charles Colson, "Twice Saved – A True Titanic Hero,"

〈BreakPoint Commentary〉, 1999년 4월 14일.

3. "The Gospel of Jesus Christ: An Evangelical Celebration," 〈Christianity Today〉, 1999년 6월 14일, 51. 이 부분만을 본다면, 복음에 대한 이 신학적인 정의는 애매모호할 수도 있다. 사실 이 설명의 나머지 부분은 아주 깊은 생각의 결과며, 성경적인 근거를 갖고 있으며, 거의 신조와 같은 형태로 이루어져 있다. 그러나 후자에 관한 토론은 신학적인 틀(3장을 보라)과 복음의 영역(특히 제자도에 있어서)을 정수에 해당하는 중요한 내용으로 포함시키기를 원하는 의견들을 많이 다루고 있다. "What's the Good News? Nine Evangelical Leaders Define the Gospel"〈Christianity Today〉, 2000년 2월 7일, 46-51.

4. Fred B. Craddock, "Preaching," 「The Anchor Bible Dictionary」, ed. D. N. Freedman(New York; Doubleday, 1996), 5:451.

5. 맥락적인 상황과 청중에 대한 이해의 측면에서 전도자에게 자유를 주기 위해 개인적인 증거나 대중 앞에서의 선포의 경우 네 개의 단계를 사용할 것을 권한다. "하나님 - 인류/ 예수님 - 믿음" 어떠한 상황에서든 하나님의 기대하시는 것, 인류가 처한 상황, 예수님의 공급, 구원의 조건을 불신자들에게 전해줘야만 하며 가능하면 이 순서대로 전하는 것이 바람직하다. 이 네 단계의 흐름을 둘로 묶으면서 복음의 신학적인 분위기를 조성할 수 있다. (1) 하나님 - 인류 (2) 예수님 - 믿음. 나는 두 개의 흐름을 이 책에서 앞으로도 계속해서 언급하게 될 것이다.

6. Deborah Baldwin, "In Search of the Perfect Cup, The Old Coffee Pot is Passé," 〈New York Times〉, 2003년 7월 7일.

7. James Daane, 「The Freedom of God」(Grand Rapids: Eerdmans, 1973), 118.

5장. 본문에 근거한 전도설교

1. Charles Osgood, "Osgood on Speaking: How to Think on Your Feet without Falling on Your Face," 〈American Way〉, 1988년 8월 15일, 23, 25-26. Excerpted from Charles Osgood, 「Osgood on Speaking: How to Think on Your Feet without Falling on Your Face」(New York: William

Morrow and Company, 1988).

2. Washington State Crop Improvement Association, home page, http://Wscia.com/dw_certified_seed_Hotbot.htm.

6장. 본문에 근거한 전도설교의 본문과 예

1. Craig A. Loscalzo, 「Evangelistic Preaching That Connects: Guidance in Shaping Fresh and Appealing Sermons」(Downers Grove, Ⅱ: InterVarsity Press, 1995). 로스칼조의 「Preaching Good News from the Old Testament」라는 책의 4장은 설교를 위해 구약 성경의 장르를 해석하는 데 필요한 실제적인 힌트와 도움이 되는 예들을 담고 있다.

2. Sidney Greidanus의 뛰어난 코멘트를 참조하라, "Preaching Christ from the Old Tastment," 「Bibliotheca Sacra」 161, no. 641(January-March 2004): 3-13; and "Preaching Christ from the Creation Narrative," 「Bibliotheca Sacra」 161, no. 642(April-June 2004):131-41. 구약 성경을 본문으로 전도설교를 하게 될 때는 "연속성과 단절성"의 신학적인 체계의 심각한 해석학적인 전제들이 나타난다. 나는 기독론적인 구약의 해석학을 따르지 않기를 바란다. 간단하게 얘기한다면, 구약 성경의 문법적-역사적 해석을 따르되, 구약 설교를 할 때는 기독론적인 설교학을 따르라.

3. Hugh Litchfield, 「Visualizing the Sermon: A Guide to Preaching without Notes」(Sioux Falls, SD: self published, 1996)는 '아이디어 - 그림 - 이미지' (IDEA - PICTURE - IMAGE)로부터 원고 없이 설교를 발전시키고 전달할 수 있는 실제적인 방안을 제시해주고 있다.

4. Bryan Chapell, 「Christ-Centered Peaching: Redeeming the Expository Sermon」(Grand Rapids: Baker, 1994), 40-41. "타락 상태에 초점"을 맞추는 방법은 주로 믿는 사람들에게 설교할 때 신학적인 초점과 틀을 제공해주지만, 불신자들에게 설교할 때도 유용하게 활용할 수 있다.

5. J. L. Mays, 「Harper's Bible Commentary」(Harper & Row: San Francisco, 1996), on Romans 5:1ff.

6. Tomas G. Long and Neely Dixon McCarter, eds., 「Preaching In and out of Season」(Lousiville, Ky: Westminster John Konx, 1990), 83).

7. Sidney Greidanus, 「Peaching Christ from the Old Testament: A Contemporary Hermeneutical Method」(Grand Rapids: Eerdmans, 1999)는 설교학(과 해석학)에 좀 더 깊은 이해를 갖고 있는 학생들에게 도움이 되는 책이다. 이 책은 본문에 근거한 강해에 있어서 구약 성경에서 그리스도를 설교하는 문제에 관련된 이슈들을 말씀으로 설교를 조각하기 방법론과 호흡이 아주 잘 맞도록 다루고 있다. 특별히 6-8장에 있는 그의 방법론과 예 그리고 요약 등을 주목해보라. Faris D. Whitesell, 「Evangelistic Preaching and the Old Testament」(Chicago: Moody Press, 1947)도 전도설교에 있어서 구약성경의 본문, 교리, 사건, 단어 등에 대해 실제적인 자료들을 담고 있다(해석학적인 면에서 Greidanus의 책만큼 기초가 잘 다져져 있지는 않지만, 참고할 만한 충분한 가치가 있다).

7장. 본문 중심의 주제 전도설교

1. "주제 설교는 설교의 역사 가운데 아주 중요한 위치를 차지하고 있다. 그 적법성은 성서 신학과 조직 신학의 유효성에서 발견된다. 주제 설교가 사역자들의 첫 번째 선택이 되어서는 안 되지만, 모든 목사들은 종종 주제 설교를 하게 된다. … 주제 설교는 집요하고 일관된 분위기를 유지할 수 있기 때문에, 세상 문화와 사회에 결정적인 영향력을 미친 열 개의 설교를 선정한 어떤 리스트를 살펴보더라도 거의 대부분 주제 설교들로 구성되어 있다"[David L. Larson, 「The Anatomy of Preaching: Identifying the Issues in Preaching Today」(Grand Rapids: Kregel, 1999), 31].

2. 저자가 본문에서 의도하고 있지 않는 어떤 신학적인 내용을 지니는 더 커다란 원리를 위한 예화 정도로 성경 본문이 남용되는 것을 막기 위해 나는 일부러 이러한 (헬라어나 영어에서는 - 역자 주) 전치사들을 구별시키고 있다.

3. Roger E. Van Harn, 「Pew Rights: For People Who Listen to Sermons」(Grand Rapids: Eerdmans, 1992), 134. 이 책은 크리스천들을 향해 쓰여진 책이지만, 설교에 대해 저자가 요약해놓은 글이 마음에 들어서 우리가 얘기하고

있는 주제에 연관시켜본다. "하나님의 말씀을 우리가 듣게 될 것이라는 기대감을 주시는 성령 하나님의 명령은 이것이다. 한 선택받은 설교자가 성경 본문이 의도하는 메시지를 듣는 사람들의 세계와 인생을 향해 전하는 것이다"(135쪽).

4. 주석적으로 이 구조의 증거를 요구하는 사람들을 위해, 이 구조는 ὥστε 와 ἵνα.를 뒤따르는 절에 기인하고 있다.

5. οὕτως 가 범위(하나님의 사랑의 깊이와 넓이)를 의미하는 것인지, 아니면 방법 또는 자세(하나님의 사랑이 이러한 방법으로)를 의미하는 것인지 학자들의 의견이 나뉘어져 있다. 그래서 하나님의 사랑의 "정도"로 번역을 했다.

6. 나는 목회자들이 양들을 위해 스스로 꼴을 제대로 준비하지 못했을 때, 톰슨 주석 성경이 설교 직전에 목회자들을 구해주는 경우가 종종 있다고 전 세계에 있는 목사들에게 농담을 하곤 한다. 이 중요한 작품은 수천 개의 논제들을 담고 있으며, 그것들은 갑작스럽게 설교를 해야 될 경우에 쉽게 설교로 전환되어질 수 있다. 우리가 이 내용들을 규칙적으로 사용하게 된다면 우리는 우리 자신의 논제적인 구조나 성경 본문의 구조가 아니라 다른 사람(톰슨 박사)의 것을 가지고 설교하게 되는 것이다. "영적인 양식을 위해 성도들은 우리를 필요로 하지 않게 된다. 성도들에게 톰슨 주석 성경을 한 권씩 주면 된다. 우리 설교자들도 다른 신자들처럼 토요일에 푹 쉬면 된다."

8장. 청중 중심의 주제 전도설교

1. Van Harn, 「Pew Rights: for People Who Listen to Sermons」, xi.

2. Ninian Smart, "The Philosophy of Wordviews-That Is the Philosophy of Religion Transformed," 「N. Zeitschr. f. syst. Theologie 23:2」(1981)에서 나는 이 표현을 빌려왔다.

3. See Charles Kraft, 「Christianity in Culture: A Study in Dynamic Biblecal Theologizing in Cross Cultural Perspective」(Maryknoll, NY: Orbis Books, 1979), 33-37.

4. Daniel C. Dennett, "The Bright Stuff," 〈New York Times〉, 2003년 7월 12일.

5. 청중을 주석하는 방법에 대해서는 「삶을 변화시키는 7단계 강해설교 준비」(개정판)에서 설명을 했으며, 앞으로 출간될 책에서 더욱더 상세하게 다루고 있다. 그 책의 가제는 「Wisdom toward Outsiders: A Manual on Cross-Cultural Apologetics and Worldwide Evangelism」이다.

6. 현대 전도설교에 있어서, 불신자들의 구원과 영적인 성숙을 향한 영적인 각성 단계에 대한 좀 더 복잡한 측정 기준은 다음의 두 모델에서 시작되었다. The Spiritual Segmentation linear model of V. Søgaard, 「Everything You Need to Know for a Cassette Ministry」(Minneapolis: Bethany, 1975), 27-53, and the Engel Scale(from awareness of supreme being and no knowledge of the gospel all the way to Christian stewardship), in James F. Engel and H. Wilbert Norton, 「What's Gone Wrong with the Harvest」(Grand Rapids: Zondervan, 1975), 45. 이 모델들을 더 세련화시키기 위한 제안들이 인터넷에 올려져 있다(검색 엔진에서 "Engel Scale"을 검색해보라). The Gray Matrix(http://www.thegraymatrix.info/)는 자세(적대감 / 열심)라는 중요한 요소를 (커뮤니케이션의 효과 면에서) 크리스천이 되기 전의 지식 상태에 첨가하고 있다.

7. 나는 Josh McDowell의 소책자 「More Than a Carpenter」를 사람들에게 나눠 주곤 했었다. 그러나 많은 사람들이 갖고 있는 예수님에 대한 첫 번째 질문은 학문적인 것이 아니라는 사실을 알게 되었다. 그래서 다른 도움이 될만한 책자들을 찾아보다가 「Mending Your Soul: The Spiritual Path to Inner Wholeness」라는 책을 썼다. 나는 지금도 예수님에 대해 더 깊이 알기 원하는 사람들을 위해 「More Than a Carpenter」를 두 번째 책으로 권하고 있다.

8. 세 개의 헤드라인 모두 "The Science Times"(〈New York Times〉, 2003년 7월 8일)라는 같은 섹션에 실렸다. 매일 나는 전도적인 주제와 술어로 변환시킬 수 있는 기사들을 발견한다.

9. 좀 더 전문적인 시리즈에서 의미의 해석학적인 범주에 대해 연구했다. (1) 서술 (2) 그들과 우리 사이의 연속성이 시사하는 바 - 인간 저자의 의도, (3) 그들과 우리 사이의 단절성이 시사하는 바 - 저자이신 성령님의 의도에 근거한 나의 글을 참조하라. Methoedological Proposals for Scripture Relevance": "Selected Issues in theoretical Hermeneutics" 「Bibliotheca Sacra」

143(January-March 1986): 14-25 and "Levels of Biblical Meaning" 「Bibliotheca Sacra」 143(April-June 1986): 123-133.

9장. 보조 자료

1. 인터넷 서점들을 통해 "예화"를 검색해보라. 예화에 관한 수많은 자료와 설교에 관한 책과 설교 예화에 관한 책을 발견하게 될 것이다. 이 책들의 대부분은 내가 이 장의 뒷부분에서 다루게 될 주제에 대해 간단한 가르침을 줄 것이다. 그러한 책들을 더 읽음으로 추가적인 지식을 얻을 수 있게 될 것이다. 이 책은 설교에 관한 책이 아니라 전도설교에 관한 책이기에, 내가 다른 책에서 언급했던 또는 다른 저자들이 예화에 관해 이미 언급했던 내용들을 다시 반복하거나 복습하지는 않겠다.

2. Robert Aunger, 「The Electric Meme: A New Theory of How We Think」(New York: The Free Press, 2002)는 생유전학에서 유전자 비유를 빌려와서, 한 문화 속에서 어떤 생각이나 행동이나 스타일이 사람들 사이에 어떻게 퍼져나가는가를 연구하는 신경 과학으로 전환시키면서, 어떻게 진화론적인 생물학이 그 자체의 생각을 유포시키는지 보여주고 있다. 이러한 주장의 신빙성에 대해서는 의심이 가지만, 그러나 아이디어라는 것이 얼마나 힘이 있으며 또한 전염성이 있어서 사람들의 머리와 가슴속에 파고들어 그들의 생활과 문화를 형성시켜 나가는지 우리는 잘 알고 있다.

3. 「삶을 변화시키는 7단계 강해설교 준비」, 174-175.

4. http://www.ncsu.edu/felder-public/ILSpage.html.에는 우리 자신과 다른 사람들의 학습 스타일을 이해하는 데 도움이 되는 자료들이 많이 있다. 우리의 학습 스타일에 따라 보조 자료를 선택할 수 있도록 도움을 준다.

5. From W. E. Sangster, 「The Craft of Sermon Illustration」(Philadelphia: Westminster Press, 1950), 27-43.

6. 이야기를 들려주는 것은 문화와 종교와 학습 방법을 초월한 보편적인 커뮤니케이션의 방법이며, 이 방법은 이야기를 가장 잘하는 분이신 우리 주 예수 그리스도의 모습을 흉내내는 것임을 선교사들은 발견했다[Tom Steffen, "Story

Telling: Why Do It? Is It an Essential Skill for Missionaries?" in 「Missions Frontiers Bulletin」(March-April 1997), 10-12, a reprint of 「Reconnecting God's Story to Ministry: Cross-cultural Story-telling at Home and Abroad」(Pasadena: William Carey Library, 1996)].

7. Annette Simmons는 「The Story Factor: Inspriration, Influence and Persuasion through the Art of Storytelling」(Cambridge, MA: Perseus books, 2001)에서 "스토리는 믿음을 창조해 내는 길이다"라고 말했다(여기서 믿음은 우리가 제시하는 바에 대한 신빙성을 의미한다). 그녀는 아래에 제시된 여섯 가지의 이야기 종류를 분류해주고 있다. (1) 자신에 대해 알려주는 "나는 누구인가?" (2) 청중들에게 선한 의도가 있다는 사실을 확신시켜주는 "나는 왜 존재하는가?" (3) 청중들에게 미래를 약속해주는 "미래" (4) 교훈의 시간을 줄이기 위한 "교훈" (5) 가르치기 원하는 것의 가치에 대한 예를 보여주는 "현실 속의 가치" (6) 우리의 메시지에 대한 잠재적인 반대 의견을 지적해주며 설명해 주기 위한 "무슨 생각을 하고 있는지 안다."

8. 유머를 격조 있게 사용하기 위한 방법들을 위해 David Rees, "Being Serious About Humor," ⟨Clergy Journal⟩ 73, no. 5(1997년 3월): 4-7을 참조하라. 강단에서의 유머에 대한 진지한 연구, 특별히 신학적이고 윤리적이며 실제적인 반대들과 "코믹한 설교"의 장르에 대한 통찰력 등을 위해 Joseph M. Webb, 「Comedy and Preaching」(St. Louis: Chalice Press, 1998) 을 참조하라.

9. 2000년 4월 30일 Japan Mission의 한 멤버가 보내온 이메일이며, 요미우리 신문에서 발췌된 것이다.

10. 「삶을 변화시키는 7단계 강해설교 준비」(개정판), 121-126.

11. 가능하면 설교의 모든 예화의 출처를 밝혀두는 것이 좋다. 이 요약에 대한 상세한 정보를 얻기 위해 나는 또 다른 노력을 기울여야 했다. Barry Bearak, "Sounding the Alarm on Deadly Wells," ⟨New York Times⟩, (1998년 12월 8일). 꼭 필요하다면, 내 경우는 집 근처의 도서관에 가서 출처를 확인한다.

12. Stephen Kinzer, "Long Dead, Possibly Mad, Bavaria's Royal Enigma Still Fascinates," ⟨New York Times⟩, 1995년 8월 28일

13. James Gorman, "How a Forest Stopped a Fire in Its Tracks," 〈New York Times〉, 2003년 7월 22일.
14. "Giving of Yourself, Literally, to People You've Never Met," 〈New York Times〉, 2003년 7월 27일.
15. Denise Grady, "Donor Mix-Up Leaves Girl, 17, Fighting for Life," 〈New York Times〉, 2003년 2월 19일.

10장. 구원 초청

1. 전도설교의 구원 초청은 청중을 이해의 자리에서 결단의 결정적인 순간으로 옮겨준다. 구원 초청의 결정적인 순간에 영혼들을 그리스도께로 초청하는 데 필요한 설교학적인 자료들과 전략들 그리고 (특별히 주제 설교의 경우) 포착해야 할 본문 등에 대해 Joseph R. Jeter, 「Crisis Preaching: Personal and Public」 (Nashville: Abingdon), 1998 을 참조하라.
2. J. D. Douglas, ed. 「The Calling of an Evangelist: Second International Conference for Itinerant Evangelists, Amsterdam, the netherlands」 (Minneapolise: World Wide Publications, 1987), 173.
3. Greg Laurie, "Whatever Happened to the Clear Invitation?" in Rick Warren's Ministry Tool Box, #15, June 27, 2001, http://www.pastors.com/RWMT/?id=15&artid=485&expand=1.
4. 기독교 역사를 통해 볼 수 있는 전도자들과 구원 초청에 대한 도움이 되는 내용들을 다음 책의 4장에서 발견할 수 있다. R. Allen Street, 「The Effective Invitatoin: A Practical Guide for the Pastor」(Grand Rapids: Kregel, 1984). 5장에 있는 빌리 그레이엄의 "Use of the Public Invitation"도 큰 도움이 된다. 이 훌륭한 책은 북미의 침례교 분위기에 잘 맞는다.
5. Clarence E. Macartney, 「The Greatest Questions of the Bible and of Life」(New York: Abingdon-Cokebury, 1948), 55-56.
6. 집필에 대한 앤 딜라드의 글은 설교하는 우리의 연약함에 대해 공감되는 내용을

기록해주고 있다. "마치 죽어가는 사람과 같이 글을 쓰라. 동시에 곧 죽게 될 환자와 같은, 가득 찬 청중들을 위해 글을 쓰고 있다고 전제하라. 사실 그것이 사실이다. 만일 곧 죽을 것을 안다고 하면 무엇을 먼저 쓰겠는가? 하찮은 내용으로 그 사람을 격분하게 만들지 않기 위해 죽어가는 사람에게 무엇을 얘기해줄 수 있겠는가?"「The Writing Life」(New York: Harper & Row 1989), 68].

부록 1. 전도설교에 관련된 용어들

1. 예를 들면 David B. Barrett, 「Evangelize! A Historical Survey of the Concept」(Nashville: Broadman and Holman, 1987)을 보라.

부록 6. 전도설교 평가를 위한 체크리스트

1. 성경으로 설교를 조각하는 방법론의 과정에 근거한 평가의 전체적인 체크리스트와, 적용하는 방법을 알기 위해서는 「삶을 변화시키는 7단계 강해설교 준비」(개정판)의 부록 12장, "설교 평가 질문들"을 참조하라.

영혼을 살리는 7단계 강해전도설교

1쇄 인쇄	2009년 8월 10일
1쇄 발행	2009년 8월 18일

지은이	라메쉬 리처드
옮긴이	정현
펴낸곳	주)도서출판 디모데〈파이디온 선교회 출판 사역 기관〉

등록	2005년 6월 16일 제319-2005-24호
주소	서울 강남구 개포동 1164-21 파이디온 빌딩
전화	영업부 02)574-2630
팩스	영업부 02)574-2631
홈페이지	www.timothybook.com

값 13,000원
ISBN 978-89-388-1438-8
Copyright ⓒ 주)도서출판 디모데 2009 〈Printed in Korea〉